中华美学精神丛书

中华美学的意象理论

⊙毛宣国 著

朱志荣 主编

时代出版传媒股份有限公司
安徽教育出版社

国家出版基金项目
NATIONAL PUBLICATION FOUNDATION

图书在版编目（CIP）数据

中华美学的意象理论／毛宣国著. —合肥：安徽教育出版社，2022.12

ISBN 978－7－5336－9893－5

Ⅰ.①中… Ⅱ.①毛… Ⅲ.①美学—研究—中国—古代 Ⅳ.①B83

中国版本图书馆 CIP 数据核字（2022）第 240295 号

中华美学的意象理论

ZHONGHUA MEIXUE DE YIXIANG LILUN

出 版 人：费世平

策划编辑：徐　鹏

责任编辑：付　静　吉　利　黄　俊

装帧设计：朱　锦　朱嫣然

美术编辑：张鑫坤

技术编辑：陈善军

出版发行：安徽教育出版社

地　　址：合肥市经开区繁华大道西路 398 号　邮编：230601

网　　址：http://www.ahep.com.cn

营销电话：(0551)63683012，63683013

排　　版：安徽时代华印出版服务有限责任公司

印　　刷：安徽新华印刷股份有限公司

开　　本：710 mm×1010 mm　1/16

印　　张：24.5

字　　数：285 千字

版　　次：2022 年 12 月第 1 版

印　　次：2022 年 12 月第 1 次印刷

定　　价：88.00 元

目录

导论

“意象”是具有悠久历史的中华美学的重要范畴，中华艺术精神体现在生生不已的意象创造中。意象理论也是中国当下学术界关注的一个热点，这一关注意识到“意象”作为中国传统美学核心范畴的价值和意义，也借鉴吸取了西方美学特别是心理学美学、现象学美学的相关思想，形成了一些有价值的理论成果。但人们在从事意象理论研究时，由于将目光主要投向中国传统美学或者西方美学，不仅有意无意地忽略了中国现当代美学家的贡献，而且对于中国传统意象美学如何与现代美学理论资源相融合、揭示意象理论的现代价值的问题，也缺乏深入的认识。这些都影响到意象理论价值的发掘，使人们无法正确认识意象理论对于中国当代美学建设的意义。另外，“意象”作为一个审美范畴的提出，与中国古代艺术实践密不可分，意象范畴亦是对中国古代各门艺术美感与实践经验的总结，对于这一问题，中国当下的意象美学也还缺乏深入的研究。正是意识到上述问题，本书将“意象”作为中国美学的核心范畴提出来并予以系统的梳理与研究，其目的是为了揭示中国传统美学的当代价值，以传统美学精神来丰富当代美学的理论与艺术实践，同时也是为了更有效地与西方美学进行对话，实现古典意象美学理论向现代美学的转化。本书从以下几方面展开：其一，中国古代意象理论的演进；其二，中国现当代美学家对意象美学研究的推进；其三，中华美学意象范畴的本体阐释；其四，中国古代艺术的审美意象创造；其五，意象美学的现代价值。在论述这些问题之前，《导论》拟对学术界意象理论研究的历史与现状以及本书的基本思路作一梳理与阐释。

一、意象理论研究的历史回顾

“意象”是中国传统美学的核心范畴，也是一个充分体现了民族审美特色和精神的范畴，从某种意义上说，中国传统美学也可以看成是以意象论为核心而建构起来的美学。对中国传统意象美学的关注，早在 20 世纪二三十年代就开始了，中国现代美学的代表人物朱光潜就吸收中国传统美学关于意象的思想，提出了“美感的世界纯粹是意象世界”的观点。作为中国现代美学的开创者，王国维、宗白华等人的美学中都包含着丰富的意象论美学思想。不过，真正重视中国传统美学中的意象理论，将意象论美学的建构作为中国当代美学的理论范式之一，则始于 20 世纪 80 年代。以 80 年代为界限，20 世纪以来意象理论的研究大致经历了理论孕育期和理论自觉期两个阶段。

1. 理论孕育期

20 世纪 80 年代以前可以称为意象理论研究的孕育时期。它大致呈现出以下的特点。

第一，在比较宽泛的意义上使用“意象”概念，没有清楚地界定“意象”作为一个美学范畴的理论内涵。这一点，从中国现代意象美学的开创者朱光潜那里就可以明显见出。朱光潜使用“意象”概念，主要见于其三四十年代所写的《谈美》《文艺心理学》《诗论》等著作，特别是《诗论》，可以看成是他的意象美学思想的一个系统表达。不过，在这些著作中，“意象”概念的使用是比较宽泛的，其理论内涵与外延的界定并不十分严格与清楚：有时将“意象”等同于“形象”，如他说“我们直觉 A 时，就把全副心神注在 A 本身上面，不旁迁他涉，不管它为某某。A 在心中只是一个无沾无碍的独立自足的意象（image）。……这种独立自足的意象或图形就是我们所说的‘形象’”[1]；有时将“意象”看成是小于“形象”的概念，它与“情趣”相对应，为诗的境界构成（形象表现）的重要元素，如他说“情景相生而且相契合无间，情恰能称景，景也恰能传情，这便是诗的境界。每个诗的境界都必有‘情趣’（feeling）和意象（image）两个要素。‘情趣’简称‘情’，‘意象’即是‘景’”[2]；有时又将“意象”与心理学意义上的“表象”等同起来，如他说“纷至沓来的意象零乱破碎，不成章法，不具生命，必须有情趣来融化它们，贯注它们，才内有生命，外有完整形象”[3]，这里所说的“意象”就类似于心理学所说的“表象”，是审美主体对外在事物所产生的印象。朱光潜言及“意象”概念时，还常常强调“意象”的观念性和理想性，如他说“意象本来是得诸外物界的，是客观的事实所变成的主观的观念”[4]，“把意象加以客观化，就是于现实世界之外另造一种理想世界”[5]。在这里，“意象”又变成了具有观念性、理想性的一种艺术形象创造。不管怎样使用和定义“意象”这一概念，朱光潜都可以说是最早将“意象”看成是美学和文艺学的一个根本范畴的理论家。仅从这一意义上说，朱光潜对

[1] 《朱光潜全集》，第一卷，安徽教育出版社 1987 年版，第 208 页。

[2] 《朱光潜全集》，第三卷，安徽教育出版社 1987 年版，第 54 页。

[3] 《朱光潜全集》，第三卷，安徽教育出版社 1987 年版，第 54 页。

[4] 《朱光潜全集》，第一卷，安徽教育出版社 1987 年版，第 374 页。

[5] 《朱光潜全集》，第一卷，安徽教育出版社 1987 年版，第 375 页。

于中国现当代意象美学的贡献就不容忽视。

第二，这一时期“意象”概念的使用和意象理论的建构主要体现在诗学领域，这与白话诗的兴盛有着密切关系。朱自清说，白话诗的创作“最大的影响是外国的影响”。[1] 这种影响主要来自西方诗论特别是英美意象派诗论。胡适总结自己的白话诗歌写作经验时提出“影象”（意象）说，明确认为它与“近代西洋诗人提倡的‘imagism’（影象主义）”是一回事。[2] 在 20 世纪 30 年代初，《现代》杂志开设《意象抒情诗》专栏，戴望舒、徐迟、邵洵美、施蛰存等人对西方意象派诗歌作品进行译介并宣扬其理论主张，他们普遍认同意象派诗歌的客观化特征和象征品格，并将其与浪漫主义重视主观抒情的主张对立起来。这种宣扬与主张亦推动了意象范畴在中国诗坛的传播。[3] 一些研究中国现代主义诗潮的学者意识到这一点，认为“意象”作为中国现代诗学中的一个主要范畴，与西方意象主义诗论的传入有着密切关系。雷世文认为，意象范畴与西方意象主义诗学中的客观对应物、雕塑感、玄学化以及象征等命题有着密切关系，并梳理出 20 世纪前期现代新诗意象观念的代表人物的观点，如胡适的“影像”说、闻一多的“幻象”（想象、意象）、李金发的“象征”诗学、梁宗

[1] 朱自清编选：《中国新文学大系 · 诗集》，上海文艺出版社 2003 年版，导言第 1 页。

[2] 胡适：《胡适致青木正儿》，载杜春和等编《胡适论学往来书信选》（下），河北人民出版社 1998 年版，第 806—807 页。

[3] 代表性的文章如：戴望舒《望舒诗论》，《现代》第 2 卷第 1 期（1932 年 11 月 1 日）；徐迟《意象派的七个诗人》，《现代》第 4 卷第 6 期（1934 年 4 月 1 日）；邵洵美《现代美国诗坛概观》，《现代》第 5 卷第 6 期（1934 年 10 月 1 日）；施蛰存《现代美国诗抄》，《现代》第 5 卷第 6 期（1934 年 10 月 1 日）；等等。

岱的“灵境”论、艾青的“具体化的感觉”说、朱光潜的“境界”（意象、情趣）说、唐湜和袁可嘉的“意象”等。[1] 王泽龙对20世纪三四十年代的中国现代意象诗学进行综合评述时，也认为它主要受到西方现代主义诗潮特别是英美意象派诗歌的影响，大致形成了以杜衡、戴望舒、徐迟等人为代表的象征意象诗论，以梁宗岱、朱光潜、李健吾等人为代表的京派意象诗学，以艾青、胡风等人为代表的七月派意象诗论，以唐湜、袁可嘉等人为代表的九叶派意象诗学等。[2]

看到这一点的同时，我们也不能忽视中国传统诗学观念对中国现代诗歌意象理论的牵扯与影响。其实，西方意象主义诗歌的一些代表人物，如庞德，本身就是中国古典诗歌的爱好者。庞德重视的是意象的客体呈现，这种呈现方式与中国古代诗歌“托物寄兴”和“即景抒情”的意象表达方式有某种相似。[3] 但是西

[1] 雷世文：《中国现代新诗意象观念的生成》，《湖南大学学报》（社会科学版）2001年第1期。

[2] 王泽龙：《20世纪30、40年代中国现代意象诗学综论》，《人文杂志》2004年第5期。

[3] 20世纪80年代，袁行霈先生就指出了这一点：“意象派主张把自己的情绪全部隐藏在意象背后，通过意象将它们暗示出来。这恰恰是受了中国古典诗歌的影响。”（袁行霈：《中国诗歌艺术研究》，北京大学出版社1987年版，第58页）赵毅衡则通过对具体事实的考证研究，指出庞德的意象派诗论主张深受中国诗歌的影响。庞德不仅翻译出版了中国诗集《神州集》和费诺罗萨的论文《作为诗歌手段的中国文字》，而且认为他所主张的“意象主义”并不等同于西方的象征主义诗歌，而是具有自己的独特性，从而大力倡导写作“意象诗”，使意象概念和范畴获得“中国内容”之后便广泛地流行开来。在当时英美人的观念中，“意象主义”几乎成为“中国风”的代名词。（赵毅衡：《诗神远游：中国如何改变了美国现代诗》，四川文艺出版社2013年版，第15—21页）

方意象主义专注于一种神秘的诗歌经验和心理体验，将诗歌创作引向象征和隐喻的领域，这与中国古代诗歌的意象表现有很大不同。有的学者注意到了这一点，所以在接受西方诗学观念，强调诗歌的象征性与神秘性的心理体验的同时，开始自觉探讨西方意象派与中国古代诗歌的关系，如孙作云的《论“现代派”诗》指出意象派诗歌受到东方诗歌的影响，[1] 周其勋的《中国诗坛对于西洋诗之贡献》认为意象派诗“几乎全系含有中国意味”，[2] 钱锺书《谈艺录》将《文心雕龙·情采》中的“立文之道三：曰形文，曰声文，曰情文”与意象派诗人庞德论诗文三类的理论相比较，认为它们词意全同，[3] 等等。梁宗岱也试图用中国传统意象诗学中的“兴”和“情景”理论对西方意象派的象征主义进行本土化的解读。他认为“象征”“和诗经里的‘兴’颇近似”，并引用《文心雕龙》关于“兴”的解释——“兴者，起也；起情者依微以拟义”，认为“象征底微妙，‘依微拟义’这几个字颇能道出”。[4] 他指出象征有两个特性：“（一）是融洽或无间；（二）是含蓄或无限。所谓融洽是指一首诗底情与景、意与象底惝恍迷离，融成一片；含蓄是指它暗示给我们的意义和兴味底丰富和隽

[1] 孙作云：《论“现代派”诗》，《清华周刊》1935 年第 1 期。

[2] 周其勋：《中国诗坛对于西洋诗之贡献》，《广播周刊》1936 年第 103 期，转引自陈希《论中国现代意象论的发生》，《文艺争鸣》2015 年第 11 期。

[3] 钱锺书：《谈艺录》，中华书局 1984 年版，第 42 页。

[4] 梁宗岱：《象征主义》，载杨匡汉、刘福春编《中国现代诗论》（上），花城出版社 1985 年版，第 166 页。

永。”[1] 象征即“借有形寓无形，借有限表无限”[2]，是情景融合所生成的一个有着无穷意味的世界。谈到20世纪三四十年代的意象诗学理论时，九叶诗派的理论家唐湜是一个值得重视的人物。他强调意象与诗质的内在关联“不是一种外形的类似，而应该是一种内在精神的感应与融合”，并将意象分为三种类型：一是源于灵魂（Heart）的直觉意象，是偏向主观的浪漫型意象；一是源于心智（Mind）的悟性意象，是表现客观印象的古典型意象；一是古典精神与浪漫精神相凝合的意象。对于最后一类意象，唐湜最为欣赏，认为它是“自然的基础与自觉的方向、潜意识的‘能’与意识的‘知’的完整的结合，思想突破直觉的平面后向更高的和谐与更深的沉潜，最大最深的直觉与雄伟的意志的发展。在那里，无分人我，无分彼此，主观与客观，直接的申诉与间接的传达，一切一切都完全凝合无间，无所区别也毫无间隔”。[3]

在唐湜的“意象”论中，我们发现有意象派诗人的客观对应物、波德莱尔的契合论、艾略特等人的象征论等思想，也有里尔克的“诗是经验”论和弗洛伊德的“潜意识”理论等的影响。这一点在他后来写作的《我在40年代的诗艺探索》[4] 中已有说

[1] 梁宗岱：《象征主义》，载杨匡汉、刘福春编《中国现代诗论》（上），花城出版社1985年版，第168页。

[2] 梁宗岱：《象征主义》，载杨匡汉、刘福春编《中国现代诗论》（上），花城出版社1985年版，第169页。

[3] 唐湜：《论意象》，载《新意度集》，生活·读书·新知三联书店1990年版，第9页、13—14页。

[4] 唐湜：《我在40年代的诗艺探索》，《诗探索》1999年第4期。

明。不应忽视的是，唐湜的“意象”论也受到中国传统诗学观念的影响。唐湜说：“意象的存在一方面是由于诗人对客观世界的真切的体贴，一种无痕迹的契合；另一方面又是客观世界在诗人心里的凝聚，万物皆备于我。”[1] 这是很中国化的表述。从中也可以看出，唐湜以“意象”论诗，推崇古典精神与浪漫精神相凝合的意象，受到了中国传统哲学物我同一、意与象合思想的深刻影响。不过，唐湜并没有将这些思想发展成为一种系统的意象诗学思想，如他后来反思的那样——“没有把中、西、古、今的诗学融会贯通”，“没有系统地深入发掘出高度理论化的诗美学丰富内涵”。[2] 另外，从这一时期将“意象”作为一个批评术语使用的情况看，中国现代诗歌意象理论也不乏中国传统诗学观念的影响。比如，闻一多说“西洋人所谓意象、象征，都是同类的东西，而用中国术语说来，实在都是隐”[3]，鲁迅在《中国小说史略》中说“故就文辞与意象以观《金瓶梅》，则不外描写世情，尽其情伪，又缘衰世，万事不纲，爰发苦言，每极峻急，然亦时涉隐曲，猥黩者多”[4]，都是比较接近中国古代诗学所言“意象”之本意的，即“意象”是以“象”显“意”的，具有“隐”的艺术特征。尽管如此，直到 20 世纪 70 年代末，我国的意象研

---

[1] 唐湜：《论意象》，载《新意度集》，生活·读书·新知三联书店 1990 年版，第 12 页。

[2] 唐湜：《关于〈新意度集〉——学习写诗评的回忆》，《诗探索》1994 年第 2 期。

[3] 闻一多：《说鱼》，载袁千正编选《闻一多古典文学论著选集》，武汉大学出版社 1993 年版，第 127 页。

[4] 鲁迅：《中国小说史略》，人民文学出版社 1973 年版，第 155 页。

究基本还停留在对西方意象理论的介绍及新诗创作技巧的探讨方面，甚至有一些学者对意象产生误解，认为中国传统文学中没有“意象”的语汇，“意象”一词产生于西方，是“image”的译名。[1] 即使重视中国传统美学理论资源的朱光潜、宗白华等人也没有改变这样的局面。人们真正进入意象理论研究的自觉期，将“意象”作为中国美学的核心范畴看待，是20世纪80年代以后的事情。

2. 理论自觉期

从20世纪80年代至今，可以看成是意象理论研究的自觉时期。这种自觉性可以从以下几方面见出。

第一，人们明确地意识到“意象”不是来自西方的舶来品，而是来源于中国美学自身的核心范畴。对于中国美学和艺术来说，意象的审美创造始终是重要的、核心的内容所在。最早将“意象”作为中国美学核心范畴看待的是敏泽。1983年，敏泽发表论文《中国古典意象论》，对20世纪30年代新诗作家普遍认为“意象”是舶来品的看法提出了质疑。他的基本观点是：“image”这个词在英语中具有“肖象”“形象”“写生”“意象”等多种含义，国内学者谈到“意象”往往离不开“image”，于是认为“意象”是从西方输入的。国外学者，主要是一些外籍华人学者喜欢凡涉及意象，就不加思索地将其视为意象主义的产物。虽然西方意象主义诗歌对中国的影响在80年代已趋于沉寂，但在谈论意象及意象美时，大多数人仍把它视为舶来品，这是极大的谬误。

[1] 敏泽：《钱锺书先生谈“意象”》，《文学遗产》2000年第2期。

“意象”实际上是来源于中国古典美学的核心范畴，它有两个理论源头：《周易》和《庄子》。魏晋至唐是意象论开始形成的时期，这与佛教的传入和魏晋时期“言”“象”“意”的哲学之辨有着密切关系。刘勰的《文心雕龙》第一次提出了“意象”概念。意象论的成熟期是明清时期，这一时期人们不仅普遍以“意象”论诗，而且还对意与象的关系，对意象的不宜过于质实和直露、应该含蓄蕴藉的特征予以深刻阐释。敏泽还分析了“意象”与“意境”的关系，认为二者都包含作者主观的意和客观的景、象，都要求“意余象外，咫尺万里”，所以它们都是中国美学的核心范畴。[1] 敏泽的这些观点得到了钱锺书的赞同。[2] 后来，叶朗、汪裕雄、袁行霈、胡雪冈、陈良运、陈伯海等学者又进一步对此作了系统阐释，明确将“意象”作为中国美学的核心范畴看待。今天，这一观点已得到学术界的普遍赞同。[3]

---

[1] 敏泽：《中国古典意象论》，《文艺研究》1983 年第 3 期。

[2] 参见敏泽《钱锺书先生谈“意象”》，《文学遗产》2000 年第 2 期。从这篇文章可见，钱锺书对于敏泽将“意象”作为中国古代美学的重要范畴是充分肯定的，对于敏泽的一些提法则提出了修正意见，如不同意敏泽文中“意余言外，实即意溢象外”的说法，认为有的是有“意”并不一定有“象”，“言外”并非“象外”；亦不同意敏泽关于刘勰第一次提出了创作中的“意象”问题的观点，认为《文心雕龙·神思》用“意象”二字为行文故，即“意”的偶词，“窥意象”与“寻绳墨”形成对应，并非“意象”之义。

[3] 从 20 世纪 80 年代始，一些海外汉学家也注意到“意象”在东西方受到的不同关注，开始将“意象”作为中国美学诗学的核心范畴看待。如余宝琳认为：“对中国诗学而言，意象从一开始就是人们关注的焦点所在，而在西方文学理论中，意象成为兴趣所在只是晚近以来的现象。”（David Mccraw，Pauline Yu，*The Reading of Imagery in the Chinese Poetic Tradition*，Princeton：Princeton University Press，1987，p. 1.）

第二，中华美学的意象理论研究取得了全方面进展。韩伟将这一研究的进展归结为六个方面：1. 艺术形象与意象的关系；2. 对意象的心理学探讨；3. 对意象之中国古典源头的探讨；4. 中西意象理论的对比；5. 挖掘意象的文艺美学肌理；6. 文学之外的其他艺术类型的意象问题。[1] 这一概括指出了中华美学的意象理论所取得的进展，但远非意象理论研究的全部。比如，意象思维、意象批评、意象范畴的渊源流变，意象的意蕴内涵，意象与物象、语象、意境等概念范畴的关系探讨等内容就没有包含在内。特别值得关注的是，这一时期特别是近30年来的意象理论研究不再停留在一般意义上的意象范畴渊源流变的研究和意蕴内涵的探讨上，而是将“意象”作为一个标示美与艺术本体的核心范畴提出来，在美学与艺术基本理论建构方面取得了重要的成果。代表性的成果如叶朗的“美在意象”说、汪裕雄的“审美心理基元”说、夏之放的“文艺学体系的基石”说、顾祖钊的意象意境典型“三元”说、朱志荣的“美是意象”说，以及张世英、杨春时、张祥龙等人运用现象学美学观念阐释意象等。

第三，研究视角的多样化和研究领域的拓展。20世纪80年代以来的意象美学研究，在古代美学、文论和美学艺术本体建构方面取得的成就是显著的，但并未局限于这些领域，而是从多方面拓展了意象美学的研究。比如，对意象思维与意象美学关系的研究。国内美学界对于意象范畴的讨论最早与形象思维讨论有着

[1] 韩伟：《20世纪中国美学“意象”理论的发展谱系及理论构建》，《文艺理论研究》2014年第1期。

密切关系。早在 1978 年，王元化讨论刘勰《文心雕龙·比兴》时，就用意象来讨论形象思维问题，认为意象是表象和概念的综合。[1] 胡经之撰写的《文艺美学》一书则比较早地注意到并系统阐发了意象思维与意象美学、意象艺术创造的关系，认为“意象思维的基本特征，就是运用思维，使意象和意象不断结合，使意象运动不断深化，意象上升为意境或艺术典型、意象体系，形成艺术创造”[2]。王树人所发表的关于“象思维”的系列论文，也比较好地阐释了“象思维”与概念思维的不同，启发人们思考“象思维”与艺术审美的关系。[3] 意象批评，作为中国古代独具特色的批评方法与传统，也受到人们的关注，张伯伟、蔡镇楚等人在这方面有较深入的论述。[4] 又如，对于意象与中国文化的关系，汪裕雄的《意象与中国文化》较早地予以了关注。该文将意象纳入中国文化“言象互动”的符号系统中，对其结构、功能作了历史考察，认为意象功能借助老学和易学实现的哲学超越，使直观感悟的思维方式在中国文化中被明确定位；意象对语言功能的限定，使其带有诗性特色，成为中国语言逻辑传统弱化、宗

---

[1] 王元化：《释〈比兴篇〉“拟容取心”说——关于意象：表象与概念的综合》，《文学评论》1978 年第 1 期。

[2] 胡经之：《文艺美学》，北京大学出版社 1999 年第 2 版，第 156 页。

[3] 参见王树人、喻柏林《论“象”与“象思维”》，《中国社会科学》1998 年第 4 期；王树人《“象思维”与原创性论纲》，《哲学研究》2005 年第 3 期；王树人《中西比较视野下的“象思维”——回归原创之思》，《文史哲》2004 年第 6 期。

[4] 相关研究见张伯伟《中国古代文学批评方法研究》，中华书局 2002 年版；蔡镇楚、刘畅《论意象批评》，《邵阳学院学报》（社会科学版）2007 年第 5 期等。

教传统泛化、审美与艺术得以辉煌发展的重要原因。[1] 再如中西意象美学与诗学的比较研究。20 世纪 80 年代以来的意象美学研究，虽然将中国古典美学摆在了突出地位，但借鉴西方美学、文学理论研究的成果，将意象放在中西美学诗学比较视野中予以考察，始终是其基本特色所在。成立发表的《审美意象范畴论——中西意象理论的历史比较》是一篇较早地从中西意象理论史角度阐发意象美学范畴演变的论文，它强调了西方审美心理学派的意象理论与中国传统意象理论融合的重要性。[2] 张正文的《论康德的审美意象》也是一篇比较早地从哲学层面阐发西方近现代意象理论价值的论文。[3] 曹谦的《论中国现当代美学意象论的西学维度》，以朱光潜等人为例，强调中国现当代的意象理论发展既有中国古典美学的渊源，又从来不缺乏西学维度。[4] 王怀义的《象与 mimesis——〈周易〉与西方摹仿美学比较》和顾明栋的《中国美学思想中的摹仿论》，以中国古代“意象”说为理据，试图发掘中国美学的摹仿论资源和传统。[5] 彭锋的《意境与气氛——关于艺术本体论的跨文化研究》则将德国美学家格诺特·波默的“气氛”和马丁·泽尔的“显现”与中国美学中的“意象”“意境”范畴联系起来，作为阐释艺术作品本体论的重要范畴。

---

[1] 汪裕雄：《意象与中国文化》，《中国社会科学》1993 年第 5 期。

[2] 成立：《审美意象范畴论——中西意象理论的历史比较》，《杭州师范学院学报》1990 年第 1 期。

[3] 张正文：《论康德的审美意象》，《人文杂志》1989 年第 2 期。

[4] 曹谦：《论中国现当代美学意象论的西学维度》，《社会科学战线》2016 年第 10 期。

[5] 王怀义：《象与 mimesis——〈周易〉与西方摹仿美学比较》，《文艺研究》2022 年第 7 期；顾明栋：《中国美学思想中的摹仿论》，《文学评论》2012 年第 6 期。

他认为："艺术作品的本体论地位的难题，因为有了主客体之间的中间地带而得到解决。对于这种中间地带，中国古典美学用'象''意象''意境'等术语来描述；西方当代美学则用'显现''气氛'等术语来描述。"[1] 另外，由于20世纪以来西方哲学美学的语言学转向，西方美学和艺术批评开始重视语言的意义，这也影响到中国美学和文论界的意象研究，比较突出的是借用西方的"语象""本文"等概念，强调"语象""本文"对于意象研究的意义，这一点在蒋寅等人的意象研究中表现得尤为突出。[2]

第四，"意象"作为一个审美范畴的提出，与中国古代艺术实践密不可分。意象美学要在当代社会中发扬光大，同样离不开现代人的艺术审美实践。20世纪80年代以来的意象美学研究者注意到了这一点，并在意象理论如何结合艺术实践方面做出了有益的探讨。叶朗的意象美学理论建立在对中国古代艺术实践经验进行总结的基础上，"意象"不仅作为中国艺术和美的本体的范畴被提出，也涉及中国诗歌、书画、小说、戏曲、园林等美学与艺术领域。朱良志将"象"作为中国艺术的基元，"象"包含观物以取象、立象以见意、境生于象外等内涵，这其实就是"意象"。他认为中国艺术的高妙之处就是创造出心物浑融的审美意象。[3] 意象审美回归艺术实践，自然涉及不同艺术类型的审美意象创造，著名戏剧家王晓鹰提出话剧的"中国意象现代表达"

[1] 彭锋：《意境与气氛——关于艺术本体论的跨文化研究》，《北京大学学报》（哲学社会科学版）2014年第4期。

[2] 蒋寅：《古典诗学的现代诠释》，中华书局2003年版，第13—29页。

[3] 朱良志：《"象"——中国艺术论的基元》，《文艺研究》1988年第6期。

的主张。[1] 胡雪冈的《意象范畴的流变》是一部比较早的系统地研究意象范畴的专著，它不仅从中国文学批评史的角度探讨了意象范畴的演变，而且还从具体的艺术分类的角度探讨了诗歌意象、词意象、戏曲意象、文章意象、书法意象、绘画意象、音乐意象的审美创造。有些学者则侧重于某一种艺术类型的意象审美特征研究，如袁行霈的《中国诗歌艺术研究》，陈植锷的《诗歌意象论》，屈光的《中国古典诗歌意象论》，潘源、潘秀通的《影视意象美学：历史及理论》，罗艺峰的《中国音乐的意象美学论纲》，洪忠煌的《审美意象的戏剧表现》，施旭升的《戏曲审美意象论——中国戏曲艺术本体阐释》，殷杰的《中国绘画的独特性——论意象艺术》，陶礼天的《视觉审美意象论》，顾春芳的《意象生成——戏剧和电影的意象世界》，等等。还有一点值得注意，传统美学核心范畴的意象理论所阐释的对象主要是传统的艺术类型，如诗、画、园林、书法、戏曲艺术等，而当下的理论研究已开始突破这一范围，走向更广阔的领域，如开展城市意象、环境美学与生态美学领域的意象研究以及新媒体、视听艺术、现代设计艺术的审美意象研究等。

二、意象美学研究的困难和立足点

从前面的历史回顾可知，20 世纪以来的意象理论研究取得了重要进展，特别是意象美学研究，已成为人们关注的热点。但是，理论的热度并不等于理论的深度，意象美学的研究所面临的

[1] 王晓鹰：《话剧的“中国意象现代表达”》，《戏剧文学》2018 年第 5 期。

问题和困难依然很多，主要表现为以下几方面。

第一，美学界的学者常常将“意象”作为美学和文艺学的核心范畴看待，但实际上“意象”是一个含义极为广泛的范畴，涉及多个学科与领域，不仅人文社会科学领域，甚至自然科学、医学科学、工程与技术科学领域都有自己的意象研究领地。对“意象”的阐释必然涉及与其他学科、其他领域交叉和意义重叠的现象，如何从美学学科的意义上对意象范畴予以阐释与定位，不使对“意象”概念的理解过于泛化，不使对作为审美范畴的“意象”的解释陷于随意，是意象研究面临的一个理论难题。

第二，“意象”作为美学与艺术本体论范畴的提出，不同于一般艺术创作与欣赏、艺术思维、艺术心理阐释意义上的意象范畴，但人们在阐释意象范畴时常常存在着混淆，将作为美学艺术本体论意义的意象范畴等同于艺术创作与欣赏、艺术思维、艺术心理阐释意义上的意象范畴。如何消除这一混淆，也是人们所面临的理论难题之一。另外，关于中国美学的核心范畴“意象”，是应将其作为单个概念范畴看待，还是作为一个概念系统看待，学术界存在不同看法。不少学者是从范畴、体系意义上理解“意象”的内涵和美学价值的。[1] 即使如此，与“意象”相邻的一

---

[1] 比如，黄霖就提出“意象系统”说，认为它包含“意象”“意境”“兴象”“境外之象”以及“兴趣”“神韵”“境界”等一系列范畴，是一个富有民族特色的理论系统。（黄霖：《意象系统论》，《学术月刊》1995 年第 7 期）陈望衡的《中国美学史》将“意象”作为中国美学的基本范畴，认为“整个中国美学体系可以说是以此为中心而展开的，举凡比兴、兴象、境、意境、境界、形神、情景、虚实、隐秀、文质等范畴都从不同层面、不同角度说明意象”（陈望衡：《中国美学史》，人民出版社 2005 年版，第 236 页），实际上也是从范畴体系意义上认识“意象”的美学价值。

些概念范畴，如“意境”“形象”“语象”“物象”等，与“意象”的联系和区别何在，也是值得认真探讨的。如不弄清这些问题，我们对意象范畴的美学价值的认识就会限于模糊混沌状态，不利于意象美学研究的推进。

第三，20 世纪 80 年代以来的意象美学范畴和意象美学的研究形成了一种共识，即明确反对将“意象”看成是西方的舶来品，认为“意象”是来源于中国美学与艺术实践的重要范畴。即使如此，意象美学研究如何定位，如何确立有效的研究对象与范围，仍然是一个理论难题。因为，“意象”作为一个具有普遍意义的美学范畴，不能局限于历史，而应该深刻反映当代美学与艺术实践。如何在当代美学与艺术实践中，为意象美学研究注入新的美学观念与理论资源，使它具有更大的理论适用性与普遍性，是一个值得探讨的问题。此外，作为传统美学核心范畴的意象理论所阐释的对象主要是传统的艺术类型，如诗、画、园林、书法、戏曲艺术等，适合解读那些静态的、高雅的、具有古典美的艺术作品，而现代社会是一个快节奏的社会，是一个充满动感、幻象、仿象的，虚拟化、数字化的社会，如何让具有传统美学意蕴的意象理论进入当代人的审美视野，与当代人的审美趣味和欣赏习惯相融合，并随着当代社会人们审美意识的发展开拓出新的视界与领域，也是意象理论面临的理论难题和必须解决的问题。

第四，意象范畴虽然作为中国美学诗学的核心范畴存在，但意象范畴最初进入中国现代美学诗学领域，引起人们的关注，则是因为受到西方美学诗学理论的深刻影响。这从现代白话诗创作受到西方意象派诗歌理论的影响以及胡适、梁宗岱、唐湜等人最早对意象范畴的使用就可以见出。而在“意象”作为中国美学的核心范畴被阐释的过程中，西方美学也一直是重要的理论资源，这从朱光潜、宗白华以及20世纪80年代人们对“意象”概念的阐释与使用就不难见出。不过，人们在运用西方美学理论与观念阐释中国美学的意象范畴时，也感觉到中西文化和美学之间的对话所面临的困难和巨大差异。消弭困难与差异，建立起中西美学和诗学对话的有效途径，是人们在进行意象理论研究时要努力实现的目标。

上面所说的诸多问题和困难，一方面说明现有的意象理论研究还说不上成熟，要推进意象美学研究还有很多工作要做；另一方面也说明以“意象”为切入点，的确可以使美学与文艺学中的许多问题相互关联，意象理论的研究可以为思考和解决美学与文艺学中诸多复杂的理论问题提供有效的途径。但不管如何确立和选择意象美学研究的路径，有一点必须明确，那就是必须有自己的理论立足点，必须从中国美学的理论与实际出发开展意象理论的研究。意象理论诞生在中国古代天人合一、物我同一的哲学背景下，是中国古代尚象、重象思维的体现，是中国古代诗性文化精神的体现，也是中国古代艺术实践的产物。同时，“意象”又具有现代性和普适性，是一个能与现代美学成果进行充分对话的理论范畴。所以，意象理论的研究，不仅包含中华美学的意象理论体系建构的内容，而且也紧密联系着中国艺术实践，联系着中国文化和中国美学思维特点；不仅要明确“意象”作为中国美学核心范畴的地位与价值，而且也要让中国传统的意象美学进入现代人的视野，用意象美学精神来开启现代人的审美智慧，以引领和推进中国当代美学与艺术实践。具体说来，以下几方面的内容值得特别关注。

第一，明确“意象”作为中国古代美学核心范畴的地位与价值，系统地阐发中国古代意象美学理论演进的历史进程。与西方美学范畴相比较，中国美学范畴具有非确定性、概念使用较为模糊与随意的特点，它在相当大的程度上是心理体验而非逻辑分析的产物，单凭概念范畴自身的语义与逻辑分析是很难把握中国美学范畴特别是像“意象”这一类中国美学的核心和基元范畴的理论内涵的。所以对意象范畴理论内涵和历史进程的把握，不仅应有语义概念方面的分析，更应注意从中国文化的基本特征、中国哲学美学的思维特征、中国古人的审美经验和艺术实践经验方面予以把握。“意象”作为中国美学的核心范畴，不仅体现了中国古代“象思维”的文化基因，也体现了先秦诸子重“象”的哲学精神，它在魏晋之后由哲学向文艺和审美范畴转化，亦是中国古代文化所创造的心理机制、思维特点与中国古代艺术实践紧密结合的产物，是中国哲学美学精神在中国艺术实践中得以充分印证与实现的产物。

第二，梳理和充分肯定中国当代美学家在意象范畴阐释和意象美学与文艺学本体论建构方面所作出的理论贡献。在很长一段时间内，人们在从事意象美学的理论研究时，往往把目光投向古代美学或者西方美学，有意或无意地忽视了中国当代美学家在意象美学理论建设方面所作出的贡献。即使对此有所关注，也主要集中于20世纪初王国维、宗白华、朱光潜等人的意象美学理论，对20世纪80年代以后中国当代美学家在意象美学与艺术实践方面所取得的成果忽略不计。这一情况在近些年虽然得到了一定程度的改变，但是还缺乏系统认真的梳理与研究。所以，意象理论研究的一个重要内容，是关注中国当代美学家的意象美学理论与观念，将其作为中国美学从古代走向现代的重要一环，认真总结中国当代美学家立足于中国传统美学，在中西意象美学理论资源融合方面所作出的贡献，以揭示意象理论对于中国当代美学的价值和意义。

第三，意象美学的本体建构。不管是对中国古代意象理论价值的把握，还是对中国当代美学家在意象美学研究方面所取得的成就的总结，最终都须回归中华意象美学自身的理论体系的建构。“意象”作为一个理论范畴的提出，涉及的领域虽然很广阔，但真正具有体系或者说本体建构意义的还是审美和艺术方面的理论建构。20世纪80年代以来，人们已经在意象美学研究领域取得了重要成果，比如，对意象美学的心理学与文学阐释，对诗歌、音乐、绘画、书法、戏曲、影视等不同艺术类型的审美意象研究，对朱光潜、宗白华等著名美学家的意象理论探讨。但是从总体上说，有关意象美学本体论的研究还说不上充分。本书意识到这一点，拟围绕着审美意象的本体论建构，对审美意象理论的内涵、审美意象的特征与类型等问题予以阐释，同时探讨与之相关的一些理论问题，如哲学美学意义上的“意象”与其他学科意义上的“意象”的区分，“意象”与和“意象”相邻相近的一些范畴如“形象”“物象”“语象”“意境”的语义辨析等问题。这一研究的目的，不仅是使作为美学和艺术本体意义的意象范畴与作为诗学、艺术心理学、艺术类型学、艺术思维学、艺术创造与欣赏等方面的意象范畴明确区分开来，更重要的是以意象美学的理论建构为引领，使人们充分地意识到意象美学在中国当代美学理论中的地位，以推动中国当代美学的发展。

第四，“意象”作为一个审美范畴的提出，与中国古代艺术实践密不可分，意象范畴亦是对中国古代各门艺术美感与实践经验的总结，它主要涉及中国传统的艺术类型。这是因为，无论是中国古代诗歌艺术，还是中国的书法、绘画、建筑、戏曲、音乐与舞蹈，都不像西方传统艺术那样，以形式和形象摹拟为中心，而是以形写神，情景融合，虚实相生，体悟道的生命节奏，传达宇宙人生的生命与生气，在本质上是一种意象创造的艺术。所以，结合中国艺术实际，探讨传统艺术类型的审美意象创造，对于丰富意象美学的理论内涵十分重要。

最后要说明的是，意象理论的研究，不管是立足于传统，还是面向现代，不管是从理论层面展开意象美学本体的建构，还是回归艺术实践，重视不同艺术类型的审美意象创造，都必须有一种中西美学之间、传统美学与现代美学之间的对话意识。要明确，“意象”作为中国美学核心范畴的提出，不仅是为了传承中国传统美学精神，而且是为了与现代人的审美意识结合起来，寻求意象美学的现代表达方式。只有做到了这些，才能满足现代社会中人们的审美需求，回应人们的审美关切，将意象理论的研究推向前进。

第一章 中国古代意象理论的演进

“意象”作为中国传统美学的核心范畴，有着悠久的历史，学术界对此有充分的认识，但对于中国古代意象理论演变的历史进程，则有着不同的理解与区分。敏泽的《中国古典意象论》是最早为“意象”的中国身份正名的论文，这篇论文也对意象理论演进的历史阶段作了区分，认为先秦是美学和文学理论中意象理论的萌芽时期，魏晋至唐是意象理论开始形成的时期，明清则是意象理论的成熟时期。[1] 曾俊伟的《“意象”说源流》是一篇较早对意象范畴的发展流变进行专门探讨的论文，它将意象分成孕育（先秦）、形成（魏晋南北朝）、成熟（唐）、完善（宋元明清）四个阶段。[2] 吴风则将意象的源流演变分成萌芽（先秦两汉）、创立（魏晋南北朝）、展开（唐宋元明）、成熟和总结（清代）四个时期。[3] 赵天一的《中国古典意象史论》对意象范畴的流变有着自己的理解。他认为：

> 学界的意象研究，总是将“意象”作为中国古典艺术中的核心范畴来进行考察，诠解和梳理其发展的脉络历程，这个方法无疑是正确的，但其弊端在于无法窥见“意象”流变的底里和实质，更无从揭晓意象与中国古典艺术精神之关系，往往多流为“意象”一词的使用史。中国古典意象史，实则是“意”与“象”互搏的历史，即“贵意”论和“尚象”论的冲突史和调和史，而“意象”只是这种冲突和调和

[1] 敏泽：《中国古典意象论》，《文艺研究》1983 年第 3 期。

[2] 曾俊伟：《“意象”说源流》，《中南民族学院学报》1984 年第 2 期。

[3] 吴风：《试论中国古典审美意象论的历史嬗变》，《社会科学战线》1996 年第 6 期。

> 的表征，是“贵意”和“尚象”两种文艺精神互搏、互渗的结果。“贵意”和“尚象”存在于任何一个时代的任何一个流派，二者的消长构成了中国古典意象史的主线。[1]

依照这一原则，他将意象史分为五个时期：前意象时期（东汉之前）、意象的诞生与发展期（东汉至唐）、意象的自觉期（宋元）、意象的成熟期（明清）、意象的总结期（民国至今）。赵天一的分类跨越了中国古代意象史，进入中国现代意象史领域。有的学者如王向峰则不以历史朝代为分期，而是着眼于意象范畴的构成特征探讨意象范畴的历史流变，认为意象经过了象征意象（《周易》）、想象意象（刘勰）、艺术意象（唐以后）三个阶段。到了近现代，王国维、朱光潜、宗白华又相续阐发、整合了这一术语，使之成为古今通用的美学范畴。[2]

不管以什么方式探讨中国古代意象理论演进的历史，有一点必须明确，中国古代意象理论的历史演进，绝不仅仅是一个概念语词的梳理问题，也不仅仅是为了回应中国美学史与艺术理论史中的艺术问题，它实际上与中国文化的基本特征，与中国哲学美学和艺术的精神，与中国古人的思维方式有着密切关系。赵天一强调要从意象与中国古代艺术精神而非意象语词的使用史来理解意象流变的历史，这一思路笔者是赞成的。但是，简单地将“意”与“象”分割开来，将中国古典意象史看成“‘意’与

[1] 赵天一：《中国古典意象史论》，博士学位论文，西南大学美学专业，2012 年。

[2] 王向峰：《从〈周易〉到宗白华的意象论——中国意象范畴的历史分析》，《辽宁大学学报》（哲学社会科学版）2003 年第 1 期。

‘象’互搏的历史”，则是不能成立的。因为“意象”作为中国美学核心范畴的提出，本身就是中国古代主客一体、物我交融、情景融合的哲学美学意识的体现，是中国古代尚象、重象的文化精神和思维特征的体现。即使在某一时期，在某一种艺术类型中，中国古代的意象审美表现出“贵意”和“尚象”的不同倾向，它们都不可能违反中国古代意象审美所表现出来的基本哲学美学倾向与文化精神，都不会简单地分割成“贵意”和“尚象”两种艺术精神与形态。“意象”是一个涵涉性、包容性很强的理论范畴，它经历了从滥觞、萌芽到发展、成熟的漫长历史过程，既体现了中国文化基因和民族思维特色，也充分体现了中华美学的智慧和中华艺术的创造精神，因而具有恒久的生命力与创造力。

第一节　中国古代意象理论的文化基因

费尔巴哈说：“哲学不应当从自身开始，而应当从它的反面，从非哲学开始。”[1] 同样，将“意象”作为中华美学的核心范畴，研究中国古代意象理论演进的历史，也不能只从美学和美学史自身出发，仅仅作美学史与艺术史的概念梳理，而是要将“意象”放到中国古代文化和古人思维方式的背景下，把握它与中国文化和古人思维方式的紧密关系。中国文化是尚象、重象的文化，中国古代的思维方式包含着丰富的“象”的文化基因，这从远古神话、汉字、《易经》的卦象符号中就能充分体现出来，它

[1] 路德维希·费尔巴哈：《费尔巴哈哲学著作选集》（上），荣震华、李金山等译，商务印书馆 1984 年版，第 111 页。

对中国古代艺术和审美方式的形成，对意象美学范畴的诞生有着深刻的影响。

首先可以从远古神话中看到中国意象符号的初始源头。《周礼·冬官考工记》曰："土以黄，其象方，天时变，火以圜，山以章，水以龙，鸟兽蛇。"[1] 以土象地色（黄），以四时之色象天地，以圜形似火，以章（獐）表山，以龙见水，《周礼·冬官考工记》这段关于中国远古神话和器具意识起源的论述，可以说明中国古代尚象意识的发端是极早的。从《尚书·益稷》中帝舜对臣子所说的"予欲观古人之象，日、月、星辰、山、龙、华虫，作会，宗彝，藻、火、粉、米、黼、黻、絺 、绣，以五采彰施于五色，作服，汝明"[2]，以及《左传·宣公三年》记载的"铸鼎象物，百物而为之备，使民知神、奸"[3] 和《左传·桓公二年》记载的"火、龙、黼、黻，昭其文也。五色比象，昭其物也"[4] 等内容看，"象"作为一个语词很早就出现在上古社会的神话历史典籍中，成为承载人们的政治、道德、艺术信仰的象征性符号。不唯中国文化，尚象可以说是任何处于远古神话蒙昧时期的文化共有的特征。郭璞《注山海经序》曰："夫以宇宙之寥廓，群生之纷纭，阴阳之煦蒸，万殊之区分，精气浑淆，自相渍

[1] 郑玄注，贾公彦疏：《周礼注疏》卷四十，载李学勤主编《十三经注疏》（标点本），北京大学出版社 1999 年版，第 1116 页。

[2] 孔安国传，孔颖达疏：《尚书正义》卷五，载李学勤主编《十三经注疏》（标点本），北京大学出版社 1999 年版，第 116 页。

[3] 左丘明传，杜预注，孔颖达正义：《春秋左传正义》卷二十一，载李学勤主编《十三经注疏》（标点本），北京大学出版社 1999 年版，第 602 页。

[4] 左丘明传，杜预注，孔颖达正义：《春秋左传正义》卷五，载李学勤主编《十三经注疏》（标点本），北京大学出版社 1999 年版，第 147 页。

薄，游魂灵怪，触像而构，流形于山川，丽状于木石者，恶可胜言乎?”[1] 处于神话蒙昧时期的人们，由于笼罩在万物有灵的神秘氛围中，都以“象”为工具，以“象”与“象”之间的神秘思维和天人感应来把握世界。然而，当不同民族文化迈进文明时代的大门、远古神话解体之际，各自却选择了不同路径。由于中国上古巫觋文化的巨大影响，以及巫祝卜史在中国上古社会生活中的重要地位，中国文化并没有真正实现神向人的转化和神与人的分离，反而以巫史文化为基础，承袭远古巫觋卜筮之风，形成了新的人对自然、鬼神的崇拜：“殷人尊神，率民以事神……周人尊礼尚施，事鬼敬神而远之。”[2] 中国文化始终没有形成西方文化那种清醒的理性意识、逻辑思维形式和科学精神，没有像古希腊文化那样以自觉的人性意识来同化和转变神，消磨远古神话的蒙昧意识，反而在一定程度上保留了远古神话思维中重情感轻认知、重感悟轻名理的神秘思维特征，并最终凝定成以“象”为代表的文化形态和思维特色。

其次是从甲骨文开始的汉字构造对“象”的思维方式的影响。谈汉字的构造，人们很自然会想起许慎提出的“六书”原则。其实，“六书”中最为基本的是“象形”，如唐兰把“六书”约简为“三书”——“象形”“象意”“形声”，认为其中又以“象形”

[1] 郭璞：《注山海经序》，载叶朗主编《中国历代美学文库·魏晋南北朝卷》（上），高等教育出版社 2003 年版，第 198 页。

[2] 郑玄注，孔颖达疏：《礼记正义》卷五十四，载李学勤主编《十三经注疏》（标点本），北京大学出版社 1999 年版，第 1485—1486 页。

为基本。[1] 夏鼐、陈梦家等人也持相似看法。[2] 在甲骨文中保留了百分之三十以上的直接象形字。这种“象形”，依许慎所说，为“画成其物，随体诘诎”，即直接模仿某种图画物体的形象而产生。容庚在谈甲骨文中的动物象形字时，亦明确指出了这一点：“羊角象其曲，鹿角象其歧，象象其长鼻，豕象其竭尾，犬象其修体，虎象其巨口……因物赋形，恍若与图画无异。”[3] 不过，甲骨文的“象形”，又绝非原始图画，绝不能等同于客观物象的单纯模拟，它实际上是抓出特征予以形象化、简化，已具有语言符号的抽象表意的功能。所以，甲骨文的这种“象形”，自然走向指事、会意和形声等，形成汉字构造的基本法则。汉字（甲骨文）以“象形”为基础，对中国古代审美意识和思维方式的形成产生了影响。虽然在今天的汉字中感受这种原始汉字的象形美要困难些，但也并非不能实现。如甲骨文中的“象”字就是当时中原之地常见的大象的写生符号，后来又作为人名、氏族名、乐舞名出现，[4] 它亦成为后世人们所谈“形象”“想象”“意象”“象似”等词的重要语源。韩非子说“人希见生象也，而得死象之骨，案其图以想其生也。故诸人之所以意想者，皆谓之

---

[1] 唐兰：《中国文字学》，上海古籍出版社 1979 年版，第 78 页。

[2] 夏鼐：《中国文明的起源》，文物出版社 1985 年版，第 87 页；陈梦家：《殷虚卜辞综述》，科学出版社 1956 年版，第 78 页。

[3] 容庚：《甲骨文字之发见及其考释》，北京大学《国学季刊》1923 年第 4 期。

[4] 关于甲骨文中的“象”的动物名、人名、氏族名、乐舞名的语义，汪裕雄《意象探源》第一章《原“象”——从动物之象到文化之“象”》有详细探讨。参见汪裕雄《意象探源》，人民出版社 2013 年版。

象也”[1]，就是从“象”这一汉字原型表象出发，来言及与后世艺术审美相关的“意象”和“想象”等问题的。

再次是《易经》卦象符号对意象思维形成的影响。胡适说：“《系辞传》说：‘易也者，象也。’这五个字是一部《易经》的关键。”[2] 胡适对《易》的把握是准确的。《易》的根本在象，无论是《易经》本文，还是《易传》，都是以“易象”为宗。《传》是对《经》的解释，属于先秦两汉哲学家对象的自觉阐释的一部分。《易经》则不同，它属于占筮之书，属于中国远古文化的精神遗存。作为《易经》核心构成的易象符号，它的形成与远古时代那种唯象、以象为工具、象与象之间的神秘互渗和天人感应的思维方式密切相关。但是，易象的基本形态又是在文明时代进程中经过多次归纳、整饬、改造的，既保留了原始物象的特性，又舍去了一般物象的偶然性，具有极大的统摄力，所以易象思维不能等同于原始时代那种唯象、以象为工具的思维。易象不再是具象的符号，也不是抽象的语言符号，它实际上是一种介于具象与抽象之间，具有高度象征比拟意义的图式符号。它以“- -（阴）”“—（阳）”二爻为基本元素，以数的奇偶排列组合来演成八卦、六十四卦和三百八十四爻，从而形成不断递升的表意功能，既拟天地自然之象，又喻人文事象，揽天地宇宙、万物人生于易象结构中。易象的这种结构，蕴含着丰富的阴阳二分和系统

[1] 王先慎集解：《韩非子集解·解老》，载《诸子集成》，第五册，中华书局 1954 年版，第 108 页。

[2] 胡适：《中国哲学史》（上），载姜义华主编《胡适学术文集》，中华书局 1991 年版，第 60 页。

结构思想，形成其特有的象征类比和直觉感悟的思维方式。如汪裕雄先生所说，易象的每一个卦画符号都可看成是一个意义集束，“这个符号所显示的，不仅有自然物象与人文事象的相倚相涉，相类相感，而且有天意对人意的深切关怀。当人们依照这一符号去决断疑难、判定吉凶、预测未来时，便不得不以类比推理和感悟工夫去从物象——包括自然物象与人文事象——彼此间的万千关系和联系中去寻求天机的‘征兆’，作为自己意志行为的先导”[1]。易象，也如冯友兰先生所说，成为反映宇宙事物规律的“代数学”，[2] 具有无所包又无所不包的特质和非常广泛的指涉意义。正是基于此，易象才成为先秦关于“象”的哲学阐释的重要起点，从而对中国古代意象理论和思维方式的形成产生重要影响。

第二节　先秦两汉：“象”的哲学阐释与审美意象理论的孕育

中国古代审美意象理论的形成与远古神话、甲骨文、易象符号中所体现出来的尚象、重象的文化精神与思维方式有着密切关系。但是，远古神话、甲骨文、易象符号所体现出来的尚象精神与思维因子毕竟处于一种朦胧形态之中，如果没有后世哲学家、美学家的阐释，中国文化对意象的推重也不可能从远古神话的蒙昧背景中走出来，实现哲学美学的超越，成为一种自觉的理论与思维形态。先秦两汉的哲学美学阐释正承担了这样的功能，它对

[1] 汪裕雄：《意象与中国文化》，《中国社会科学》1993 年第 5 期。

[2] 冯友兰：《中国哲学史新编》，第二册，人民出版社 1983 年修订本，第 342 页。

于中国古代意象理论哲学基础的奠定以及后世审美意象理论语义内涵的生成均具有重要意义。

在先秦诸子中，老子哲学对“象”的阐发可谓是最深刻的。《老子》以“道”为本，将“道”“气”“象”联结起来，作为指涉宇宙生命存在的本体范畴，使原发于《易经》的“象”具有了非常明确的哲学内涵。“象”不离“气”，“气”通向“道”，“道”“气”“象”三位一体，共同指向宇宙的本体和生命。这种以“道”为本，“道”“气”“象”结合的哲学思想，深刻地说明了中国哲学美学中“象”的意义所在。《老子》言“象”，谓“道”“气”“象”三位一体，这其中还包含着一个极其重要的思想，即重视“象”的虚空超无，对“象”的意象而非言语的符号指涉功能作出了种种描述和规定。如“道之为物，惟恍惟惚。惚兮恍兮，其中有象；恍兮惚兮，其中有物”[1]，“绳绳不可名、复归于无物，是谓无状之状，无物之象”[2]，“象”无形无状，惟恍惟惚，同时在恍惚无形之中又有象有物。老子用这种若有若无之“象”，对“道”的运行和存在作了极其精微的阐发，它是非言语所能表达的，只能凭借意象，存在于人的意象感悟和体验中。《老子》全书充满了这种意象感悟的符号，如“水”“谷”“母”“朴”“阴”“玄”“婴儿”等，它们均指向不可言状、难以穷尽的“道”。《老子》还提出“大音希声，大象无形”和“有无相生”的命题，它们都指向“道”的精神本体。“大音”和“大象”是最大或者最美的声音，是最大或者最美的形象。它是无形无象

[1] 王弼注：《老子注》，载《诸子集成》，第三册，中华书局1954年版，第12页。

[2] 王弼注：《老子注》，载《诸子集成》，第三册，中华书局1954年版，第7—8页。

的，但须通过有形有象的东西来体现；它听上去似乎没有声音，却代表了声音的全部；它是看上去仿佛没有形迹的存在，却高出一切具体的有形的形象，因而超越有限、有象的世界进入一个无限且具有无穷生命力的世界。《老子》的这些思想，可以看成是先秦对“象”的哲学阐释的开始，并影响到后来对“象”的哲学阐释与意象理论的诞生。

与《老子》相比，《庄子》中谈“象”的地方并不多，主要见于关于“象罔”“浑沌”等的寓言故事。《天地》讲黄帝遗玄珠，“知”（理智）、“离朱”（视觉感官）、“喫诟”（言语）均不能得，唯无心之谓、无形之物的“象罔”可以得。“玄珠”即“道”的象征，得“玄珠”也就象征着得“道”。“象罔”状态也即“浑沌”“滑疑之耀”的状态，它似有若无，恍惚朦胧，依宗白华所说，是一种虚幻的“境相”，它“象征宇宙人生的真际”，[1] 是超言语、超经验的，是一种以“象”的虚空为极诣的深刻人生体验和人生境界的实现。庄子对“象”的这种描述和规定，与其《天道》中所说的“书不过语，语有贵也。语之所贵者，意也，意有所随。意之所随者，不可以言传也”[2]，以及《外物》中所说的“荃者所以在鱼，得鱼而忘荃；蹄者所以在兔，得兔而忘蹄；言者所以在意，得意而忘言”[3] 的思想是一致的，都强调“象”的世界可以超越语言，追求无限的意蕴之美，所以上承老

[1] 宗白华：《美学散步》，上海人民出版社 1981 年版，第 81 页。

[2] 王先谦集解：《庄子集解》，载《诸子集成》，第三册，中华书局 1954 年版，第 87 页。

[3] 王先谦集解：《庄子集解》，载《诸子集成》，第三册，中华书局 1954 年版，第 181 页。

子“象”论，下启魏晋玄学以“无”为本体的对“象”的义理发挥，并直接引发了佛学的“象外之谈”。中国古代意象理论，特别是以意象为基础所产生的意境理论，虽然从总体上讲，是以“象”的思维为出发点，言“境”不离“象”，但其重点又在象外之象，在象外虚空的人生体验和境界的实现。正因为此，《庄子》对“象”的哲学阐释对于中国古代意境理论基础的奠定有着重要意义。

《易传》对“象”的哲学阐发，与老庄哲学有着某种联系。老庄哲学将“象”与“道”相联系，强调“象”是对于“道”的体验，这可能为《易传》所借鉴，在形而上的指涉意义上完成了“象”由原始卦象图式向哲学本体意义的转换。不过，《易传》更为根本的思想还是来源于《易经》，是对易象符号体系意义的哲学阐发和超越。《易经》卦象图式以“阴”“阳”二爻为内核，建立起“象”居其中，“数”“象”“辞”“占”互动互指的功能模式，包含着非常丰富的系统结构思想和辩证思想。《易传》言“象”，明确以阴阳范畴为本。阴阳不是实体性的概念而是功能性的概念，以阴阳范畴为本言“象”，“象”的结构功能意义大大突显出来。正因为此，《易传》对“象”的阐释才形成了较为完备的理论系统，具有多方面的指称意义，从而为中国古代审美意象理论的建构提供了前提和基础。《易传》所言之“象”对后世意象理论基础的奠定主要通过两个命题见出。首先是“立象以尽意”命题。《系辞上》曰“书不尽言，言不尽意”，“圣人立象以尽意，设卦以尽情伪，系辞焉以尽其言，变而通之以尽利”，[1]这一命题看到了言语在达意方面的局限性，但它并不将“言”“象”“意”对立起来，而是对其关系有着辩证的理解。它一方面承认“书不尽言，言不尽意”的事实，另一方面又看到圣人“立象”的目的是为了“尽意”，看到了“象”与“意”通，具体的“象”在表现抽象的“意”方面优于“言语”这一事实。不过，《易传》并没有否定“言”达“意”的功用，在它看来，“言”虽不能尽“意”，但离开了“言”，“象”的意义也难以确立，于是它提出“系辞焉以尽其言”的主张。《易传》这一命题实际上显示了“象” “言”作为“意”之载体的各自不同的独立意义，“言”“象”“意”三者的关系涉及审美意象的本体构成问题。其次是“观物取象”命题。这一命题主要通过《系辞》中的两段话体现出来。一段话是：“古者包牺氏之王天下也，仰则观象于天，俯则观法于地，观鸟兽之文，与地之宜，近取诸身，远取诸物，于是始作八卦，以通神明之德，以类万物之情。”[2]另一段话是：“圣人有以见天下之赜，而拟诸其形容，象其物宜，是故谓之象。”[3]从这些话可以见出，《易传》所说的“观物取象”包含的内容很广，它将天地万物、鸟兽之文的吉凶祸福都包括在内，它不否认易象来源于客观自然并能再现自然，但从根本上

[1] 王弼注，孔颖达疏：《周易正义》卷七，载李学勤主编《十三经注疏》（标点本），北京大学出版社 1999 年版，第 291 页。

[2] 王弼注，孔颖达疏：《周易正义》卷八，载李学勤主编《十三经注疏》（标点本），北京大学出版社 1999 年版，第 298 页。

[3] 王弼注，孔颖达疏：《周易正义》卷七，载李学勤主编《十三经注疏》（标点本），北京大学出版社 1999 年版，第 274—275 页。

讲，易象的本质和功能又不在于模拟再现，而是“象其物宜”，“以通神明之德，以类万物之情”，着眼于宇宙的本性和生命。对易象的观照，也不是个别的、静止的、着眼于某个孤立对象的，而是仰观俯察，“近取诸身，远取诸物”，与天地之道、万物之情相通，充分发挥了直观、想象的思维功能。这一命题的提出，可以说沟通了“形下”与“形上”两个世界的关系，确立了“象”之本体不在于模拟自然而在于表现宇宙万物的本体与生命，这对意象理论的哲学基础的奠定有着重要意义。

关于先秦“象”的哲学阐释，还有一条很重要的线索，那就是儒家对“象”的哲学阐释和超越。这一条线索常常为学术界所忽视。实际上，“象”作为中国古代哲学思维的重要起点，其对中国古代社会和文化功能的巨大承载指涉作用对儒家思想的形成是意义非常的。而其象征类比的思维方式更与先秦儒家残留的巫觋文化意识和隆礼贵仁的伦理精神融合起来，物化为诗与乐的形式，从而形成中国美学发展的另一重要思路和传统。以《荀子》和《乐记》为代表，儒家对“象”的哲学阐释中与后世意象理论密切相关的主要包括重“象”的比附象征意义的“比德”说和以“象”为深层内涵规定的“言志”说。

《荀子·大略》对《易经》卦象卦辞作出的解释的核心就在于“以象比德”，比如其对咸卦的解释：“咸，感也。以高下下，以男下女，柔上而刚下。聘士之义，亲迎之道。”[1] 咸即感，就是男女相感、阴阳和谐的意思。由咸卦卦名，可推及夫妇之道。

[1] 王先谦集解：《荀子集解》，载《诸子集成》，第二册，中华书局 1954 年版，第 327 页。

从卦象上看，感卦艮下兑上，艮为山，兑为泽，山居泽下，所以说“以高下下”。又，艮为少男，兑为少女，男居女下，乃迎娶之象，表现士之礼德。这种“以象比德”的思想，荀子在《法行》中把它形象地浓缩为“夫玉者，君子比德焉”[1]的命题。在《乐论》中，荀子又明确将“以象比德”与音乐形象的意义融汇起来，成为其关于音乐艺术本质的规定：“凡奸声感人而逆气应之，逆气成象而乱生焉。正声感人而顺气应之，顺气成象而治生焉。唱和有应，善恶相象。故君子慎其所去就也。君子以钟鼓道志，以琴瑟乐心。”[2]《乐记》可以说直接承继了荀子思想，其中言音乐形象的意义，更是以“德”为归：“乐者，德之华也”[3]，“乐者，心之动也。声者，乐之象也。文采节奏，声之饰也。君子动其本，乐其象，然后治其饰”[4]。“以象比德”的思想，还出现在先秦儒家其他的一些典籍中。比如，《左传》亦提出“德行可象，声气可乐”[5]和“铸鼎象物，百物而为之备，使民知神、奸”的“以象比德”的思想。“以象比德”的思想明确赋予“象”人文和道德伦理内涵，并将“象”与音乐等艺术形式联系起来，提出“声者，乐之象”的命题，这促成了哲学意义的“象”向具有审美意义的意象范畴转化。

---

[1] 王先谦集解：《荀子集解》，载《诸子集成》，第二册，中华书局 1954 年版，第 351 页。

[2] 王先谦集解：《荀子集解》，载《诸子集成》，第二册，中华书局 1954 年版，第 254 页。

[3] 吉联抗译注，阴法鲁校订：《乐记·乐象》，音乐出版社 1958 年版，第 29 页。

[4] 吉联抗译注，阴法鲁校订：《乐记·乐象》，音乐出版社 1958 年版，第 30 页。

[5] 左丘明传，杜预注，孔颖达正义：《春秋左传正义》卷四十，载李学勤主编《十三经注疏》（标点本），北京大学出版社 1999 年版，第 1136 页。

“诗言志”命题最早见于《尚书·尧典》，据说其出自舜帝之口，但这种记载的真实性是大可怀疑的。《左传》有“诗以言志”的说法，荀子更直接把“诗”与“志”、“乐”与“道”联系起来，提出“诗言是，其志也”[1]，“制《雅》《颂》之声以道之，使其声足以乐而不流”[2]的观点。荀子言“志”，是出于儒家政教礼乐文化的考虑，他对“志”有严格的等级规定，只有君子才能“以钟鼓导志”。荀子所说的“志”，若放在先秦的诗学语境中，基本上还是一个与政治实用、道德礼仪相关的怀抱、志向表达的问题，情感抒发的意味是非常少的。不过，若进一步考察，将荀子的“言志”与《乐论》中的声乐“感人”“化人”以及“以象比德”，充分重视音乐形象的感发象征意义的思想联系起来，则不难领悟“言志”还是应以“缘情”为基础，必须以“象”的形式来表现。《乐记·乐象》曰：“诗，言其志也；歌，咏其声也；舞，动其容也：三者本于心，然后乐气从之。”[3]这里所说的“言志”的基础仍在于“象”，与《易传》“观物取象”命题有着精神实质的一致。《荀子》《乐记》中这种以“象”为基础的感物言志思想，在晋人挚虞那里得到了更明确的表述。挚虞的《文章流别论》讨论文学的功用，以儒家“以象比德”思想为基础：“文章者，所以宣上下之象，明人伦之叙，穷理尽性，以

[1] 王先谦集解：《荀子集解》，载《诸子集成》，第二册，中华书局1954年版，第84页。

[2] 王先谦集解：《荀子集解》，载《诸子集成》，第二册，中华书局1954年版，第252页。

[3] 吉联抗译注，阴法鲁校订：《乐记·乐象》，音乐出版社1958年版，第29页。

究万物之宜者也。”[1] 同时，又与“言志”说联系起来，提出“情之发，因辞以形之；礼义之旨，须事以明之。故有赋焉，所以假象尽辞，敷陈其志”[2] 的意义精微的美学命题。在挚虞这里，由于明确了“象”的中介作用，“志”与“情”、“辞”与“意”、“感物”与“明理”达到了谐和一致。这也说明，儒家“诗言志”命题虽带有强烈的社会政治功利色彩，以理节情，以道制欲，但终没有忽视艺术形象的审美意义，没有忽视“情”的存在。这也是后世理论家（如孔颖达、王夫之等）能以“象”为基础，将“象”（意象）作为诗歌艺术的本体范畴重新阐释儒家“诗言志”，从而推动儒家诗学理论发展的原因所在。

汉代亦是中国古代美学的哲学基础奠定的重要时期。汉代哲学的基本观念是“天人感应”和自然气感，认为宇宙天地在本质上是一个可以与人的情感心理感应沟通的世界，这对于意象理论哲学基础的奠定有着重要意义。另外，汉代关于“形神”关系的讨论（《淮南子》），关于音乐审美中心物关系的讨论（《乐记》），以及书法理论对“象”之审美的重视（如蔡邕提出“纵横有可象者，方得谓之书矣”）和对书法创作主体的心理的重视（如扬雄提出“书，心画也”），等等，对于后代意象美学思想的形成产生了一定影响。“意象”作为一个语词使用最早也出现在汉代。《汉书·李广传》有“广不谢大将军而起行，意象愠怒而

[1] 挚虞：《文章流别论》，载郭绍虞主编《中国历代文论选》，第一册，上海古籍出版社1979年版，第190页。

[2] 挚虞：《文章流别论》，载郭绍虞主编《中国历代文论选》，第一册，上海古籍出版社1979年版，第190页。

就部”[1] 的表述，此处“意象”用于描写人物，指人物因内心愤怒而形于外的神态。王充的《论衡·乱龙》亦明确将“意”与“象”连缀成词，使之成为一个统一概念：“天子射熊，诸侯射麋，卿大夫射虎豹，士射鹿豕，示服猛也。名布为侯，示射无道诸侯也。夫画布为熊麋之象，名布为侯，礼贵意象，示义取名也。”[2] 此处所说的“意象”，是指以画布上的野兽图像作为射箭的靶子来显示君王对臣子的威仪。那些画在布帛上的野兽图像本身是什么并不重要，重要的是它与人的身份形成了示意关系，人的身份越高贵，所射野兽越凶猛，“名布为侯”成为“礼贵意象”的象征性体现。《乱龙》中还有“立意于象”的表述：“礼，宗庙之主，以木为之，长尺二寸，以象先祖。孝子入庙，主心事之，虽知木主非亲，亦当尽敬有所主事。土龙与木主同，虽知非真，示当感动，立意于象。”[3] “木主”是祖宗的牌位，此处所说的“立意于象”，是指孝子面对祖先的牌位如同真的面对祖先所流露出来的人伦亲情，亦含有宣扬儒家礼教的意味。这两段话中所说的“意象”，虽与审美和文艺创作没有直接关系，但由于认识到“象”是为示“意”而存在的，只有通过“象”才能示“意”，对后世文学创作还是有启示的。

谈到先秦两汉“象”的哲学阐释时，不可忽视的还有其与“赋、比、兴”诗学传统的关联。“赋、比、兴”一组概念最早见于《周礼·春官》和汉代的《毛诗大序》，它主要针对的对象是

[1] 班固：《汉书·李广传》，岳麓书社 1993 年版，第 1072 页。
[2] 王充：《论衡》，载《诸子集成》，第七册，中华书局 1954 年版，第 158 页。
[3] 王充：《论衡》，载《诸子集成》，第七册，中华书局 1954 年版，第 158 页。

《诗经》，是对以《诗经》为代表的诗歌艺术的心与物、意与象关系的阐发。汉儒郑众提出“比者，比方于物也。兴者，托事于物”[1]的观点，即注意到《诗》之“比兴”中的情意和物象之间的关系与“象”之哲学观念的表达是相同的。正是基于此，清人章学诚提出“《易象》通于比兴”的观点，认为“象之所包广矣，非徒《易》而已，六艺莫不兼之；盖道体之将形而未显者也。雎鸠之于好逑，樛木之于贞淑，甚而熊蛇之于男女，象之通于《诗》也”[2]，将《诗》之“比兴”提升到“象”之哲学本体的高度，认为《诗》之“比兴”与《易》之“象”都具有以象见意和立象以尽意的功能。“赋、比、兴”范畴的提出，可以说直接启发了后人关于《诗》之“比兴”与《易象》关系的研究，构成中国古代意象理论演进的重要环节，诚如叶朗所说：“从美学史的发展来看，‘赋’‘比’‘兴’这组范畴，正是对《易传》的‘象’这个范畴的进一步规定。更精确点说，‘赋’‘比’‘兴’这组范畴，正是对《易传》所提出的‘立象以尽意’这一命题的进一步规定。”[3]

第三节　魏晋至唐：审美意象理论的创立

魏晋至唐可以看成是中国古代审美意象理论的创立时期。之

[1] 郑玄注，贾公彦疏：《周礼注疏》卷二十三注引，载李学勤主编《十三经注疏》（标点本），北京大学出版社1999年版，第610页。

[2] 章学诚著，叶瑛校注：《文史通义校注》（上），中华书局1985年版，第18页。

[3] 叶朗：《中国美学史大纲》，上海人民出版社1985年版，第85页。

所以说它是创立时期，是因为在这一时期，“意象”已明确作为一个艺术和审美范畴被提出，并在诗歌、书画等艺术形式中被普遍使用。

魏晋审美意象理论的创立，受到玄学思想的深刻影响。玄学关于“言”“象”“意”关系的讨论，可以说深化了先秦“象”的哲学阐释，其中王弼是一个关键人物。他的《周易略例·明象》被学术界看成是第一篇讨论“言”“象”“意”三者关系的专论，其中有一段话至为关键：

> 夫象者，出意者也。言者，明象者也。尽意莫若象，尽象莫若言。言生于象，故可寻言以观象；象生于意，故可寻象以观意。意以象尽，象以言著。故言者所以明象，得象而忘言；象者，所以存意，得意而忘象。[1]

这段话承接了先秦庄子的“得意忘言”和《易传》的“立象以尽意”的命题。不过，庄子“得意忘言”说的核心在于如何忘言，如何超越语言的局限性，对“言”“象”“意”三者之间的关系并没有深入探讨；《易传》的“立象以尽意”，突出了“象”作为“意”的载体的意义，看到了言语在达意方面的局限性，但也没有对“言”“象”“意”三者的关系予以系统阐发。[2] 王弼对

[1] 王弼著，楼宇烈校释：《王弼集校释》（下），中华书局1980年版，第609页。

[2] 魏晋佛经有所谓“指月”论，“指”喻经纶中的语言文字，“月”喻佛法之真谛，佛经主张“当须见月望指”（大慧禅师语），与庄子的“得意忘言”之说有异曲同工之妙，但并没有对“言”“象”“意”之间的关系予以深入探讨。

“言”“象”“意”三者关系的讨论则不然，他不仅指出了“言”“象”“意”三者之间相互递进派生的关系，肯定了“言”作为“象”和“象”作为“意”之载体与工具的意义，而且明确指出使用“言”与“象”的目的不是为言而言、为象而象，而是捕捉“意”，如果捕捉不到“意”，“言”与“象”就失去了存在的必要性。王弼还提出“忘象者，乃得意者也；忘言者，乃得象者也”[1]和“立象以尽意，而象可忘也；重画以尽情，而画可忘也”[2]的观点，强调通过“忘”来达到对“言”“象”一类传达媒介的超越和否定，从而实现“言”“象”“意”三者兼容和“得象”“得意”的目的。这些认识，较先秦的《庄子》与《易传》，更加清晰地界定了“言”“象”“意”三者之间的关系，使人们对其认识不再停留在笼统模糊的阶段，而且这里还存在一个“言—象—意”逐渐推移的过程，涉及意象创造的本文结构问题，从而推动了“意象”由哲学向审美范畴的转化。

魏晋时期谈论意象有一个鲜明的特点，那就是不像先秦时期那样限于哲学领域，而是进入艺术审美活动范围。在汉代，《乐记》提出“声者，乐之象”的命题，赋予“象”对于音乐审美的本体意义，但《乐记》所言之“象”还是一个含义极其广泛的范畴，并非专门针对艺术审美。魏晋则不然，这一时期所谈论的“意象”已实现了哲学向审美范畴的转换，主要针对的对象是艺术和审美。魏晋时期品评人物风气盛行。这一时期的人物品评有一突出特点，就是运用意象批评的方式赏析人物，揭示人物的风

[1] 王弼著，楼宇烈校释：《王弼集校释》（下），中华书局1980年版，第609页。

[2] 王弼著，楼宇烈校释：《王弼集校释》（下），中华书局1980年版，第609页。

韵气质和精神风貌，如《世说新语·赏誉》曰“世目李元礼：‘谡谡如劲松下风”[1]，《世说新语·容止》曰“嵇康身长七尺八寸，风姿特秀，见者叹曰：‘萧萧肃肃，爽朗清举。’或云：‘肃肃如松下风，高而徐引’”[2]，等等。这种品评风气也影响到书画和文学的意象批评方式的形成，如《诗品》卷中评范云和丘迟的诗曰“范诗清便宛转，如流风回雪。丘诗点缀映媚，似落花依草”[3]，《晋书·王羲之传》曰“（王羲之）尤善隶书，为古今之冠，论者称其笔势，以为飘若浮云，矫若惊龙”[4]，等等。这一时期，“意象”作为一个重要的文学美学范畴也开始出现在批评家的论著中。挚虞的《文章流别论》在讨论文学的功用时，有“故有赋焉，所以假象尽辞，敷陈其志”的理论表述，这可以说是从赋体文学角度强调了意象创造的重要性。陆机探究作文之用心，认为其中存在着“意不称物，文不逮意”的矛盾，这里自然包含“言”（文）、“象”（物）、“意”三者关系的探讨。魏晋书画理论提出“澄怀味象”（宗炳）、“以形写神”（顾恺之）、“气韵生动”（谢赫）等命题，其实也是将审美意象的创造放在重要地位。

“意象”作为一个文艺和审美范畴被明确提出，首见于刘勰的《文心雕龙》。《神思》提出“独照之匠，窥意象而运斤”[5]的命题，其中的“意象”即可看成是作家在构思中要捕捉与表现

[1] 刘义庆撰，刘孝标注：《世说新语》（上），上海古籍出版社1982年版，第229页。
[2] 刘义庆撰，刘孝标注：《世说新语》（上），上海古籍出版社1982年版，第326页。
[3] 钟嵘著，周振甫译注：《诗品译注》，中华书局1998年版，第74—75页。
[4] 房玄龄等撰：《晋书》卷八十，中华书局1974年版，第2093页。
[5] 刘勰著，范文澜注：《文心雕龙注》（下），人民文学出版社1958年版，第493页。

的主体心意与客体物象交融而成的艺术形象。[1] 不过，刘勰对于“意象”的理论贡献绝不仅仅限于提出“意象”这个术语，而是对意象创造的特征与规律有着深刻的认识。《神思》提出“神与物游”，“神用象通，情变所孕”，“意授于思，言授于意，密则无际，疏则千里”，“使玄解之宰，寻声律而定墨；独照之匠，窥意象而运斤”等命题，[2] 不仅探讨了艺术想象在审美意象创造中的作用，而且非常重视运用语言文辞将艺术构思中的“意”（意象）表达出来，使之成为鲜活生动的艺术形象。“意象”在《文心雕龙》里作为一个重要范畴被提出来，与中国文学思想重视心物关系有着密切的关联。《物色》所说的“情以物迁，辞以情发。一叶且或迎意，虫声有足引心。况清风与明月同夜，白日与春林共朝哉”[3]，“是以诗人感物，联类不穷。流连万象之际，沉吟视听之区；写气图貌，既随物以宛转；属采附声，亦与心而徘徊”[4]，均是从心物关系谈审美意象的创造，同时还注意到文辞、声律对于审美意象创造的意义。另如《诠赋》所说的“原夫

[1] 钱锺书不赞成刘勰首先将“意象”作为一个美学范畴明确提出来的观点，他认为刘勰所说的“意象”实是“意”的偶词。不过，学术界大多数学者都认同刘勰是将“意象”作为一个审美和文艺范畴明确提出来的。宇文所安用“concept-image”一词翻译刘勰的“意象”术语，认为《文心雕龙·神思》中所出现的“意象”一词是“后世理论和批评中的一个重要的技术性术语。虽然在这里该词尚不具备它在后世批评中那些丰富的语义联想，但那些语义层面的因子已经包含在这里”（宇文所安：《中国文论：英译与评论》，王柏华、陶庆梅译，上海社会科学院出版社2003年版，第210页）。这一看法显然比钱锺书的看法更为合理。

[2] 刘勰著，范文澜注：《文心雕龙注》（下），人民文学出版社1958年版，第493—495页。

[3] 刘勰著，范文澜注：《文心雕龙注》（下），人民文学出版社1958年版，第693页。

[4] 刘勰著，范文澜注：《文心雕龙注》（下），人民文学出版社1958年版，第693页。

登高之旨，盖睹物兴情。情以物兴，故义必明雅；物以情观，故词必巧丽”[1]，《比兴》所说的“诗人比兴，触物圆览。物虽胡越，合则肝胆。拟容取心，断辞必敢”[2]，《隐秀》所说的“隐也者，文外之重旨者也”[3]，“情在词外曰隐，状溢目前曰秀”[4] 等诸多命题，所指向的都是审美意象的创造，是对文学创作过程中意象特性以及意象与语言关系的把握与阐释。特别是“隐秀”说，它不仅从语言关系上来把握意象，而且还涉及“显”与“隐”关系的审美意象的本体构造，与现代意象美学理论的观念存在着深层次的沟通，为建构具有现代意义的意象美学理论提供了重要的理论资源，所以引起了人们的重视。[5] 刘勰关于审美意象的阐释，可以看成是中国古代审美意象理论创立和发展的一个关键环节。

唐代可以看成是审美意象理论真正确立的时期。“盛唐之音”开启了一代诗风，也促成了意象诗学理论的建立。“意象”在唐代已成为一个普遍使用的美学范畴，如托名为王昌龄的《诗格》的“诗有三格：一曰生思。久用精思，未契意象”[6]，司空图

---

[1] 刘勰著，范文澜注：《文心雕龙注》（上），人民文学出版社 1958 年版，第 136 页。

[2] 刘勰著，范文澜注：《文心雕龙注》（下），人民文学出版社 1958 年版，第 603 页。

[3] 刘勰著，范文澜注：《文心雕龙注》（下），人民文学出版社 1958 年版，第 632 页。

[4] 现在通行的《文心雕龙》版本多不见这句话，范文澜《文心雕龙注》也没有这句话，但在注释中他说南宋张戒的《岁寒堂诗话》收有《文心雕龙·隐秀》全文，所以他引用了这句话。[刘勰著，范文澜注：《文心雕龙注》（下），人民文学出版社 1958 年版，第 633 页] 叶朗认为这两句话可以看成是刘勰对于“隐秀”所作的基本规定。（叶朗：《中国美学史大纲》，上海人民出版社 1985 年版，第 227 页）

[5] 如叶朗的“美在意象”说和张世英的“显隐”说都非常重视刘勰的“隐秀”说。

[6] 王昌龄：《诗格》，载郭绍虞主编《中国历代文论选》，第二册，上海古籍出版社 1979 年版，第 89 页。

《二十四诗品》的“意象欲生，造化已奇”[1]，张怀瓘《文字论》的“探彼意象，入此规模”[2]，都是将“意象”作为美学范畴来使用的。唐人还提出“兴象”的范畴，如殷璠评陶翰的诗“既多兴象，复备风骨”[3]，评孟浩然的诗“无论兴象，兼复故实”[4]。皎然说“今且于六义之中，略论比兴。取象曰比，取义曰兴，义即象下之意”[5]，将“比”与“取象”、“兴”与“取义”联系起来，认为“义”即“象下之意”，其实也是在谈“意象”中的“兴象”。唐人还意识到“兴象”有不同于一般意象的特点，即它“外感于物，内动于情，情不可遏”[6]，与“兴”之情感不可分，具有情与景浑、自然感发、意在言外的艺术特征。“兴象”亦成为人们评价唐代特别是盛唐诗歌的审美标志，如明代高棅的《唐诗品汇》以“兴象”论唐诗，认为唐代的诗人“声律兴象，文词理致，各有品格高下之不同”[7]。明人胡应麟亦以

---

[1] 司空图：《二十四诗品·缜密》，载何文焕辑《历代诗话》（上），中华书局 1981 年版，第 41 页。

[2] 张怀瓘：《文字论》，载叶朗主编《中国历代美学文库·隋唐五代卷》（上），高等教育出版社 2003 年版，第 483 页。

[3] 殷璠：《河岳英灵集·品藻》，载叶朗主编《中国历代美学文库·隋唐五代卷》（上），高等教育出版社 2003 年版，第 452 页。

[4] 殷璠：《河岳英灵集·品藻》，载叶朗主编《中国历代美学文库·隋唐五代卷》（上），高等教育出版社 2003 年版，第 454 页。

[5] 皎然：《诗式》，载郭绍虞主编《中国历代文论选》，第二册，上海古籍出版社 1979 年版，第 76 页。

[6] 贾岛：《二南密旨》，载陈伯海主编《唐诗学文献集粹》（上），上海古籍出版社 2016 年版，第 201 页。

[7] 高棅：《唐诗品汇总序》，载郭绍虞主编《中国历代文论选》，第三册，上海古籍出版社 1980 年版，第 14 页。

“兴象”为标准评论盛唐诗歌，认为盛唐诗歌“兴象玲珑，句意深婉，无工可见，无迹可寻”[1]。

相比前人，唐代对意象的审美特征有了进一步的认识。比如，《文镜秘府论》提出“景与理不相惬，理通无味”[2]，这里所说的“理”即“情”，它强调理（情）与景相融相惬从而产生意象。《文镜秘府论》还主张“景入理势者，诗一向言意，则不清及无味；一向言景，亦无味。事须景与意相兼始好”[3]，重视从情与景相生的关系中把握诗的意蕴。这些观点可以看成是最早从情景关系上对意象审美特征的描述。王昌龄《诗格》提出的“搜求于象，心入于境，神会于物，因心而得”[4]，也是对审美意象创造的主客、心物关系的辩证阐释，既强调了客体（物）的因素对于审美意象生成的重要性，又高度肯定审美意象的创造是艺术家“心入于境”“因心而得”即审美主体自由发挥想象、自由运思的结果。皎然则在王昌龄诗论的基础上进一步阐释了审美意象创造的情景关系：“缘境（景）不尽曰情”[5]，“诗情缘境发，法性寄筌空”[6]，“夫诗工创心，以情为地，以兴为经，然

[1] 胡应麟：《诗薮》，载陈伯海主编《唐诗学文献集粹》（下），上海古籍出版社2016年版，第677页。

[2] 遍照金刚：《文镜秘府论·地卷·十七势》，人民文学出版社1975年版，第43页。

[3] 遍照金刚：《文镜秘府论·地卷·十七势》，人民文学出版社1975年版，第44页。

[4] 王昌龄：《诗格》，载郭绍虞主编《中国历代文论选》，第二册，上海古籍出版社1979年版，第89页。

[5] 皎然著，李壮鹰校注：《诗式校注》，人民文学出版社2003年版，第70页。

[6] 皎然著，李壮鹰校注：《诗式校注》，人民文学出版社2003年版，第385—386页。

后清音韵其风律，俪句增其文彩”[1]。皎然这些话的意旨是探讨审美意象创造中的情与景的关系：一方面，情必须因景（境）而生，诗人通过景（境）来寄托无限的情思；另一方面，“情为地，兴为经”，情为审美意象创造的主导，若没有情感，清音俪句不可能出现，审美意象的创造也没有可能。皎然还提出“采奇于象外，状飞动之趣，写冥奥之思”[2]的观点，这也是在谈审美意象创造的特点，诗不仅要“采奇于象外，状飞动之趣”，表现出艺术境界的气势美和诗意的无穷变化，而且还要真切自然，无人为造作痕迹。

唐代诗论中的这些观点在书画理论中也有体现。钱锺书谈意象，关注到唐人张萱论画时所提出的“意余于象”的命题，并将此与张彦远《历代名画记》卷一论吴道子不用界笔直尺云“意在笔先，画尽意在”的主张联系起来，认为吴道子的“画尽意在”即张萱的“意余于象”。[3]敏泽认为：“‘意余于象’不仅是正式从美学范畴论述‘意’与‘象’的，而且揭示了美的艺术创造中一条重要的原则：不能‘意止于象’，而应该‘意余于象’。‘意余于象’，可以是象外见意。”[4]蔡希综评论张旭的书法时说：“迩来率府长史张旭，卓然孤立，声被寰中，意象之奇，不能不

[1] 皎然：《诗议》，载叶朗主编《中国历代美学文库·隋唐五代卷》（上），高等教育出版社 2003 年版，第 559 页。

[2] 皎然：《诗议》，载叶朗主编《中国历代美学文库·隋唐五代卷》（上），高等教育出版社 2003 年版，第 559 页。

[3] 钱锺书：《管锥编》，第二册，中华书局 1979 年版，第 719—720 页。

[4] 敏泽：《中国美学思想史》，第二卷，齐鲁书社 1989 年版，第 51 页。

全其古制。”[1] 此“意象”指张旭草书字形所带来的审美效果，即超越形似的神似和象外之意。书画理论所表达的这些观点见解，与诗论中对情景关系的描述和“象下之意”的追求是一致的，都说明“意象”作为一个美学范畴的基本特征已为人们所充分认识。另外，唐五代书画理论家提出“外师造化，中得心源”（张璪）、“同自然之妙有”（孙过庭）、“度物象而取其真”（荆浩）等命题，将造化与心源结合起来，从审美物象与审美心境的高度契合，从造化自然与人的生命的高度统一的意义上强调审美意象创造的特点与价值，在意象理论发展史上亦占有重要的地位。

唐人对意象美学特征的认识，还推动了意境理论的诞生。唐人关于“意境”内涵的理解中有两个方面的规定至关重要，即“意与境会”和“境生于象外”，它们既是中国传统哲学美学精神的体现，也是唐代美学诗学实践的产物。“意与境会”这一命题为中唐权德舆明确提出。[2] 所谓“意与境会”，强调意境创造是审美主体与客体、心与物、情与景、意与境的浑然一体和不可分割，从“意境”与“意象”的共同性方面规定了“意境”的本质。“境生于象外”则是唐代诗人关于意境创造的另一重要原则，是关于“意境”本质的特殊规定，为刘禹锡明确提出。[3] “境生

[1] 蔡希综：《法书论》，载陈思编纂《书苑菁华》，北京图书馆出版社 2003 年版，第 465 页。

[2] “意与境会”这一命题见于权德舆《左武卫胄曹许君集序》：“凡所赋诗，皆意与境会，疏导情性，含写飞动，得之于静，故所趣皆远。”［载陈伯海主编《唐诗学文献集粹》（上），上海古籍出版社 2016 年版，第 78 页］

[3] 刘禹锡：《董氏武陵集纪》，载郭绍虞主编《中国历代文论选》，第二册，上海古籍出版社 1979 年版，第 90 页。

于象外”并不否定境与象的关系，但它更重视的是对有限“象”的突破与超越。以“象外”来规定“境”，并不始于唐人，最早可以追溯到南朝的宗炳、谢赫等人。但是，唐人将“象外”作为“意境”的本质规定却出于一种高度的理论自觉。对“象外”之美体验最深、论述最详的，则是司空图的诗学理论。他本着唐人“心源为炉”的精神，追求心灵审美的高远深邃，将“象外”之美的“意境”体验发挥到极致。他以戴叔伦“诗家之景，如蓝田日暖，良玉生烟，可望而不可置于眉睫之前”这段话为喻，明确提出“象外之象，景外之景”[1] 和“超以象外，得其环中”[2] 等命题。此处所谓“象外”，不在感性经验和语言文字的实象之美，而在于超越实象、超越可感的经验进入心灵世界。他以“韵外之致”“味外之旨”概括“意境”的内涵，也是强调意境审美不能停留于一般的经验层次，而是要进入言有尽而意无穷的心理世界，以获得对宇宙人生丰富深沉的审美体验。

谈到唐代审美意象理论时，张怀瓘是一个值得关注的人物。他的《书断》《书议》《文字论》等著作可以说系统地探讨了书法艺术的审美意象创造。他不仅在书法领域中首次拈出“意象”一词——“探彼意象，入此规模”，而且提出“书之为征，斯合乎

[1] 司空图：《与极浦书》，载郭绍虞主编《中国历代文论选》，第二册，上海古籍出版社 1979 年版，第 201 页。

[2] 司空图：《二十四诗品·雄浑》，载何文焕辑《历代诗话》（上），中华书局 1981 年版，第 38 页。

道”[1]，“以无为而用，同自然之功；物类其形，得造化之理”[2]等命题，强调书法意象创造应该“体道”，表现造化自然的本体与生命，这揭示了书法审美意象创造的本质特征。唐代审美意象理论中另一个值得关注的人物是经学家孔颖达。他继承《易传》以象释义的传统，将《易》之本体理解为“象”，认为“易卦”就是“写万物之形象”，就是“取象论义”，“因象明义，随义而发”，只有通过“象”才能把握《周易》的义理，洞察宇宙天地万物的变化与规律。在易象创造和易理的启发下，孔颖达明确提出“凡易者象也，以物象而明人事，若《诗》之比喻也”[3]的命题，认为易象与诗之比兴一样，都是一个以此物比彼物、物类相感、触类相申的象征比喻的表意过程。由于易象具有“拟诸其形容，象其物宜”，“以物象而明人事”的特征，所以它可以转化为诗学话语，与诗之比喻相通，使《诗》中的天地、日月、山川、草木、鸟兽、虫鱼等自然物象皆成为人伦世界的比喻，成为《诗》之兴辞、喻辞和取象明义的对象。将易象与诗之比兴联系起来，可以说是孔颖达诗学理论的一个重大贡献，它不仅丰富了意象范畴的美学内涵，而且对唐代诗学以“兴象”“兴寄”等论诗有着深刻影响，构成了中国古代诗歌审美意象理论发展的重要环节。

---

［1］张怀瓘：《书断序》，载叶朗主编《中国历代美学文库·隋唐五代卷》（上），高等教育出版社 2003 年版，第 478 页。

［2］张怀瓘：《书议》，载上海书画出版社编《历代书法论文选》，上海书画出版社 1979 年版，第 148 页。

［3］王弼注，孔颖达疏：《周易正义》卷一，载李学勤主编《十三经注疏》（标点本），北京大学出版社 1999 年版，第 27 页。

第四节 宋元：审美意象理论的发展

宋元可以看成是中国古代审美意象理论进一步发展的时期。它表现在“意象”作为一个审美范畴，不仅使用频率大大提高，而且使用领域也大大拓展。根据赵天一的概括，“意象”作为一个语词，在宋代首先广泛运用于史传、书、启、序、跋、记、赞、墓志铭、神道碑、官制、行状中的人物品评，[1] 如宋人编修的《新唐书》多处以“意象”品评人物，《新唐书》卷七八评汉阳郡王瑰曰“瑰意象自若，不为屈”，《新唐书》卷一四二评崔祐甫曰“意象殊厉”，苏轼《与米元章二二》云“柳子厚所谓意象非中国人也”[2]，朱熹《跋李勉仲诗卷》云“但见其襟怀坦然，意象轩豁，论说纵横，杂以诙笑，傲睨一世，若都无意于事者”[3]，等等。其次，用于描摹风景。早在刘勰《文心雕龙·物色》里就出现了“窥情风景之上”的观点，该观点将“风景”作为诗人情感抒发的对象。在宋代，风景描摹则成为意象创造的重要内容，如晁说之《荣伯楼记》云：“若夫客至登楼四望，如与荣伯游，而觉山川意象，徘徊相高者，其乐又曷可道也。”[4] 再

[1] 赵天一：《中国古典意象史论》，博士学位论文，西南大学美学专业，2012 年。

[2] 苏轼：《与米元章二二》，载曾枣庄、舒大刚主编《苏东坡全集》，第四册，中华书局 2021 年版，第 2135 页。

[3] 朱熹：《晦庵集》卷八十三，载文渊阁《四库全书》，集部第 1145 册，上海古籍出版社 1987 年版，第 737 页。

[4] 晁说之撰，晁子健编：《景迂生集》卷十六，载文渊阁《四库全书》，集部第 1118 册，上海古籍出版社 1987 年版，第 301 页。

次，用于论书画。“意象自然，笔迹俱泯，而万钧之笔潜寓其间”[1]，“《冬日泛舟》诗一篇，句法既高，字体亦胜，与铭文意象大略相似，必是一手”[2]，“观此图笔力超诣，而意象得之”[3]，“意象高古，非可以近世伦拟也”[4]，这些出现在文人书信、序跋中的文字，亦说明“意象”已成为书画品评中普遍使用的术语。最后是以“意象”点评诗歌。朱熹论诗有“意象轻肆”（《答石子重》），严羽论诗有“意象逼仄”（《李太白诗醇》），洪迈论诗有“意象横出”（《容斋随笔》），等等，均说明“意象”已作为一个美学范畴普遍使用于诗歌点评中。

宋元对审美意象理论特征的把握有自己的特点。就诗歌创作而言，由唐到宋有一个重要转换，那就是由重情转向尚意。“诗以意为主，文词次之”[5]，“夫诗者，不可以言语求而得，必将深观其意焉”[6]，“诗家虽率意，而造语亦难。若意新语工，得前人所未道者，斯为善也”[7]，“诗有四种高妙：一曰理高妙，

---

[1] 范成大：《谢赐御书札子》，载曾枣庄、刘琳主编《全宋文》，第224册，上海辞书出版社、安徽教育出版社2006年版，第314页。

[2] 朱熹：《晦庵集》卷六十四，载文渊阁《四库全书》，集部第1145册，上海古籍出版社1987年版，第220页。

[3] 董逌：《广川画跋》卷一，载叶朗主编《中国历代美学文库·宋辽金卷》（下），高等教育出版社2003年版，第9页。

[4] 黄伯思：《宋本东观余论》，中华书局1988年版，第222—223页。

[5] 刘颁：《中山诗话》，载何文焕辑《历代诗话》（上），中华书局1981年版，第285页。

[6] 苏轼：《〈既醉〉备五福论》，载曾枣庄、舒大刚主编《苏东坡全集》，第五册，中华书局2021年版，第2547页。

[7] 欧阳修：《六一诗话》，载何文焕辑《历代诗话》（上），中华书局1981年版，第267页。

二曰意高妙，三曰想高妙，四曰自然高妙。碍而实通，曰理高妙；出自意外，曰意高妙；写出幽微，如清潭见底，曰想高妙；非奇非怪，剥落文采，知其妙而不知其所以妙，曰自然高妙”[1]，“意”成为诗歌艺术的魂灵，所以宋代诗歌审美意象的创造不再像盛唐诗歌那样，追求写物寄情、兴象玲珑的艺术风格表现，而是转向追求诗歌意象创造的意趣与理趣。这种尚意的倾向不仅体现在诗歌领域，也体现在其他艺术领域。“晋人书取韵，唐人书取法，宋人书取意”[2]，董其昌关于前朝书法艺术的这一评论几成书法史定论。其实不限于书法，宋代就是写意的时代，诗以意为主，书法尚意，文人画追求意之表现，意在宋代诗人、书画家笔下相互影响与生发，成为引领时代的风潮。在这样的背景下，各体艺术的审美意象创造无疑都体现出重意、尚意的特征。郭若虚评张璪“尤于画松，特出意象”[3]，郭熙认为画四时不同的“真山水烟岚”应该是“画见其大意，而不为刻画之迹，则烟岚之景象正矣”[4]，他们强调的都是意象创造应该超越具体物象进入意的层次。苏轼“文以达吾心，画以适吾意而已”[5]的主张及其对“形似”的批判，黄休复、倪瓒等人对“逸品”

[1] 姜夔：《白石道人诗说》，载何文焕辑《历代诗话》（上），中华书局 1981 年版，第 682 页。

[2] 董其昌：《容台集》别集卷二，崇祯三年董庭刻本。

[3] 郭若虚：《图画见闻志》，载叶朗主编《中国历代美学文库·宋辽金卷》（上），高等教育出版社 2003 年版，第 461 页。

[4] 郭熙：《林泉高致集》，载叶朗主编《中国历代美学文库·宋辽金卷》（上），高等教育出版社 2003 年版，第 404 页。

[5] 苏轼：《书朱象先画后》，载曾枣庄、舒大刚主编《苏东坡全集》，第五册，中华书局 2021 年版，第 2499 页。

"逸气"的推重，范温"有余意之谓韵"的主张等也是如此，所强调的都是意象的本体在神不在形，在意不在象，以有限形式表现无限内容的功能。

宋代审美意象理论无论在书画美学还是诗歌美学领域，都出现了一些值得重视的范畴命题。在书画美学领域，如叶朗所认为的那样，有两个重要命题值得关注，即郭熙的"身即山川而取之"和苏轼的"成竹在胸""身与竹化"。前者"着重点是讲画家如何通过审美观照而在自己胸中构成审美意象"，后者"着重点则是讲画家胸中构成审美意象之后，如何通过笔墨把审美意象表现出来"，[1] 它们对于理解审美意象的创造均有着重要意义。另外，宋元书画理论对"逸"品的强调和郭熙对"远"的山水意境的推重，在意象美学史上亦占有一席之地。在诗歌美学领域，重要的有宋代诗论家关于"情""景"关系的分析和对"气象"范畴的理解。

中国古代意象美学理论有一个基本规定，就是将意象看成是情景交融的艺术创造，重视对意象的"情""景"关系的探讨，宋代诗论家应该说在这一方面作出了重要贡献。在宋代诗学中，明确将"情""景"问题提出来，强调"情"与"景"不可分离的是南宋的范晞文。在《对床夜语》中，范晞文提出"景无情不发，情无景不生"[2] 的命题，并通过对杜甫诗歌的分析，具体讨论了"情"与"景"在诗中的几种关系：

[1] 叶朗：《中国美学史大纲》，上海人民出版社 1985 年版，第 285 页。
[2] 范晞文：《对床夜语》卷二，载丁福保辑《历代诗话续编》（上），中华书局 1983 年版，第 417 页。

> “天高云去尽，江迥月来迟。衰谢多扶病，招邀屡有期。”上联景，下联情。“身无却少壮，迹有但羁栖。江水流城郭，春风入鼓鼙。”上联情，下联景。“水流心不竞，云在意俱迟。”景中之情也。“卷帘唯白水，隐几亦青山。”情中之景也。“感时花溅泪，恨别鸟惊心。”情景相触而莫分也。“白首多年疾，秋天昨夜凉。”“高风下木叶，永夜揽貂裘。”一句情一句景也。[1]

无论哪一种方式，诗歌意象都是情景交融的产物，即所谓“景无情不发，情无景不生”。元代方回也谈到了“情”“景”关系问题，亦强调“景在情中，情在景中”[2]，即“情”与“景”不可分。还有的诗论家提出“意中有景，景中有意”[3]的观点，其实也是讲“情”与“景”的融合。这些观点，如叶朗所说：“使人们对诗歌意象的内在结构有了认识。单有‘情’，单有‘意’，并不能构成意象。意象是‘情’‘景’的统一。”[4]

“气象”可以看成是一种特殊的审美意象，其内涵与“气”相关。在中国古代哲学和美学中，“气”代表着一种蕴含着宇宙

---

[1] 范晞文：《对床夜语》卷二，载丁福保辑《历代诗话续编》（上），中华书局1983年版，第417页。

[2] 方回：《瀛奎律髓》，载叶朗主编《中国历代美学文库·元代卷》，高等教育出版社2003年版，第133页。

[3] 姜夔：《白石道人诗说》，载何文焕辑《历代诗话》（下），中华书局1981年版，第682页。

[4] 叶朗：《中国美学史大纲》，上海人民出版社1985年版，第299页。

生机与活力的磅礴生命力，所谓“气象”，正是具有这种生气和磅礴生命力的体现。“气象”常常也指艺术作品所呈现出来的整体风貌，是意象内在生命力的体现。唐代诗歌创造已表现出重视“气象”的意识，如杜甫诗云“赋诗分气象”（《秋日寄题郑监湖上亭》）；皎然《诗式》论“诗有四深”，列在第一位的是“气象氤氲，由深于体势”[1]。相比唐代诗学，宋代诗学可以说更加重视“气象”，潘德舆有“宋诗少兴象类”（《养一斋诗话》）的说法，不以“兴象”而以“气象”论诗的确在一定程度上反映了宋诗的特点。周紫芝《竹坡诗话》载“东坡尝有书与其侄云：‘大凡为文，当使气象峥嵘’”[2]；姜夔将“气象”列为诗之首，认为写诗应该做到“气象欲其浑厚”[3]；叶梦得《石林诗话》云：“七言难于气象雄浑，句中有力，而纡徐不失言外之意。自老杜‘锦江春色来天地，玉垒浮云变古今’，与‘五更鼓角声悲壮，三峡星河影动摇’等句之后，尝恨无复继者。”[4] 上述所论“气象”，或尚峥嵘，或尚浑厚，或尚雄浑，所追求的均是意象创造的内在生气与磅礴生命力。严羽是宋代最自觉地用“气象”范畴评论诗歌的诗论家，他将“气象”列为诗歌创作的五个基本要素（体制、格力、气象、兴趣、音节）之一，所论“气象”如“唐

[1] 皎然：《诗式》，载何文焕辑《历代诗话》（上），中华书局 1981 年版，第 27 页。

[2] 周紫芝：《竹坡诗话》，载何文焕辑《历代诗话》（上），中华书局 1981 年版，第 348 页。

[3] 姜夔：《白石诗说》，载欧阳修、姜夔、王若虚《六一诗话　白石诗说　滹南诗话》，人民文学出版社 1983 年版，第 28 页。

[4] 叶梦得：《石林诗话》卷下，载何文焕辑《历代诗话》（上），中华书局 1981 年版，第 432 页。

人与本朝人诗，未论工拙，直是气象不同”[1]，“汉魏古诗，气象混沌”[2]，“建安之作，全在气象，不可寻枝摘叶”[3]，“盛唐诸公之诗，如颜鲁公书，既笔力雄壮，又气象浑厚”[4]，等等，均指向诗歌作品的整体精神风貌，指向诗歌内在的生气与生命力的表现。这一切都说明，以“气象”论诗是宋代诗论的重要内容，也表明“气象”范畴在中国美学诗学中的重要地位得以确立。

另外，严羽的“兴趣”说和宋明理学家以“兴”论诗，都可以看成是意象理论的发展。严羽提出“兴趣”说的目的在于说明诗歌在学识、书理之外，还有一种更重要的特质，那就是诗歌的审美性质。“兴趣”也可以解释为诗有一种特殊的趣味，它与《沧浪诗话》中出现的“兴致”“意兴”“别趣”一类范畴的意思基本相同，都是指向诗所具有的特殊的审美性质和趣味。“兴趣”说强调审美主体的心灵感受和情趣对于审美意象创造的重要性，强调不是学识和书理，而是内心感受和审美情趣决定了诗人创造出如“空中之音、水中之月、镜中之象”那样含蓄空灵、意在言外的审美意象，所以它对于中国古代审美意象理论的发展具有特殊的意义。宋代理学家以“兴”论诗，重视的是诗吟咏性情、涵畅人的道德、提升人的境界的作用，如他们所言：“‘兴于诗’

[1] 严羽著，郭绍虞校释：《沧浪诗话校释》，人民文学出版社 1961 年版，第 144 页。
[2] 严羽著，郭绍虞校释：《沧浪诗话校释》，人民文学出版社 1961 年版，第 151 页。
[3] 严羽著，郭绍虞校释：《沧浪诗话校释》，人民文学出版社 1961 年版，第 158 页。
[4] 严羽著，郭绍虞校释：《沧浪诗话校释》，人民文学出版社 1961 年版，第 253 页。

者，吟咏性情，涵畅道德之中而歆动之，有‘吾与点’之气象”[1]，“古人说‘诗可以兴’，须是读了有兴起处，方是读诗。若不能兴起，便不是读诗”[2]。这是宋代以前的诗论中从未出现过的情况，它赋予中国古代意象审美道德和精神的内涵，构成了中国古代意象审美的重要方面。

第五节　明清：审美意象理论的成熟

明清特别是清代被学术界看成是中国古代美学的总结时期，中国古代意象理论的创构也具有这样的特色，它不仅吸纳和汇聚前人的观点，而且融通发展成为成熟的理论形态与观念，大体从以下几个方面体现出来。

第一，概念使用的广泛性。明清时期，“意象”不仅成为诗论中普遍使用的概念，如李东阳的《麓堂诗话》、胡应麟的《诗薮》、何景明的《与李空同论诗书》、陆时雍的《诗镜总论》、王廷相的《与郭价夫学士论诗书》、王世贞《弇州四部稿》中的诸多诗序、何良俊的《四友斋丛说·诗》、叶燮的《原诗》、方回的《瀛奎律髓》、沈德潜的《说诗晬语》、方东树的《昭昧詹言》等，而且也被广泛应用在书论、画论乃至园林、戏曲等领域，比如，刘熙载曰“书与画异形而同品。画之意象变化，不可胜穷，约

[1] 程颢、程颐著，王孝鱼点校：《河南程氏外书》卷三，载《二程集》（上），中华书局1981年版，第366页。

[2] 黎靖德编，王星贤点校：《朱子语类》（六），中华书局1986年版，第2086页。

之，不出神、能、逸、妙四品而已”[1]，李日华云“大都画法以布置意像为第一”[2]，邹一桂云“想其结构时，意象惨淡”[3]，方薰云“在画时意象经营，先具胸中丘壑，落墨自然神速”[4]，等等。

第二，明确了“意象”在中国古代美学中所具有的艺术本体和审美本体的意义。在明代诗歌理论中，如胡应麟云“古诗之妙，专求意象”[5]，王廷相云“言征实则寡余味也，情直致而难动物也。故示以意象，使人思而咀之，感而契之，邈哉深矣，此诗之大致也”[6]，陆时雍云“《三百篇》赋物陈情，皆其然而不必然之词，所以意广象圆，机灵而感捷也”[7]，等等，都是以“意象”作为诗歌本体，认为单纯地状写事物和直白地表达感情的都不是诗，也不能成其为美，只有“示以意象”的才是诗，才能使人们获得审美感受。画论家李日华提出“大都画法以布置意像为第一”的观点，也意识到意象创造对于绘画来说具有本体的

---

[1] 刘熙载：《艺概》卷五，上海古籍出版社 1978 年版，第 168 页。

[2] 李日华：《竹懒画媵》，载叶朗主编《中国历代美学文库·明代卷》（中），高等教育出版社 2003 年版，第 355 页。

[3] 邹一桂：《小山画谱》，载叶朗主编《中国历代美学文库·清代卷》（中），高等教育出版社 2003 年版，第 339 页。

[4] 方薰：《山静居画论》，载叶朗主编《中国历代美学文库·清代卷》（下），高等教育出版社 2003 年版，第 135 页。

[5] 胡应麟：《诗薮》，载郭绍虞主编《中国历代文论选》，第三册，上海古籍出版社 1980 年版，第 114 页。

[6] 王廷相：《与郭价夫学士论诗书》，载叶朗主编《中国历代美学文库·明代卷》（上），高等教育出版社 2003 年版，第 166—167 页。

[7] 陆时雍：《诗镜总论》，载丁福保辑《历代诗话续编》（下），中华书局 1983 年版，第 1420 页。

意义。到了清代，这一认识更加自觉。刘熙载论书，提出“意，先天，书之本也；象，后天，书之用也”[1]的观点，将“意象”作为书法艺术创造的根本；论画，提出“画之意象变化，不可胜穷，约之，不出神、能、逸、妙四品而已”[2]的观点，将“神、能、逸、妙”都看成是对“意象”的品评，“意象”自然成为绘画审美之根本。王夫之、叶燮等人的观点，则进一步强化了“意象”在诗歌创作中的本体地位。王夫之以“情景”和“现量”为核心论诗。“情、景名为二，而实不可离。神于诗者，妙合无垠。巧者则有情中景，景中情”[3]，王夫之认为，“情”与“景”的统一构成审美意象的基本结构，审美意象就是“情”与“景”的内在统一。“现量”本是印度因明学中的术语，王夫之将“现量”引入美学领域，以说明审美意象的基本性质。“现量”有“现在”（不缘过去作影）、“现成”（一触即觉，不假思量计较）、“显现真实”（乃彼之体性本自如此，显现无疑，不参虚妄）三层含义。[4]“现量说”揭示了审美意象创造与审美感兴的关系，审美意象正是在诗人对事物的直接感兴和观照的审美活动中产生的，它是诗人对宇宙人生的真切感受而非虚妄的东西。由于以审美意象为诗歌本体，王夫之明确将“诗”和“志”“意”加以区别，认为“诗”的本体是审美意象而不是“志”与“意”，也明确将“诗”和“史”加以区别，认为“诗”不是“从实著笔”，而是

[1] 刘熙载：《艺概》卷五，上海古籍出版社 1978 年版，第 133 页。

[2] 刘熙载：《艺概》卷五，上海古籍出版社 1978 年版，第 168 页。

[3] 王夫之：《姜斋诗话》卷下，载王夫之等撰《清诗话》，上海古籍出版社 1999 年版，第 11 页。

[4] 王夫之：《相宗络索・三量》，载《船山全书》，第十三册，岳麓书社 1996 年版，第 536 页。

"即事生情，即语绘状"，即通过"情景交融"的意象创造来表现所见所感之事，同时"诗"还具有"永言和声"的音韵之美，所以"诗"并不等于"史"。[1] 叶燮提出"理""事""情"一组范畴，将它们看成是"天地万物之情状"的表现，肯定了审美意象创造与对象世界（天地万物）的关系，但是单有此还不行，还必须与人的心灵、意识相通，即"凡物之美者，盈天地间皆是也，然必待人之神明才慧而见"[2]，"且天地之生是山水也，其幽远奇险，天地亦不能自剖其妙；自有此人之耳目手足一历之，而山水之妙始泄：如此方无愧于游览，方无愧乎游览之诗"[3]。这从主体与客体、人与物两个方面深刻地阐释了审美意象创造的意义，审美意象即人与物、主体与客体的心灵相遇与沟通。叶燮还认为艺术家所表现的"理"不是名言之"理"，而是通过审美意象反映的"理"，即所谓"必有不可言之理，不可述之事，遇之于默会意象之表，而理与事无不灿然于前者也"[4]，领会诗歌的关键即在遵循审美意象创造的规律，求言外之意，会象外之理，而不是将艺术思维活动与一般思维活动等同起来。

第三，对于审美意象特征予以较充分系统的阐释。明清诗论家对审美意象特征的阐释主要从以下几方面展开：首先，强调"意象"不是对于客观存在的物象的模仿，而是审美者的心灵创

---

[1] 王夫之：《古诗评选》卷四，载《楚辞通释　古诗评选　唐诗评选　明诗评选》，第二册，岳麓书社 2011 年版，第 651 页。

[2] 叶燮：《已畦文集》卷九《集唐诗序》，康熙刻本。

[3] 叶燮：《原诗》，载叶燮、薛雪、沈德潜《原诗　一瓢诗话　说诗晬语》，人民文学出版社 1979 年版，第 69 页。

[4] 叶燮：《原诗》，载叶燮、薛雪、沈德潜《原诗　一瓢诗话　说诗晬语》，人民文学出版社 1979 年版，第 30 页。

造，是审美主体与客体、意与象、情与景的浑融统一，如何景明言“夫意象应曰合，意象乖曰离，是故乾坤之卦，体天地之撰，意象尽矣”[1]，谢榛云“夫情景相触而成诗，此作家之常也”[2]，王世贞云“情景妙合，风格自上”[3]，“神与境会，忽然而来，浑然而就”[4]，王夫之云“只于心目相取处得景得句，乃为朝气，乃为神笔”[5]，“元韵之机，兆在人心，流连泆宕，一出一入，均此情之哀乐，必永于言者也”[6]，等等，都强调“意象”是审美主体“寓目写心”的结果，是主体与客体、意与象、情与景的浑融统一。其次，“意象”具有空灵透莹、不可执实、意在言外的特征。关于这方面的论述很多，如李东阳所说的“‘乐意相关禽对语，生香不断树交花。’论者以为至妙。予不能辩，但恨其意象太著耳”[7]，“韩退之《雪》诗，冠绝今古。其取譬曰：‘随风翻缟带，逐马散银杯。’未为奇特。其模写曰：

[1] 何景明：《与李空同论诗书》，载郭绍虞主编《中国历代文论选》，第三册，上海古籍出版社 1980 年版，第 37 页。

[2] 谢榛：《四溟诗话》卷四，载丁福保辑《历代诗话续编》（下），中华书局 1983 年版，第 1224 页。

[3] 王世贞：《艺苑卮言》卷五，载丁福保辑《历代诗话续编》（中），中华书局 1983 年版，第 1024 页。

[4] 王世贞：《艺苑卮言》卷一，载丁福保辑《历代诗话续编》（中），中华书局 1983 年版，第 960 页。

[5] 王夫之：《唐诗评选》卷三，载《楚辞通释　古诗评选　唐诗评选　明诗评选》，第二册，岳麓书社 2011 年版，第 999 页。

[6] 王夫之：《姜斋诗话》卷上，载王夫之等撰《清诗话》，上海古籍出版社 1999 年版，第 3 页。

[7] 李东阳：《麓堂诗话》，载丁福保辑《历代诗话续编》（下），中华书局 1983 年版，第 1379 页。

'穿细时双透，乘危忽半摧。'则意象超脱，直到人不能道处耳"[1]，此中的"恨其意象太著""意象超脱"，都强调意象创造不能太实，而应该具有透彻玲珑、含蓄蕴藉、意在言外的审美特征。谢榛说"诗有可解、不可解、不必解，若水月镜花，勿泥其迹可也"[2]，王廷相云"夫诗贵意象透莹，不喜事实黏著，古谓水中之月，镜中之影，可以目睹，难以实求是也"[3]，叶燮言"诗之至处，妙在含蓄无垠，思致微渺，其寄托在可言不可言之间，其指归在可解不可解之会，言在此而意在彼"[4]，也都是强调诗歌意象创造具有透彻玲珑、不可执实的审美特征。陆时雍说"古人善于言情，转意象于虚圆之中，故觉其味之长而言之美也"[5]，则反映了明清诗论家的一个共同特点，那就是注重诗的情感表现，以情感为导向，转意象于虚圆之中，使审美意象创造具有更多想象的空间，以达到言美而味长的艺术效果。再次，对审美意象的整体性特征予以强调。审美意象是一个不可分割的艺术整体，对此唐代诗论家早就有着深刻的认识。司空图提出"以

[1] 李东阳：《麓堂诗话》，载丁福保辑《历代诗话续编》（下），中华书局 1983 年版，第 1384 页。

[2] 谢榛：《四溟诗话》卷一，载丁福保辑《历代诗话续编》（下），中华书局 1983 年版，第 1137 页。

[3] 王廷相：《与郭价夫学士论诗书》，载叶朗主编《中国历代美学文库·明代卷》（上），高等教育出版社 2003 年版，第 166 页。

[4] 叶燮：《原诗》，载叶燮、薛雪、沈德潜《原诗　一瓢诗话　说诗晬语》，人民文学出版社 1979 年版，第 30 页。

[5] 陆时雍：《诗镜总论》，载丁福保辑《历代诗话续编》（下），中华书局 1983 年版，第 1403 页。

全美为工，即知味外之旨”[1] 的主张，就是强调意象（意境）创造是一个不可分割的艺术整体，他还比较了王维、韦应物与贾岛诗歌的不同，指出王维诗歌体现出诗歌整体风格与意象的美，贾岛诗歌则是“诚有警句，视其全篇，意思殊馁”[2]，即虽有个别精彩的警句，却缺乏诗歌意象的整体美，所以谈不上为上乘的诗歌创作。到了明清时期，特别是王夫之那里，对审美意象的整体性特征有了进一步认识。王夫之认为，诗的审美意象是一个血脉流通的艺术整体，如他评论王俭的《春诗》云“二十字如一片云，因日成彩，光不在内，亦不在外，既无轮郭，亦无丝理，可以生无穷之情，而情了无寄”[3]，即说明诗歌审美意象的创造不是通过某一字句而是通过整体来实现的。他说：“‘子之不淑，云如之何’，‘胡然我念之，亦可怀也’，皆意藏篇中。”[4] “意藏篇中”强调审美意象是一个不可分割的艺术整体，理解审美意象不能停留在某一字句上，而只能通过对诗歌意象的整体涵泳、内在血脉的把握来实现。又如他说：“‘明灯曜闺中，清风凄已寒’，上下两景几于不续，而自然一时之中，寓目同感。在天合气，在地合理，在人合情，不用意而物无不亲。呜呼，至矣！”[5] “明

[1] 司空图：《与李生论诗书》，载郭绍虞主编《中国历代文论选》，第二册，上海古籍出版社 1979 年版，第 197 页。

[2] 司空图：《与李生论诗书》，载郭绍虞主编《中国历代文论选》，第二册，上海古籍出版社 1979 年版，第 196 页。

[3] 王夫之：《古诗评选》卷三，载《楚辞通释　古诗评选　唐诗评选　明诗评选》，第二册，岳麓书社 2011 年版，第 622 页。

[4] 王夫之：《姜斋诗话》卷上，载王夫之等撰《清诗话》，上海古籍出版社 1999 年版，第 5 页。

[5] 王夫之：《古诗评选》卷四，载《楚辞通释　古诗评选　唐诗评选　明诗评选》，第二册，岳麓书社 2011 年版，第 671 页。

灯曜闺中，清风凄已寒”，单看这两句诗，似乎上下两景并不相续，但是若把这两句与诗歌意象的整体创造联系起来，放在诗人由审美感兴所产生的对整首诗歌血脉气韵的把握中，则不难理解这两句诗接续得很是自然，合情、合理、合气，这样的诗歌才是好的诗歌。

第四，阐释了不同审美意象类型的特色。中国古代关于审美意象类型区分的思想早在先秦就已萌芽。《易传·系辞》提出的“刚柔相摩，八卦相荡”[1]，“刚柔相推，变在其中”[2]的观点，对后世将意象美分为阳刚与阴柔两种类型影响很大。魏晋时期曹丕提出“文以气为主，气之清浊有体”的观点；刘勰《文心雕龙·体性》提出“风趣刚柔”的观点，将刚与柔看成是文章的两种基本风格类型。宋词的“豪放”与“婉约”之分，实则是刚柔之分。不过，审美意象类型思想趋于成熟则是在清代。比较有代表性的是魏禧的“洪波巨浪，山立而汹涌者，遭之重者也”和“沦涟漪瀫，皴蹙而密理者，遭之轻者也”之说，[3]姚鼐的“其得于阳与刚之美者，则其文如霆、如电，如长风之出谷，如崇山峻崖，如决大川”和“其得于阴与柔之美者，则其文如升初日，如清风，如云，如霞，如烟，如幽林曲涧”之说，[4]他们明确

[1] 王弼注，孔颖达疏：《周易正义》卷七，载李学勤主编《十三经注疏》（标点本），北京大学出版社 1999 年版，第 258 页。

[2] 王弼注，孔颖达疏：《周易正义》卷八，载李学勤主编《十三经注疏》（标点本），北京大学出版社 1999 年版，第 294 页。

[3] 魏禧：《文瀫叙》，载叶朗主编《中国历代美学文库·清代卷》（中），高等教育出版社 2003 年版，第 40 页。

[4] 姚鼐：《复鲁絜非书》，载郭绍虞主编《中国历代文论选》，第三册，上海古籍出版社 1980 年版，第 510 页。

将审美意象之美划分为阴柔（优美）和阳刚（壮美）两个类型。在清代对审美意象类型的特色论证最充分的是刘熙载。他提出“书要兼备阴阳二气”[1]，“北书以骨胜，南书以韵胜”[2]，“高韵深情，坚质浩气，缺一不可以为书”[3]，“词澹语要有味，壮语要有韵，秀语要有骨”[4]等观点，不仅谈到阴柔之美与阳刚之美的各自特点，而且承继中国传统哲学的阴阳谐和的思想，强调审美意象的创造亦是阴柔与阳刚两种美的统一。

第五，明清之所以被看成是中国古代意象理论的成熟时期，还有一个原因，那就是这一时期不仅“意象”范畴，而且与“意象”相关的范畴系列，如“意境”“兴象”“气象”“神韵”“气韵”“韵味”等，都受到人们的关注，被广泛地运用于各类艺术领域，其理论内涵有了进一步的发展。比如，胡应麟将“兴象”作为诗之本体，王士祯以“神韵”论诗，王夫之以“虚”“实”“神”“理”论“意境”：“右丞之妙，在广摄四旁，圜中自显”[5]，“右丞妙手能使在远者近，抟虚作实”[6]，“以神理相取，在远近之间”[7]，这些对意象和意境理论都是一种丰富。在纪晓岚对诗歌的评点中，“意象”“意境”都是出现频次很高的范

---

［1］刘熙载：《艺概》卷五，上海古籍出版社 1978 年版，第 167 页。

［2］刘熙载：《艺概》卷五，上海古籍出版社 1978 年版，第 150 页。

［3］刘熙载：《艺概》卷五，上海古籍出版社 1978 年版，第 167 页。

［4］刘熙载：《艺概》卷四，上海古籍出版社 1978 年版，第 120 页。

［5］王夫之：《唐诗评选》卷三，载《楚辞通释　古诗评选　唐诗评选　明诗评选》，第二册，岳麓书社 2011 年版，第 1002 页。

［6］王夫之：《唐诗评选》卷三，载《楚辞通释　古诗评选　唐诗评选　明诗评选》，第二册，岳麓书社 2011 年版，第 1002 页。

［7］王夫之：《姜斋诗话》卷下，载王夫之等撰《清诗话》，上海古籍出版社 1999 年版，第 10 页。

畴，如评崔颢《登黄鹤楼》云“此诗不可及者，在意境宽然有余”[1]，评柳宗元《登柳州城楼寄漳汀封连四州》云“意境阔远”[2]等。特别值得注意的是明清时期的书画、园林、音乐美学中关于“意境”的论述，比如，笪重光所说的“实景清而空景现；神无可绘，真境逼而神境生”[3]，“虚实相生，无画处皆成妙境”[4]，方士庶所说的“山川草木，造化自然，此实境也。因心造境，以手运心，此虚景也。虚而为实，是在笔墨有无间”[5]，计成、袁枚、张岱、沈复等人关于园林意境创造的论述，以及徐上瀛提出的“音从意转，意先乎音，音随乎意，将众妙归焉”[6]的音乐创作原则和关于音乐境界类别的划分（和、静、清、远、古、淡、恬、逸、雅、丽、亮、采、洁、润、圆、坚、宏、细、溜、健、轻、重、迟、速二十四况）等，都触及中国古代审美意象创造的根本，丰富发展了中国古代意象（意境）理论。

---

[1] 纪昀：《瀛奎律髓刊误》，载叶朗主编《中国历代美学文库·清代卷》（下），高等教育出版社 2003 年版，第 44 页。

[2] 纪昀：《瀛奎律髓刊误》，载叶朗主编《中国历代美学文库·清代卷》（下），高等教育出版社 2003 年版，第 46 页。

[3] 笪重光：《画筌》，载叶朗主编《中国历代美学文库·清代卷》（中），高等教育出版社 2003 年版，第 27 页。

[4] 笪重光：《画筌》，载叶朗主编《中国历代美学文库·清代卷》（中），高等教育出版社 2003 年版，第 27 页。

[5] 方士庶：《天慵庵笔记》，载叶朗主编《中国历代美学文库·清代卷》（中），高等教育出版社 2003 年版，第 349 页。

[6] 徐上瀛：《溪山琴况》，载叶朗主编《中国历代美学文库·明代卷》（下），高等教育出版社 2003 年版，第 267 页。

第二章

中国现当代美学家对意象美学研究的推进

中国古代美学诗学推重意象，是中国哲学美学精神的体现，也是中国古代尚象、重象文化精神与思维特征的体现。在漫长的中国美学和艺术史上，有着关于意象的丰富的理论命题，形成了丰富的意象美学理论资源，并在各种艺术类型中得到了充分体现。中国现当代美学正是吸取了中国传统美学的资源，同时又结合西方美学的理论与思想资源，将“意象”作为美学研究的一个核心范畴提出来，并以此为基础进行意象理论的建构，从而推进了意象美学的发展。这一推进大体可以分为两个时期：一是意象美学的初创时期，从 20 世纪初开始，主要代表人物是王国维、朱光潜、宗白华等人，他们在传统美学的意象范畴的阐释、意象范畴由传统美学进入现代人的理论视野等方面作出了贡献。一是意象美学理论建设的自觉时期，这一时期不仅将“意象”作为中国传统美学的核心范畴提出来，而且也将它作为标示美学与艺术本体的核心范畴提出来；不仅研究意象范畴，而且进行意象美学的总体性思考和理论建构。意象美学理论建设开始于 20 世纪 80 年代，在 90 年代呈现出繁荣景象，之后沉寂了一段时间，近些年相关探讨又重新活跃起来，并取得了一些令人重视的理论成果，代表人物有叶朗、汪裕雄、张世英、杨春时、朱志荣等。

第一节　王国维“境界”说与中国传统意象（意境）理论的关联

王国维是中国现代美学的开创者之一，他对于中国现代美学最大的贡献是他的“境界”（意境）理论。“境界”（意境）这一概念并非由王国维首先提出来的，早在唐代，意境理论就开始形成，到了宋元明清，“意境”和“境界”作为美学范畴已经被人们普遍使用。王国维的理论贡献在于，他不仅将“境界”（意境）作为标示艺术和美的本体范畴，而且融合中西美学理论资源对“境界”（意境）范畴作出了新的阐释，使“境界”（意境）作为中国美学的核心范畴进入现代学人的视野。学术界对此已达成共识。不过，在分析王国维的“境界”（意境）的内涵时，很少有人将它放在中国传统的意象美学的大系统中，从意象与意境的关系出发来把握。叶朗意识到这一点，早在《中国美学史大纲》中就明确指出：

> 王国维所谓“境界”（或“意境”）的三层涵义：第一是强调情与景、意与象、隐与秀的交融与统一；第二是强调真景物、真感情，即强调再现的真实性；第三是强调文学语言对于意象的充分、完美的传达，即强调文学语言的直接形象感。王国维抓住的这三个方面，他论述和发挥的三层涵义，恰恰都是“意境”作为艺术形象（“意象”）的一般的规定性。“意境”的特殊的规定性却被他完全撇开了。[1]

叶朗由此得出结论：“王国维的境界说并不属于中国古典美学的意境说的范围，而是属于中国古典美学的意象说的范围。”[2] 在《现代美学体系》中，叶朗又重申了这一观点：

---

[1] 叶朗：《中国美学史大纲》，上海人民出版社1985年版，第621页。

[2] 叶朗：《中国美学史大纲》，上海人民出版社1985年版，第621页。

王国维在《人间词话》和其他一些著作中所用的“意境”或“境界”，实际上就相当于“意象”这个范畴。这样的理解，从一方面看，可以说是正确的。因为任何艺术的本体都是“意象”，“意境”并不是和“意象”不同的另一种艺术本体。但从另一方面看，这样的理解又可以说是很不准确的。“意境”是“意象”，但并不是任何“意象”都是“意境”。“意境”除了有“意象”的一般规定性（如“情”“景”交融）之外，还有自己的特殊的规定性。[1]

朱志荣撰文表达了与叶朗相类似的观点：

意境是以意象为基础的，但并不是任何意象都呈现出意境，同时意境又是有层次高下之分的。可见，王国维的“境界”或“意境”是与“意象”相关的，是以“意象”为基础的。[2]

笔者也认为，王国维的“境界”（意境）理论应该放在中国古代意象美学大系统中，从意象与意境美学的关系中来把握其价值。意象美学诞生在中国古代天人合一、物我同一的哲学背景下，以“意象”为本体的中国美学有一个重要特点，即它不是将美看作实体的属性，或看作外在于人的情感意识的实体性对象，

[1] 叶朗主编：《现代美学体系》，北京大学出版社 1988 年版，第 139—140 页。
[2] 朱志荣：《王国维基于意象的意境理论》，《学术界》2019 年第 7 期。

而是看作主体与客体、心与物、情与景的统一。意境审美也离不开这一基本规定。“意境”作为“意象”的一个特殊类型，它也有着“意象”的一般规定性，即心与物、意与境、情与景的融合统一。王国维的“境界”（意境）论正是在这一方面丰富了中国传统的意象（意境）理论。

“文学中有二原质焉：曰景，曰情”[1]，“文学之事，其内足以摅己，而外足以感人者，意与境二者而已”[2]，“境非独谓景物也。喜怒哀乐，亦人心中之一境界。故能写真景物、真感情者，谓之有境界，否则谓之无境界”[3]，王国维的这些说法，吸取了中国传统意象美学的思想，将“情”与“景”、“意”与“境”作为“意境”（境界）构成的基本元素，认为“意境”（境界）构成同情与景、意与境融合的程度密切相关。他还从“造境”与“写境”、“有我之境”与“无我之境”、“隔”与“不隔”等方面对“境界”（意境）的本质展开论述，认为“大诗人所造之境，必合乎自然，所写之境，亦必邻于理想”[4]，“有我之境，以我观物，故物皆著我之色彩。无我之境，以物观物，故不知何

[1] 王国维：《文学小言》，载干春松、孟彦弘编《王国维学术经典集》（上），江西人民出版社 1997 年版，第 144 页。

[2] 王国维：《人间词话附录》，载况周颐、王国维《蕙风词话　人间词话》，人民文学出版社 1960 年版，第 256 页。

[3] 王国维：《人间词话》，载况周颐、王国维《蕙风词话　人间词话》，人民文学出版社 1960 年版，第 193 页。

[4] 王国维：《人间词话》，载况周颐、王国维《蕙风词话　人间词话》，人民文学出版社 1960 年版，第 191 页。

者为我，何者为物”[1]，“语语都在目前，便是不隔”[2]。这些论述虽然体现了西方美学二元论思维的特点，却受到中国传统诗学情景相生、物我双会思维模式的深刻影响。情景、物我关系其实也涉及对意象的本体规定。中国古代美学所说的“意境”或“意象”，都强调情与景、物与我的统一，所以都可以放在意象美学的大系统中来认识。王国维“境界”（意境）论中的许多说法，如关于情与景、意与境的融合，区分“造境”与“写境”、“以我观物”与“以物观物”、“隔”与“不隔”等，也并非新的说法，在前人的理论表述中也出现过，但王国维明确以“境界”（意境）为本言中国古代诗词审美，将上述诸种说法纳入意象的理论系统中，不仅阐释了以意象为基础的“境界”（意境）论的内在结构与层次（情与景、意与象的交融），而且还阐释了文学语言与意象创造的关系，如他提出“隔”与“不隔”的区分，反对过分用典，反对语言的雕琢，追求语言表达的真切自然，可以说是对传统意境理论的一种丰富。这种丰富主要是就“意境”与“意象”的共同性，也就是“意境”作为“意象”一种类型的一般规定性而言的。不过，这并不意味王国维没有意识到“意境”除了有“意象”的一般规定性外，还有自己的特殊规定性。在“意境”的特殊规定性上，“境界”（意境）说也作出了有意义的阐释。

---

[1] 王国维：《人间词话》，载况周颐、王国维《蕙风词话　人间词话》，人民文学出版社 1960 年版，第 191 页。

[2] 王国维：《人间词话》，载况周颐、王国维《蕙风词话　人间词话》，人民文学出版社 1960 年版，第 211 页。

《严沧浪诗话》谓："盛唐诸公，唯在兴趣。羚羊挂角，无迹可求。故其妙处，透彻玲珑，不可凑泊。如空中之音、相中之色、水中之月、镜中之象，言有尽而意无穷。"余谓：北宋以前之词，亦复如是。然沧浪所谓兴趣，阮亭所谓神韵，犹不过道其面目；不若鄙人拈出"境界"二字，为探其本也。[1]

言气质，言神韵，不如言境界。有境界，本也。气质、神韵，末也。有境界而二者随之矣。[2]

王国维的这些话说明"境界"说与中国传统意境理论有着深厚的渊源，从中可以看出王国维是在深入比较严羽的"兴趣"说和王士祯的"神韵"说的基础上提出"境界"说的。王国维虽然认为严羽的"兴趣"说和王士祯的"神韵"说不像他自己所提出的"境界"说探得了诗词审美的根本，但他并没有否定严羽和王士祯的说法。从提出北宋之前的词都可以纳入"兴趣"说来考虑（王国维是充分肯定北宋词的），以及批评姜夔词"格调之高"而"惜不于意境上用力，故觉无言外之味，弦外之响"[3] 等事实看，王国维对"兴趣"说和"神韵"说所强调的含蓄空灵的审美

[1] 王国维：《人间词话》，载况周颐、王国维《蕙风词话　人间词话》，人民文学出版社 1960 年版，第 194 页。

[2] 王国维：《人间词话删稿》，载况周颐、王国维《蕙风词话　人间词话》，人民文学出版社 1960 年版，第 227 页。

[3] 王国维：《人间词话》，载况周颐、王国维《蕙风词话　人间词话》，人民文学出版社 1960 年版，第 212 页。

趣味是充分肯定的。这一肯定与唐代以来言“意境”推重“象外之象、景外之景”、“韵外之致”、“味外之旨”的诗学理想完全一致。

理解王国维的“境界”说，有两点值得注意。一是他提出“境界”术语并不是为了建立系统的诗学体系，而是出于一种批评实践，言“境界”的《人间词话》这一文本的形态也属于传统诗学的形态，带有强烈的赏鉴意味，其针对的对象主要是诗词审美，特别是词这一文体。王水照认为，王国维的“境界”说的主要意义在于代表了一种词学宗旨，体现了对词的一种审美范式和观照。[1] 叶嘉莹认为，王国维的《人间词话》标举“境界”说，所提出的最重要的一句话是“词以境界为最上”，它代表着王国维对词这一不同于诗的文体的独特审美特征的体认。[2] 从《人间词话》中“词之为体，要眇宜修。能言诗之所不能言，而不能尽言诗之所能言。诗之境阔，词之言长”[3]，“词之雅郑，在神不在貌。永叔、少游虽作艳语，终有品格”[4] 等表述来看，“境界”说的提出的确代表着王国维对词之审美特征的一种体认，那就是认为词较诗来说更具有“要眇”之美，更能引起人们的个体性的情感触发与感动。另外，王国维还抓住“词乃抒情之作”[5]

[1] 王水照：《况周颐与王国维：不同的审美范式》，《文学遗产》2008 年第 2 期。

[2] 叶嘉莹：《中国词学的现代观》，岳麓书社 1990 年版，第 20 页。

[3] 王国维：《人间词话删稿》，载况周颐、王国维《蕙风词话　人间词话》，人民文学出版社 1960 年版，第 226 页。

[4] 王国维：《人间词话》，载况周颐、王国维《蕙风词话　人间词话》，人民文学出版社 1960 年版，第 205 页。

[5] 王国维：《人间词话删稿》，载况周颐、王国维《蕙风词话　人间词话》，人民文学出版社 1960 年版，第 242 页。

这一特点，提出“故能写真景物、真感情者，谓之有境界”[1]和“一切景语，皆情语”[2]的观点，评价欧阳修、秦观等人“以其写之于诗者，不若写之词者之真也”[3]，将那些情不真的词称为“游词”，等等，其实这也不仅仅是在一般意义上谈意境创造，而是包含着突出情境、情真对于词之审美意义的意味。王国维的这些看法，不仅体现了中国传统意境理论追求“象外之象”和“味外之味”的审美趣味，而且也体现了他对于中国传统词境审美特征的深刻体认。刘若愚认为“词主要是一种涉及个人的词体”[4]，叶嘉莹认为词之佳作“往往能具有一种诗所不能及的深情和远韵”[5]。这些看法实际上也是历代词论家的普遍看法，如清人先著言“诗之道广，而词之体轻。道广则穷天际地，体物状变，历古今作者而犹未穷。体轻则转喉应拍，倾耳赏心而足矣”[6]，刘体仁说“词中境界，有非诗之所能至者”[7]，沈祥龙云“词则比兴多于赋……盖心中幽约怨悱，不能直言，必低徊

[1] 王国维：《人间词话》，载况周颐、王国维《蕙风词话　人间词话》，人民文学出版社 1960 年版，第 193 页。

[2] 王国维：《人间词话删稿》，载况周颐、王国维《蕙风词话　人间词话》，人民文学出版社 1960 年版，第 225 页。

[3] 王国维：《文学小言》，载干春松、孟彦弘编《王国维学术经典集》（上），江西人民出版社 1997 年版，第 147 页。

[4] 刘若愚：《词的若干文学特质》，《古典文学知识》1988 年第 1 期。

[5] 叶嘉莹：《中国词学的现代观》，岳麓书社 1990 年版，第 5 页。

[6] 先著：《词洁序》，载唐圭璋编《词话丛编》，第二册，中华书局 1986 年版，第 1327 页。

[7] 刘体仁：《七颂堂词绎》，载唐圭璋编《词话丛编》，第一册，中华书局 1986 年版，第 619 页。

要眇以出之，而后可感动人”[1]，等等。王国维对词境的理解，无疑与中国传统诗词意境理论特别是与古人对词之意境的理解一致。

另一点则是“境界”与“意境”两个词的使用。《人间词话》基本上是用“境界”而不是“意境”一词评词的，而在《人间词话》之外，王国维多使用的是“意境”而非“境界”一词。《论哲学家与美术家之天职》中说道“胸中徜恍不可捉摸之意境”，《宋元戏曲史》只使用“意境”而不使用“境界”一词，署名“山阴樊志厚”的《人间词话乙稿序》主要使用“意境”一词。总体上说，王国维对“境界”和“意境”词语的使用，语义上是相同的，但也存在着一些差异。相同的是它们都是衡量诗词、艺术作品的重要标准，都代表艺术作品所达到的审美高度。不同的是，“境界”不仅针对艺术作品，而且代表着一种人生境界。《人间词话》提出“古今之成大事业、大学问者，必经过三种之境界”之说：“‘昨夜西风凋碧树。独上高楼，望尽天涯路。’此第一境也。‘衣带渐宽终不悔，为伊消得人憔悴。’此第二境也。‘众里寻他千百度，蓦然回首，那人却在，灯火阑珊处。’此第三境也。此等语皆非大词人不能道。”[2] 这里所说的“三境”，也就是人们经过不断地寻求、努力、奋斗所达到的人生三种境界。这三种境界，当然也可以指艺术追求所达到的境界，但又超出艺

[1] 沈祥龙：《论词随笔》，载唐圭璋编《词话丛编》，第五册，中华书局 1986 年版，第 4048 页。

[2] 王国维：《人间词话》，载况周颐、王国维《蕙风词话　人间词话》，人民文学出版社 1960 年版，第 203 页。

术审美和创作的范围。

王国维非常重视“境界”（意境）审美所蕴含的宇宙感和人生感。早在《论哲学家与美术家之天职》一文中，王国维就认为用艺术表现宇宙人生真理是其最大的快乐：“今夫人积年月之研究，而一旦豁然悟宇宙人生之真理，或以胸中徜恍不可捉摸之意境一旦表诸文字、绘画、雕刻之上，此固彼天赋之能力之发展，而此时之快乐，决非南面王之所能易者也。”[1] “境界”说便植根于这种对于宇宙人生的深切感悟与关怀。“太白纯以气象胜。‘西风残照，汉家陵阙。’寥寥八字，遂关千古登临之口”[2]，个体命运的忧郁情结连接着苍茫无际的宇宙人生，于是锻造出博大、沉雄、开阔的审美境界。这也是王国维提出“词以境界为最上。有境界则自成高格”[3]，“境界有二：有诗人之境界，有常人之境界。诗人之境界，惟诗人能感之而能写之”[4]，“词至李后主而眼界始大，感慨遂深，遂变伶工之词而为士大夫之词”[5]，“读东坡、稼轩词，须观其雅量高致”[6] 等观点，将

[1] 王国维：《论哲学家与美术家之天职》，载干春松、孟彦弘编《王国维学术经典集》（上），江西人民出版社 1997 年版，第 107 页。

[2] 王国维：《人间词话》，载况周颐、王国维《蕙风词话　人间词话》，人民文学出版社 1960 年版，第 194 页。

[3] 王国维：《人间词话》，载况周颐、王国维《蕙风词话　人间词话》，人民文学出版社 1960 年版，第 191 页。

[4] 王国维：《人间词话附录》，载况周颐、王国维《蕙风词话　人间词话》，人民文学出版社 1960 年版，第 252 页。

[5] 王国维：《人间词话》，载况周颐、王国维《蕙风词话　人间词话》，人民文学出版社 1960 年版，第 197 页。

[6] 王国维：《人间词话》，载况周颐、王国维《蕙风词话　人间词话》，人民文学出版社 1960 年版，第 213 页。

"境界"与诗人的生命情怀、人格、胸襟、气度联系起来的原因所在。这也是古典意境说的重要特点。比如，唐代司空图《二十四品》以"雄浑"为首，描绘出二十四种意境风格，所体现的正是二十四种不同的人生境界和人格境界。人生境界、人格境界与艺术境界是融为一体的。从这里也可以看出王国维对中国传统意境理论的继承与发展。

王国维的"境界"说，除了承继中国美学传统外，也是激烈动荡的近代社会中西文化冲撞的产物，是在个体与社会、主体与客体、感性与理性深刻分裂的文化背景下展开的。它比传统意象（意境）理论更强调"真实"和向现实生活的靠近。[1] 从"境界"说论述中的"有造境，有写境，此理想与写实二派之所由分"[2]，"无我之境，人惟于静中得之。有我之境，于由动之静

[1] 不过，王国维所说的"真实"主要是情感的真实，如叶嘉莹《王国维及其文学批评》所言："是作者对其所写之景物及感情须有真切之感受。"（河北教育出版社 1997 年版，第 193 页）"能写真景物、真感情者，谓之有境界。""大家之作，其言情也必沁人心脾，其写景也必豁人耳目。其辞脱口而出，无矫揉妆束之态。以其所见者真，所知者深也。"（王国维：《人间词话》，载况周颐、王国维《蕙风词话　人间词话》，人民文学出版社 1960 年版，第 193 页、219 页）王国维对"真实"的理解，与西方那种强调"写实"、强调对客观外物摹写的"真实"观有着明显区别。范宁阐释王国维"境界"（意境）说时，特别指出其情感真实性的要求，认为这是王国维"境界"说的一个理论贡献，它"把真和境界串结在一起，比前人只讲境界有虚有实，就更深入了一步"。（范宁：《关于境界说》，《文学评论》1982 年第 1 期）对"真"（真实性）的强调，的确体现了王国维"境界"说不同于传统意境理论的重要特点。它具有强烈的时代特征，受到西方美学思想的影响，同时又与传统美学存在着精神关联。关于这一点，学术界还缺乏深入的探讨。

[2] 王国维：《人间词话》，载况周颐、王国维《蕙风词话　人间词话》，人民文学出版社 1960 年版，第 191 页。

时得之。故一优美，一宏壮也”[1]，“一切文学，余爱以血书者”[2]，“客观之诗人，不可不多阅世”，“主观之诗人，不必多阅世”[3] 等观点来看，用西方美学观念来阐释“境界”说也是王国维的理论用心所在。不过，若与王国维的早期美学著作《〈红楼梦〉评论》《古雅之在美学上之位置》等相比较，一个明显的事实是，从康德、席勒、叔本华等人那里模仿过来的西方现代美学理论在《人间词话》中的分量大大减弱了。叶嘉莹说，《人间词话》是王国维“脱弃了西方理论之拘限以后的作品，他所致力的乃是运用自己的思想见解，尝试将某些西方思想中之重要概念融会到中国旧有的传统批评中来”[4]。这一看法是符合实际的。“境界”说虽然借用了西方美学的一些观点与概念，但其主要的观点、材料和表达方式是古典的，是来自中国传统美学的。王国维在其《静庵文集自序二》中说“余疲于哲学有日矣，哲学上之说，大都可爱者不可信，可信者不可爱”，“知其可信而不能爱，觉其可爱而不能信，此近二三年中最大之烦闷”，所以“渐由哲学而移于文学，而欲其中求直接之慰藉”。[5] 这种转移从某种意义上说，表达了王国维对于过去所接受的西方美学理论

[1] 王国维：《人间词话》，载况周颐、王国维《蕙风词话　人间词话》，人民文学出版社 1960 年版，第 192 页。

[2] 王国维：《人间词话》，载况周颐、王国维《蕙风词话　人间词话》，人民文学出版社 1960 年版，第 198 页。

[3] 王国维：《人间词话》，载况周颐、王国维《蕙风词话　人间词话》，人民文学出版社 1960 年版，第 198 页。

[4] 叶嘉莹：《王国维及其文学批评》，河北教育出版社 1997 年版，第 185 页。

[5] 王国维：《静庵文集自序二》，载干春松、孟彦弘编《王国维学术经典集》（上），江西人民出版社 1997 年版，第 5 页。

的不信任，这也是他写《人间词话》回归传统美学的话语和表达方式的原因之一。另外一方面的原因则是王国维对西方理论资源的借鉴处于中西美学文化交汇之初。对这一时期大量涌入的西方思想，人们有广泛吸纳和采用的热情，但要从理论上真正把握它们却是很困难的，这导致王国维在运用西方理论资源阐释中国传统美学与艺术时面临着困难。不管是对于《红楼梦》和“古雅”范畴的阐释，还是对于“境界”说的阐释，我们都能发现其中的困难与不适应性。比如，王国维用叔本华的哲学观点对“有我之境”与“无我之境”的阐释：“有我之境”为“于由动之静时得之”，“无我之境”为“人惟于静中得之”；“有我之境”是存有自我意志，主体与外物有着某种敌对关系的境界，“无我之境”是泯灭自我意志，主体与外物并无对立关系的境界。这种阐释就是简单搬用叔本华的“意志自失”之说，并将其与叔本华的优美与壮美分析的理论联系起来，并不符合中国传统意境（意象）理论的实际。另外，他提出“主观之诗人”与“客观之诗人”的区分，将“情”与“景”、“意”与“境”分割开来，将“景”定义为“以描写自然及人生之事实为主”，将“情”定义为“吾人对此种事实之精神的态度”，[1] 认为意境可以分为三类：“上焉者意与境浑，其次或以境胜，或以意胜”[2]，这些都带有西方哲学美学二元对立思维方式的特点，用来阐释中国传统意象（意境）

[1] 王国维：《文学小言》，载干春松、孟彦弘编《王国维学术经典集》（上），江西人民出版社1997年版，第144页。

[2] 王国维：《人间词话删稿》，载况周颐、王国维《蕙风词话 人间词话》，人民文学出版社1960年版，第256页。

理论并不适合。

相反，王国维将“境界”作为中国美学诗学的一个重要范畴提出来，虽然不能说完全适应中国美学和诗学的实际情况，但起码在以下几方面给人们提供了重要启示。第一，“境界”说主要是对中国古代诗词审美特别是对词之审美特征的体认，这说明在王国维这里，“境界”已经作为中国美学中的一个问题被提出来，而且他评骘的作家多达五六十位，他们的风格特色都可以用“境界”（意境）的美学眼光来审视，这对于“境界”（意境）作为中国美学核心范畴进入人们的视野无疑起到重要的推进作用。第二，“境界”说丰富了中国意象美学的理论内涵，突出的有两点：一是将“境界”作为标示中国古代诗词审美的本体范畴、中国古代艺术审美的本体范畴提出来，并从心与物、情与景、意与境等方面对“意象”（意境）的特征予以规定；二是“境界”说对“意境”不同于“意象”的特殊规定性作出了有意义的阐释，主要表现在对“意境”的“象外之意”和人生、人格的美学意蕴的揭示。第三，王国维所说的“境界”，虽然从总体上说属于中国传统美学范畴，但同时也显示出一些新的特点，那就是试图借用西方美学的一些观点和概念术语来阐释中国传统美学思想。这种阐释说不上成功，其概念术语的运用也说不上严格，存在着机械套用西方美学观念阐释中国传统美学和难以将中西两种美学理论资源相互融通的毛病，但这种尝试发生在中西文化交汇之初，对于中国美学来说显然是一种推动，自然也影响到后世意象美学理论的发展。

第二节 朱光潜的意象论美学

朱光潜是中国现代美学史上最早自觉关注意象的代表性人物。朱光潜早在1924年发表的第一篇美学文章《无言之美》中就使用了“意象”这个概念。他说：“在文学作品中，语言之先的意象，和情绪意旨所附丽的语言，都要尽美尽善，才能引起美感。”[1]“意象”为朱光潜前期美学（1949年前）关于诗歌本体和美本体的核心范畴。朱光潜后期美学虽然很少使用意象范畴，但他提出“美是主客观的统一”的主张，将美感的对象看成是“物的形象”而不是“物”本身，实际上还是以“意象”为中心谈美感和美的创造。

“意象”对于朱光潜美学的价值，首先可以从《诗论》和诗歌美学意义方面来认识。在20世纪40年代出版的《诗论》一书中，“意象”是贯穿始终的概念，也是构成“诗境”的核心概念，对于美的本体生成具有重要意义。不过，在《诗论》中“意象”概念的使用有着不同的含义。一方面，朱光潜将“意象”等同于“诗的境界”，如他说：“一个境界如果不能在直觉中成为一个独立自足的意象，那就还没有完整的形象，就还不成为诗的境界。”[2]在这里，“意象”显然与“诗的境界”是同一词语，或者说，“诗的境界”就等同于意象的创造。另一方面，他又将“意象”看成是构成“诗的境界”的要素之一，“意象”不能等同

[1]《朱光潜全集》，第一卷，安徽教育出版社1987年版，第62页。

[2]《朱光潜全集》，第三卷，安徽教育出版社1987年版，第52页。

于“诗的境界”，如他说：“情景相生而且相契合无间，情恰能称景，景也恰能传情，这便是诗的境界。每个诗的境界都必有‘情趣’（feeling）和‘意象’（image）两个要素。”[1]

朱光潜对意象的阐释有两个重要理论来源。一是用克罗齐的“形象的直觉”说解释意象。《诗论》明确指出诗的境界就是意象与情趣往复交流的理想境地，它既是直觉中形成的独立自足的意象，又是意象表现情趣的结果。朱光潜认为：“克罗齐在《美学》里把这个道理说得很清楚：‘艺术把一种情趣寄托在一个意象里，情趣离意象，或是意象离情趣，都不能独立。’”[2] 诗境创造就是审美意象的创造，只有在直觉中，在诗人内在的生活经验与情趣中生成一个独立自足的意象，才能谈得上诗的境界的创造。朱光潜说：“在未综合之前，意象是散漫零乱的；在既综合之后，意象是谐和整一的。”[3] 此中所说“未综合之前”的意象实际上是感觉印象、心理表象一类的东西。朱光潜有时也在这一意义上使用意象，它不是作为诗境构成要素的意象。作为诗境构成要素的意象是“直觉”的产物。他说：“古典派学者向来主张艺术须有‘整一’（unity），实在有一个深理在里面，就是要使在读者心中能成为一种完整的独立自足的境界。”[4] 这个“深理”就是直觉。诗的境界和审美意象在直觉中生成，只有通过直觉才能将散漫的感觉印象综合起来，形成一个整体的艺术形象。不过，朱光

[1]《朱光潜全集》，第三卷，安徽教育出版社 1987 年版，第 54 页。
[2]《朱光潜全集》，第三卷，安徽教育出版社 1987 年版，第 54 页。
[3]《朱光潜全集》，第二卷，安徽教育出版社 1987 年版，第 68 页。
[4]《朱光潜全集》，第三卷，安徽教育出版社 1987 年版，第 52 页。

潜用“直觉”说阐释意象与克罗齐也有着明显的区分。克罗齐认为“直觉是表现，而且只是表现”，意象在直觉过程中就生成了，无须外显，从而否定了“物”和传达的因素在意象创构中的作用。朱光潜则认为意象不仅是直觉的产物，而且还必须物化，借助于“物”的因素表现出来，意象创造是建立在心物统一关系的基础上的，是艺术构思与艺术传达相结合的产物。二是用中国传统美学的“情景相生”理论解释意象，认为意象创造的目的就是体现中国古代艺术“情景交融”的境界追求。朱光潜说：“情景相生而且相契合无间，情恰能称景，景也恰能传情，这便是诗的境界。每个诗的境界都必有‘情趣’（feeling）和‘意象’（image）两个要素。‘情趣’简称‘情’，‘意象’即是‘景’。”[1]虽然朱光潜在这里将意象称为“景”，将其看成是诗境创造的一个要素，但是从他反复强调情景交融观念来说，作为审美意象创造的“景”实际上已包含了“情”，“情”与“景”是一个不可分割的艺术整体，这既是审美意象创造，也是诗的境界创造的基本规定所在。

不管是用克罗齐的“形象的直觉”，还是用中国传统美学的情景交融理论解释意象，朱光潜重视的都是意象的整体性和和谐性。他说：“艺术的成就在情趣意象契合融化为一整体时。无论是创造者或是欣赏者都必须见到情趣意象混化的整体（创造），同时也都必觉得它混化得恰好（欣赏）。”[2] 正是从意象的整体性、和谐性的观念出发，朱光潜对诗境结构展开了分析。他强调

[1]《朱光潜全集》，第三卷，安徽教育出版社 1987 年版，第 54 页。
[2]《朱光潜全集》，第一卷，安徽教育出版社 1987 年版，第 349 页。

的是诗境结构的整一性，即“情趣与意象的契合”。西方美学史有一种普遍看法，即认为古典派偏重意象的完整优美，浪漫派偏重情感的自然流露。克罗齐认为这种看法起于意象与情趣可以分离的误解。朱光潜赞同克罗齐的看法，强调“诗的理想是情趣与意象的忻合无间”。[1]“在第一流作品中古典派和浪漫派的冲突是不存在的，我们不能把它叫做‘古典的’，也不能把它叫做‘浪漫的’，因为它们同时是古典的和浪漫的，是情感的也是意象的，它们是健旺的情感所化成的庄严的意象。”[2]朱光潜还以中国古诗的演进说明了这一点。他认为，如果从情趣与意象的配合看，中国古诗的演进可以分为三个步骤：“首先是情趣逐渐征服意象，中间是征服的完成，后来意象蔚起，几成一种独立自足的境界，自引起一种情趣。”[3]这也就是说，只有情趣完全融入意象，即所谓“征服”意象时，情趣与意象浑然一体时，审美意象才得以生成。

对诗境结构的整一性特征予以界定后，朱光潜便以王国维的《人间词话》为对象，转向了对诗境类型的分析。他说：“明白情趣和意象契合的关系，我们就可以讨论关于诗境的几种重要的分别了。”[4]

第一个分别是王国维在《人间词话》里所提出的“隔”与“不隔”的分别。朱光潜认为王国维虽然提出了“隔”与“不隔”

[1]《朱光潜全集》，第三卷，安徽教育出版社1987年版，第64—66页。

[2]克罗齐：《艺术是什么》，朱光潜译，载《朱光潜全集》，第二十卷，安徽教育出版社1992年版，第37页。

[3]《朱光潜全集》，第三卷，安徽教育出版社1987年版，第71页。

[4]《朱光潜全集》，第三卷，安徽教育出版社1987年版，第56页。

的分别，却没有给出理由。他认为“隔”与“不隔”的分别应从情趣和意象的关系上见出：

情趣与意象恰相熨贴，使人见到意象，便感到情趣，便是不隔。意象模糊零乱或空洞，情趣浅薄或粗疏，不能在读者心中现出明了深刻的境界，便是隔。比如，“谢家池上”是用“池塘生春草”的典，“江淹浦畔”是用《别赋》“春草碧色，春水绿波，送君南浦，伤之如何”的典。谢诗江赋原来都不隔，何以入欧词便隔呢？因为“池塘生春草”和“春草碧色”数句都是很具体的意象，都有很新颖的情趣。欧词因春草的联想，就把这些名句硬拉来凑成典故，“谢家池上，江淹浦畔”二句，意象既不明晰，情趣又不真切，所以隔。[1]

按朱光潜的说法，“不隔”是“情趣与意象恰相熨贴，使人见到意象，便感到情趣”，“隔”是“意象既不清晰，情趣又不真切”，王国维没有意识到这些，所以说“隔”如“雾里看花”，“不隔”为“语语都在目前”，其“不隔”的标准太偏重“显”而忽视了诗也有“隐”的一面。朱光潜还认为，诗之意象表现应该区别写景与写情的诗的不同，要“看到写景宜显，写情宜隐的道理”[2]。朱光潜的这一看法遭到后人批评。叶嘉莹批评朱光潜以“隐”“显”为标准来阐释“隔”与“不隔”。她认为，王国维“隔”与“不隔”之说的关键不在于“隐”与“显”，而在于作者

[1] 《朱光潜全集》，第三卷，安徽教育出版社 1987 年版，第 57 页。

[2] 《朱光潜全集》，第三卷，安徽教育出版社 1987 年版，第 58 页。

是否有真切的感受和真切的表达。作者有真切之感受、真切之表达且能使读者获得同样真切的感受，便是“不隔”，否则便是“隔”。[1] 诚如叶嘉莹所说，王国维区别“隔”与“不隔”的标准不在于“隐”与“显”，而在于情感表达的真切自然。他所说的“陶谢之诗不隔，延年则稍隔矣。东坡之诗不隔，山谷则稍隔矣”[2]，以及所例举的“叶上初阳干宿雨，水面清圆，一一风荷举”，“池塘生春草”，“空梁落燕泥”，“人生不满百，常怀千岁忧”，“采菊东篱下，悠然见南山”，“天苍苍，野茫茫，风吹草低见牛羊”等诗句，都明确地表达了这一点。朱光潜虽然也注意到“不隔”与情感表达真切的关系（如他说“意象既不明晰，情趣又不真切，所以隔”），但更加重视的是对情感的沉静回味和反省观照，认为“感受情趣而能在沉静中回味，就是诗人的特殊本领”[3]，于是强调诗人与常人、诗的“隐”与“显”的区别，将“隐”而不是“显”看成是评判诗的意象的重要标准。叶朗则批评朱光潜“隔”与“不隔”的区别只是从意象与情趣的关系上看出，他认为还应该从语言与意象的关系上见出。[4] 其实，朱光潜并没有忽视意象与语言的关系，并不认为仅仅是意象与情趣契合融贯为意境就能成为诗。在他看来，“诗必须将蕴蓄于心中的意境传达于语言文字，使一般人可以听到看到懂得”[5]。朱光潜

---

[1] 叶嘉莹：《王国维及其文学批评》，河北教育出版社1997年版，第220页。

[2] 王国维：《人间词话》，载况周颐、王国维《蕙风词话 人间词话》，人民文学出版社1960年版，第210页。

[3] 《朱光潜全集》，第三卷，安徽教育出版社1987年版，第63页。

[4] 叶朗：《中国美学史大纲》，上海人民出版社1985年版，第618—619页。

[5] 《朱光潜全集》，第三卷，安徽教育出版社1987年版，第87页。

在 1948 年发表的《诗的意象与情趣》一文中更加明确了这一点，认为单是意象与情趣两个因素还不能成为诗，要成为诗，必须将“情与景的配合加以意匠经营，使它具体化、明朗化，并且凝定于语言”[1]，即理解诗还必须抓住语言这一关键因素。

第二个分别即“有我之境”与“无我之境”的分别。王国维在《人间词话》中于“隔”与“不隔”之外又提出了“有我之境”和“无我之境”的区分。朱光潜认为这是一个很精微的分别，但从近代美学视角看值得商榷。他认为王国维所谓“有我之境，以我观物，故物皆著我之色彩”，就是近代美学中所说的“移情作用”，“泪眼问花花不语，乱红飞过秋千去”一例可证。移情作用是凝神注视、物我两忘的结果，即叔本华所谓“消失自我”的结果。王国维所谓“有我之境”其实是“无我之境”（即“忘我之境”）。他的“无我之境”的实例如“采菊东篱下，悠然见南山”，“寒波澹澹起，白鸟悠悠下”等，都是诗人在冷静中所回味出来的妙境（所谓“于静中得之”），没有经过移情作用，所以实为“有我之境”。朱光潜认为，王国维“有我之境”与“无我之境”之说，似不如说成是“同物之境”和“超物之境”。“因为严格地说，诗在任何境界中都必须有我，都必须为自我性格、情趣和经验的返照。”[2] 朱光潜的批评抓住了王国维说法的一些问题，但是以“同物之境”和“超物之境”来说明“有我之境”与“无我之境”则是讲不通的。因为王国维的重点不是讲移情不移情的问题，也不是说作为创作主体的“我”在诗的创作中

[1]《朱光潜全集》，第九卷，安徽教育出版社 1993 年版，第 370 页。

[2]《朱光潜全集》，第三卷，安徽教育出版社 1987 年版，第 59—60 页。

是否存在的问题。对王国维“有我之境”与“无我之境”的区分，从根本上说还是应该放在中国传统意象（意境）理论的心物同一、情景融合的理论背景下，“有我之境”与“无我之境”都是主体情感与客体对象相互交融的产物，只是在这种交融中情与景合、意与境会的方式有所不同罢了。“有我之境”近似于王夫之所说的“于情中写景”“悲喜亦于物显”，即诗人缘情写景、意与境会所表现出的情感较为显豁、直接、浓烈；“无我之境”则近似于王夫之所说的“以写景之心理言情”“景中藏情”，即诗人以虚静之心缘情写景，将情感隐含在景物之中，所表现的情感较为蕴藉、悠然、淡泊。

朱光潜曾说他写《诗论》的目的是“用西方诗论来解释中国古典诗歌，用中国诗论来印证西方诗论”[1]，“意象”作为朱光潜诗论及其早期美学的核心概念的存在，无疑也反映了这一点。这种“印证”式的理论研究有明显的局限性，那就是它常常更多地考虑中国的东西如何去适应西方的理论概念，而不是发掘中国理论自身的价值，朱光潜《诗论》中的“意象”概念使用也不免此弊。但不管怎样，将“意象”作为诗歌美学的核心概念，重视意象对于诗的境界创造的意义，对于中国诗歌美学来说显然起了推动作用。

更重要的是，朱光潜以“意象”为核心探讨诗境的创造，超出了诗境和诗歌美学本身。“意象”对于朱光潜美学来说，不仅是一个指代诗歌美学的范畴，而且具有艺术和美的本体意义。朱

[1]《朱光潜全集》，第三卷，安徽教育出版社 1987 年版，第 331 页。

光潜用“情景交融”和“形象的直觉”解释意象和诗境的创造，实际上也是将“意象”作为艺术和美的本体范畴看待。叶朗认为，作为中国现代美学的代表人物，朱光潜有一个特点，就是重视意象，将美看成是意象的创造。这从朱光潜的《谈美》《谈文学》等著作中提出的“美感的世界纯粹是意象世界”[1]，“凡是文艺都是根据现实世界而铸成另一超现实的意象世界”[2]等观点就可以明显见出。也可以这样说，朱光潜对“意象”概念的理解与阐释，是服务于他的美（美感）的基本理论建构的。在《文艺心理学》中，他说：“世间并没有天生自在、俯拾即是的美，凡是美都要经过心灵的创造。”又说：“创造是表现情趣于意象，可以说是情趣的意象化；欣赏是因意象而见情趣，可以说是意象的情趣化。美就是情趣意象化或意象情趣化时心中所觉到的‘恰好’的快感。”[3]这些话表明，朱光潜很早就将“意象”作为本体，谈美的欣赏与创造，重视美与心灵的关系，重现人的心灵情感对于美的创造的重要性。在《诗论》中，他又借用王国维的“境界”一词称呼意象，认为诗的境界（意象）是“形象的直觉”的产物，也是情与景契合交融的产物。朱光潜的意象论还包括一个重要内容，那就是将意境创造与创造性的人生统一起来，认为意境创造是宇宙创化的本质和人的精神价值的实现。他说：“诗的境界是情景的契合。宇宙中事事物物常在变动生展中，无绝对相同的情趣，亦无绝对相同的景象。情景相生，所以诗的境界是

[1]《朱光潜全集》，第二卷，安徽教育出版社1987年版，第6页。
[2]《朱光潜全集》，第四卷，安徽教育出版社1988年版，第161页。
[3]《朱光潜全集》，第一卷，安徽教育出版社1987年版，第347页。

由创造来的，生生不息的。”[1] “精神的方面就是情景契合的意境，时时刻刻都在‘创化’中。创造永不会是复演（repetition），欣赏也永不会是复演。真正的诗的境界是无限的，永远新鲜的。”[2] 他以中国古代诗人陶潜、杜甫、李白、辛弃疾、姜夔关于“山”的描写为例，强调每一个人见到的世界都是他自己创造的，是一种新的境界。[3] 从这一意义上说，朱光潜的意境理论又超出了诗歌境界的范围，与中国传统美学诗学中的审美境界和艺术人生境界理论紧密联系起来。

20 世纪 50 年代以后，朱光潜没有再使用“意象”一词来描述美和艺术的本体，而是用“物乙”或“物的形象”来取代“意象”的表述。“物甲”不是美，是美的条件，它反映到人的意识里，和人的情趣相结合成了“物的形象”，这叫“物乙”。“物乙”才是美，“物乙”（物的形象）就是美的意象。同时，朱光潜还运用马克思主义的意识形态理论来定义“美”（物的形象），认为“物的形象是‘美’这一属性的本体，是艺术形态的东西，是意识形态的反映……如果给‘美’下一个定义，我们可以说，美是客观方面某些事情、性质和形状适合主观方面意识形态，可以交融在一起而成为一个完整形象的那种特质”，并认为“这个定义实际上已包含内容与形式的统一在内：物的形象反映了现实或是表现了思想情感”。[4]

---

[1] 《朱光潜全集》，第三卷，安徽教育出版社 1987 年版，第 55 页。
[2] 《朱光潜全集》，第三卷，安徽教育出版社 1987 年版，第 56 页。
[3] 《朱光潜全集》，第三卷，安徽教育出版社 1987 年版，第 55 页。
[4] 《朱光潜全集》，第五卷，安徽教育出版社 1989 年版，第 79 页。

朱光潜前后期美学对意象的理解与定义虽然发生了变化，但理论基础并没有变，意象范畴对于朱光潜来说，是具有美的本体意义的范畴，而这种美的本体建构又是建立在美感经验基础上的。在《文艺心理学》的开篇，朱光潜明确表达了这样的观点：

> 近代美学所侧重的问题是："在美感经验中我们的心理活动是什么样?"至于一般人所喜欢问的"什么样的事物才能算是美"的问题还在其次。这第二个问题也并非不重要，不过要解决它，必先解决第一个问题；因为事物能引起美感经验才能算是美，我们必先知道怎样的经验是美感的，然后才能决定怎样的事物所引起的经验是美感的。[1]

所以，"美学的最大任务就在分析这种美感经验"[2]。正是以美感经验为基础，他阐发了"意象"作为美的本体范畴建构的意义，认为"美不仅在物，亦不仅在心，它在心与物的关系上面；但这种关系并不如康德和一般人所想象的，在物为刺激，在心为感受；它是心借物的形象来表现情趣"[3]，"美就是情趣意象化或意象情趣化时心中所觉到的'恰好'的快感"[4]。在《谈美》《文艺心理学》等著作中他反复描述着意象是美感心理活动的出发点和统摄因素，"意象的孤立绝缘，便是美感的态度的最

[1]《朱光潜全集》，第一卷，安徽教育出版社 1987 年版，第 205 页。
[2]《朱光潜全集》，第一卷，安徽教育出版社 1987 年版，第 206 页。
[3]《朱光潜全集》，第一卷，安徽教育出版社 1987 年版，第 346—347 页。
[4]《朱光潜全集》，第一卷，安徽教育出版社 1987 年版，第 347 页。

大特点”[1]，“‘美感经验’可以说是‘形象的直觉’”[2]。在朱光潜后期美学著作中，“意象”一词虽然为“物乙”（物的形象）一词所取代，美感经验也不能等同于“形象的直觉”，但是美感可以影响美，美的本体与美感经验不可分的观点一直是他所坚持的。正是在这一意义上，他重视意象（物的形象）创造对于美的本体意义，认为美（美感）的对象是“物的形象”而不是“物”，“物的形象”是“物”在人的主观条件（如意识形态、情趣）的影响下反映于人的心理、意识的结果，对于意象创造来说美感经验具有决定性意义。1962 年，朱光潜在《光明日报》上发表《美感问题》一文，这篇文章运用马克思主义的实践观点对西方美学史上的美感经验理论作了学术批判和清理，认为这些理论共同的缺点是不能认识到社会实践对美感形成的决定性的影响，也不能全面综合把握美感的机制。但是朱光潜并没有放弃从美感经验入手解决美学基本问题的思路。在这篇文章中，他把美感分成第一意义（审美的能力）和第二意义（审美的情感），认为“美感（无论是第一意义还是第二意义的）问题要牵涉到美学领域里所有的基本问题，不能孤立地看待”[3]，解决了美感问题，认识到美感（审美能力）是在社会实践基础上形成的一种心理结构与倾向，也就解决了美（意象）的生成的问题，因为美（意象）的生成离不开人们的审美经验和主体的心理能力与条件。

朱光潜以美感经验为基础谈美，谈审美意象的创造，这实际上

[1]《朱光潜全集》，第二卷，安徽教育出版社 1987 年版，第 11 页。

[2]《朱光潜全集》，第一卷，安徽教育出版社 1987 年版，第 208 页。

[3]《朱光潜全集》，第十卷，安徽教育出版社 1993 年版，第 364 页。

形成了中国现代美学对于意象阐释的一条重要路径。20 世纪 80 年代以后，“意象”作为美学诗学的一个重要范畴日益被人们所关注，将“意象”看成是一个审美和文艺心理学的概念范畴，重视意象美感经验与心理的性质，更成为一时的潮流。这一方面固然有时代和社会选择的原因，那就是通过对 20 世纪五六十年代苏式马克思主义认识论哲学美学思维模式的反思，人们已逐渐意识到审美心理研究的重要性；另一方面则是因为朱光潜对意象阐释所确立的理论模式的影响。朱光潜将美感世界（意象）看成是直觉、想象、移情一类的心理事实，所重视的是直觉“静观”、主体认识对于意象生成的意义，认为意象是审美主体的认识、情感诸因素施加于对象的结果。在朱光潜美学中，无论是在早期将意象定义为美感经验即“形象的直觉”，还是在后期用“物甲”（物）和“物乙”（物的形象）来区分审美和非审美对象，对意象的理解都是主客二分式的，即先有直觉和主体意识（意）的存在，然后才可能有直觉的对象（物）的进入，在某种直觉和心理意识的作用下达到统一，形成美、美感即意象。而这一思想对 20 世纪 80 年代以后兴起的从审美心理学意义上阐释意象的理论建构是有着重要影响的。

第三节 宗白华对“意象”和“意境”的美学阐释

与朱光潜一样，宗白华也是中国现代美学最早重视意象审美的美学家之一。早在 20 世纪 30 年代发表的《论中西画法的渊源与基础》一文中，论及中国画与西方绘画的不同时，宗白华就强调“中国画是一种建筑的形线美、音乐的节奏美、舞蹈的姿态美。其要素不在机械的写实，而在创造意象”[1]。与朱光潜比较多地运用西方美学资源阐释意象不同，宗白华对意象审美的重视则更多的是从中国传统哲学观念和艺术批评实践出发。他不像朱光潜那样常常将意象看成是直觉等审美经验的产物，作为一种心理事实处理，而是立足于中西哲学和艺术比较的高度，从中国传统哲学特别是以《周易》为代表的生命哲学出发，对意象的性质与特点予以规定。在宗白华关于《周易》的阐释中，有两段话对于理解他的意象美学观念颇为重要：

> 中国画所表现的境界特征，可以说是根基于中国民族的基本哲学，即《易经》的宇宙观：阴阳二气化生万物，万物皆禀天地之气以生，一切物体可以说是一种“气积”。这生生不已的阴阳二气织成一种有节奏的生命。中国画的主题“气韵生动”，就是“生命的节奏”或“有节奏的生命”。[2]

> 中国人的最根本的宇宙观是《周易传》上所说的“一阴一阳之谓道”。我们画面的空间感也凭借一虚一实、一明一暗的流动节奏表达出来。[3]

“一阴一阳之谓道”，“阴阳二气化生万物，万物皆禀天地之

[1] 宗白华：《美学与意境》，人民出版社 1987 年版，第 150 页。
[2] 《宗白华全集》，第二卷，安徽教育出版社 1994 年版，第 109 页。
[3] 《宗白华全集》，第二卷，安徽教育出版社 1994 年版，第 437 页。

气以生……这生生不已的阴阳二气织成一种有节奏的生命”，这是《周易》所表现出来的哲学观与宇宙观，也是中国传统哲学美学所表现出来的根本的哲学观与宇宙观，它构成了宗白华意象美学的哲学基础，意象创构正产生于生生不已的阴阳二气所织成的有节奏的生命之中。

宗白华认为《周易》之“象”即“中国形而上之道”，也是中国“四时自成岁”之历律哲学精神的体现，它不是一个抹杀了时间的几何境、数理境的物理性空间，而是一个“空间与生命打通，亦即与时间打通”，[1] 充满情感、节奏和韵律化的空间。“象”是“自足的，完形，无待的，超关系的”，它“代表着一个完备的全体”，[2] 不仅指代宇宙天地万物，构成宇宙内在的秩序与规律，而且还成为指示“人生”的范型。“‘八卦以象告。’‘象其物宜，是故谓之象。’‘成象之谓乾，效法之谓坤。’‘在天成象，在地成形。’成者结构，创构也。象是有井然秩序之结构，可以取正者也。故‘以制器者尚其象’。以象为有结构之型范也”[3]，“易之卦象，则欲指示‘人生’在世界中之地位、状态及行动之规律、趋向”[4]，“‘象’为建树标准（范型）之力量（天则），为万物创造之原型（道），亦如指示人们认识它之原理及动力。故‘象’如日，创化万物，明朗万物”[5]，“‘象’由仰

[1]《宗白华全集》，第一卷，安徽教育出版社 1994 年版，第 627 页。
[2]《宗白华全集》，第一卷，安徽教育出版社 1994 年版，第 643 页。
[3]《宗白华全集》，第一卷，安徽教育出版社 1994 年版，第 606 页。
[4]《宗白华全集》，第一卷，安徽教育出版社 1994 年版，第 642 页。
[5]《宗白华全集》，第一卷，安徽教育出版社 1994 年版，第 643 页。

观天象，反身而诚以得之生命范型。如音乐家静聆其胸中之乐奏”[1]，宗白华对“象”的这些诠释与理解，虽然没有超出《周易》本文自身，但它比《周易》更加强调“象”明朗万物、创化万物的创造性特征，将“象”看成是如日月那样可以使宇宙万物得以照亮和显现的生命范型。在对具体卦象的讨论中，宗白华也贯彻了这一思想。宗白华在《形上学——中西哲学之比较》一文中将“革”卦定性为“天地革而四时成”的“中国时间生命之象”，[2] 将“鼎”卦定性为“和齐生物，成新之器”的“中国空间之象”，[3] 强调二者都去故取新，表现世界上万事万物变动不居，开拓出新的境界与气象。同时他还将“革”“鼎”二卦与“既济”“未济”二卦联系起来——“既济成空间之凝定，未济，求时间之变革”[4]，“革，打破既济平衡之僵局。推陈出新，日进无已，自强不息”[5]，“鼎，于未济全部失正之中，独持其正，拨乱世反之正”[6]——强调“象”的生命性与创造性特征。

宗白华的意象论美学可以说是在易象哲学阐释基础上发展起来的。他对于意象本体特征的理解，是以《周易》时空一体、创化万物的生命哲学意识为基础展开的。对“象”的创造性和生命性特征的高度肯定，实际上也构成了哲学之象（易象）向艺术审美之象（意象）转化的重要基础。作为艺术审美的“象”，它所

[1]《宗白华全集》，第一卷，安徽教育出版社1994年版，第643页。
[2]《宗白华全集》，第一卷，安徽教育出版社1994年版，第631页。
[3]《宗白华全集》，第一卷，安徽教育出版社1994年版，第628页。
[4]《宗白华全集》，第一卷，安徽教育出版社1994年版，第632页注释④。
[5]《宗白华全集》，第一卷，安徽教育出版社1994年版，第633页。
[6]《宗白华全集》，第一卷，安徽教育出版社1994年版，第633页。

表现的是艺术家对宇宙万物的时间和生命的感悟，具有创化万物、明朗万物的生命性和创造性特征。宗白华还通过对罗丹雕刻作品的分析，提出“动象”的概念。“动象”即意象表现的重要形态，宗白华之所以用“动象”一词，在于他认为“‘动’是宇宙的真相，惟有‘动象’可以表示生命，表示精神，表示那自然背后所深藏的不可思议的东西”[1]，“自然万象无不在‘活动’中，即是无不在‘精神’中，无不在‘生命’中”[2]。也就是说，“动象”一词更能体现中西哲学和艺术的那种生命特征和宇宙创化精神。

不过，宗白华对意象范畴并没有明确的定义，他谈艺术审美时，更喜欢使用的词是“艺术境界”（意境）而非“意象”，宗白华意象理论阐释的重点亦是作为意象的特殊类型的“意境”。他将“意境”看成是“情”与“景”的结晶品，用“生命情调”诠释“情”，用“自然景象”诠释“景”，将“意境”看成是“主观的生命情调与客观的自然景象交融互渗，成就一个鸢飞鱼跃，活泼玲珑，渊然而深的灵境”[3]。一些学者（如叶朗等）认为这里所用的“意境”“灵境”实则就是“意象”。[4] 的确，在宗白华那里，“意境”与“意象”常常是作为同一词语使用的，不过，仔细体味宗白华所说的“‘情’与‘景’的结晶品”和“灵境”，则不难发现，它实际上超越了一般人所说的情景交融的意象范畴

[1] 宗白华：《美学与意境》，人民出版社 1987 年版，第 59 页。
[2] 宗白华：《美学与意境》，人民出版社 1987 年版，第 58 页。
[3] 宗白华：《美学与意境》，人民出版社 1987 年版，第 210 页。
[4] 叶朗：《美学原理》，北京大学出版社 2009 年版，第 57—58 页。

而指向“意境”。宗白华不是将“情”“景”分为主客二元两个方面，然后谈二者的融合统一，而是强调“在一个艺术表现里情和景交融互渗，因而发掘出最深的情，一层比一层更深的情，同时也透入了最深的景，一层比一层更晶莹的景；景中全是情，情具象而为景，因而涌现了一个独特的宇宙，崭新的意象，为人类增加了丰富的想象，替世界开辟了新境”[1]。情景结合只是构成艺术境界的重要条件，它最终指向的则是充满宇宙人生意蕴和生命情调的超越之境。换言之，宗白华强调的是艺术境界超越一般艺术形象创造的创化性、生命性特征，强调的是情景交融所创造出来的形象所具有的无穷意蕴，这正是对“意境”的特殊本质而非“意象”与“意境”的共同性的一种规定。

宗白华言“意境”，不仅重视“情”“景”，而且尤其重视“虚”“实”的审美意义。他说“虚和实的问题，这是一个哲学宇宙观的问题”[2]，“化实景而为虚境，创形象以为象征，使人类最高的心灵具体化、肉身化，这就是‘艺术境界’”[3]。以“虚”“实”言意境，不会停留在艺术形象（审美意象）的形迹真实上，而是化实景为虚境，创形象为象征，表现宇宙的本体与生命，表现人类高远的精神与心灵，这正是意境审美的真谛所在。以“虚”“实”为本，宗白华提出了有关艺术意境创造的一系列原则。

第一，“化景物为情思”的原则。宗白华认为，“化景物为情

[1] 宗白华：《美学与意境》，人民出版社 1987 年版，第 211—212 页。
[2] 《宗白华全集》，第三卷，安徽教育出版社 1994 年版，第 455 页。
[3] 《宗白华全集》，第二卷，安徽教育出版社 1994 年版，第 361 页。

思，这是对艺术中虚实结合的正确定义”[1]，“实化成虚，虚实结合，情感和景物结合，就提高了艺术的境界”[2]。“化景物为情思”，实际上讲的也是意境创造的主体与客体、心灵与对象世界自由沟通的关系，它要求艺术家不机械地复制现实，而是“化实为虚”，深刻表现艺术家对宇宙人生的心灵感受和体验，从而创造出韵味无穷的艺术境界来。

第二，“境界层深的创构”说。宗白华将中国艺术意境看成是“境界层深的创构”，它包含“从直观感相的模写，活跃生命的传达，到最高灵境的启示”三个层次。[3]这些境界相互承续，层层递进，活泼玲珑，渊然而深。“静观寂照”是意境创构的起点，但远不是它的全部，更重要的是艺术家还必须“于静观寂照中，求返于自己深心的心灵节奏，以体合宇宙内部的生命节奏”[4]。宗白华这一看法本于古人，王昌龄有“物境”“情境”“意境”三境之说，蔡小石有词的“始读”“再读”“卒读”三境层之说，江顺贻有“始境”“又境”“终境”三境之说，[5]这些均可以与宗白华的意境三层次说相对应。不过，宗白华明确把它纳入虚实审美法则之中，强调意境层层深入以致无穷的审美意味，则大大发展了古人的意境层次结构说，对我们认识意境的本质内涵具有重要意义。

第三，“道”“舞”“空白”说。宗白华认为，中国艺术意境

[1]《宗白华全集》，第三卷，安徽教育出版社1994年版，第456页。

[2]《宗白华全集》，第三卷，安徽教育出版社1994年版，第457页。

[3]《宗白华全集》，第二卷，安徽教育出版社1994年版，第365页。

[4]《宗白华全集》，第二卷，安徽教育出版社1994年版，第109页。

[5] 宗白华：《美学与意境》，人民出版社1987年版，第214页。

结构的特点可以用“道”“舞”“空白”来表达。他说：“中国人对‘道’的体验，是‘于空寂处见流行，于流行处见空寂’，唯道集虚，体用不二，这构成中国人的生命情调和艺术意境的实相。”[1] 又说：“艺术境界与哲理境界，是诞生于一个最自由最充沛的深心的自我。这充沛的自我，真力弥满，万象在旁，掉臂游行，超脱自在，需要空间，供他活动。于是‘舞’是它最直接、最具体的自然流露。”[2] “中国画最重空白处。空白处并非真空，乃灵气往来生命流动之处。”[3] “空白”并不是纯粹的空无，它是艺术境界的虚空要素，“代表着中国人的宇宙意识”。宗白华对“道”“舞”“空白”的论述，意在说明中国艺术意境创造是以虚实为本，以象体道，它所突出的正是中国古人所特有的生命情调和生生不息的创化精神。

意境范畴在宗白华那里具有美的本体意义。他说：“什么是意境？人与世界接触，因关系的层次不同，可有五种境界……以宇宙人生的具体为对象，赏玩它的色相、秩序、节奏、和谐，借以窥见自我的最深心灵的反映；化实景而为虚境，创形象以为象征，使人类最高的心灵具体化、肉身化，这就是‘艺术境界’。艺术境界主于美。所以一切美的光是来自心灵的源泉：没有心灵的映射，是无所谓美的。”[4] 又说：“使万象得以在自由自在的感觉里表现自己，这就是‘美’！美是从‘人’流出来的，又是

---

[1] 《宗白华全集》，第二卷，安徽教育出版社 1994 年版，第 373 页。
[2] 《宗白华全集》，第二卷，安徽教育出版社 1994 年版，第 371—372 页。
[3] 《宗白华全集》，第二卷，安徽教育出版社 1994 年版，第 51 页。
[4] 《宗白华全集》，第二卷，安徽教育出版社 1994 年版，第 360—361 页。

万物形象里节奏旋律的体现。”[1] 显然，宗白华是从人的心灵与对象世界、人与宇宙万物的关系看待意境创造的，将“意境”看成是万象与人的心灵沟通，是万象在人的心灵和感觉中自由自在的呈现与创造，这也是将“意境”等同于美和美的创造。美的创造即艺术的创造，伟大艺术的价值就在于“启示宇宙人生之最深的意义与境界”[2]。

宗白华所说的“意境”又突出指向中国艺术境界的创造。宗白华认为，与西方那种以“自然模仿”“形式和谐”“多样统一”为艺术创造法则不同，中国美学和艺术所表现的始终是一种生命的境界，是“以‘气韵生动’即‘生命的律动’为终始的对象”[3]。他将“道”“舞”“空白”作为中国艺术意境结构的特点，认为中国哲学是就“生命本身”体悟“道”的节奏，“道”给予“艺”以深度和灵魂，中国画表现的是一个虚空的世界，虚空并非真空，“乃灵气往来生命流动之处”[4]。这些表述，既是对中国艺术意境特征的描述，也是对中国心灵问题的象征式解决。宗白华言“意境”有一个重要特点，那就是他始终将“意境”看成是中国艺术、中国文化对世界最有贡献的一个方面，认为通过意境理论的研究，可以探寻中国文化和心灵的幽情壮采，其谈“意境”的主要例证也多来自中国古代艺术，特别是诗文书画艺术。他的许多论述，比如，“中、西画法所表现的‘境界层’

[1] 宗白华：《美学与意境》，人民出版社 1987 年版，第 337 页。
[2] 《宗白华全集》，第二卷，安徽教育出版社 1994 年版，第 70 页。
[3] 《宗白华全集》，第二卷，安徽教育出版社 1994 年版，第 103 页。
[4] 《宗白华全集》，第二卷，安徽教育出版社 1994 年版，第 51 页。

根本不同：一为写实的，一为虚灵的；一为物我对立的，一为物我浑融的。中国画以书法为骨干，以诗境为灵魂，诗、书、画同属于一境层。西画以建筑空间为间架，以雕塑人体为对象，建筑、雕刻、油画同属于一境层”[1]，“‘舞’是中国一切艺术境界的典型。中国的书法、画法都趋向飞舞。庄严的建筑也有飞檐表现着舞姿”[2]，“庄子说：‘虚室生白。’又说：‘唯道集虚。’中国诗词文章里都着重这空中点染，抟虚成实的表现方法，使诗境、词境里面有空间，有荡漾，和中国画面具同样的意境结构。中国特有的艺术——书法，尤能传达这空灵动荡的意境”[3]，等等，看似是漫不经意的心灵偶得和诗意点染，实则深得中国艺术意境之神髓。我们可以批评宗白华对“意境”概念的使用不严谨，易引起误解，但是我们却无法否认他以“意境”为中心对中国艺术精神的发掘与发现。这正是宗白华意境理论的价值所在。

第四节　20 世纪 80 年代以来意象美学的本体阐释

将“意象”作为美和艺术本体的范畴看待，早在王国维、朱光潜、宗白华的意象论美学中就已显露出来。王国维以“境界”为本言中国古代诗学和诗歌艺术审美，朱光潜认为“美感的世界纯粹是意象世界”，“凡是文艺都是根据现实世界而铸成另一超现实的意象世界”，宗白华提出“艺术境界主于美”，将情景交融、

[1]《宗白华全集》，第二卷，安徽教育出版社 1994 年版，第 102 页。

[2]《宗白华全集》，第二卷，安徽教育出版社 1994 年版，第 372 页。

[3]《宗白华全集》，第二卷，安徽教育出版社 1994 年版，第 373 页。

虚实结合的意境创造作为美和艺术的根本，其实都包含将“意象”作为美和艺术本体的思想。但是，以“意象”为美和艺术的本体，在王、朱、宗那里并没有成为一种自觉的理论主张，也缺乏系统的理论建构。20 世纪 80 年代以后，意象美学研究进入理论自觉时期，体现这种自觉性的一个突出标志是这一时期的理论家普遍将“意象”作为中国美学的核心范畴，进行以“意象”为本体的美学与文艺学体系的理论建构，出现了一些有影响有价值的理论成果，如叶朗的“意象本体”论（首先，叶朗将“审美意象”作为艺术的本体，后来又将“意象”作为美的本体，其代表说法是“美在意象”说）、汪裕雄的“审美心理基元”说、顾祖钊的“意象文艺至境”说、夏之放的“文艺学美学逻辑起点”说、朱志荣的“美是意象”说，以及张世英、杨春时、张祥龙等人以“意象”为本体的现象学美学阐释等。

将“意象”作为美和艺术的本体范畴看待，与中国古典美学研究勃兴和中国古代美学思想受到重视是密切相关的。“意象”首先也是被人们当作中国古代美学和艺术的本体范畴，用以阐释中国古代的艺术和审美实践。早在 20 世纪 80 年代，叶朗写作《中国美学史大纲》时，就将“意象”作为贯穿始终的核心范畴，用以解释中国美学与艺术实践。在《现代美学体系》中，叶朗又明确以中国古代美学和艺术的研究为基础，在其所总结的关于中国美学的四大奇脉即“元气”论、“意境”说、“意象”说、“审美心胸”论的基础上，将“审美意象”作为艺术的本体。[1] 汪

---

［1］ 叶朗主编：《现代美学体系》，北京大学出版社 1988 年版，第 92 页。

裕雄以“意象”为核心的审美和艺术本体论建构也具有这样的特点。他不仅认为意象在中国传统美学中始终占有中心地位，而且将意象纳入中国文化“言象互动”的符号系统，对其结构、功能作了历史考察，认为意象功能借助老学和易学实现的哲学超越，使直观感悟的思维方式在中国文化中被明确定位；意象对语言功能的限定，使其带有诗性特色，成为中国语言逻辑传统弱化、宗教传统泛化、审美与艺术得以辉煌发展的重要原因。[1] 还有一些理论家虽然没有将“意象”作为中国美学的中心范畴，却充分肯定了“意象”在中国美学和艺术本体论建构中的重要地位，比如，皮朝纲的《中国古代文艺美学概要》就具有这样的特色，它以“意象”“气”“味”为基本范畴，探讨中国美学的逻辑体例与历史进程。[2]

中国古代美学的思想资源对于“意象”的美学与文艺学的本体建构无疑是重要的。不过，中国当代美学家之所以将“意象”作为核心范畴，进行美和艺术本体的理论建构，也是为了参与当代美学实践，解释当代审美活动和艺术实践所面临的问题，所以他们对当代美学理论的转向与思潮的发展有着强烈关注。其中有两条重要的阐释路径值得关注：一是将“意象”作为一个文艺与审美心理学的对象加以把握，认为“意象”作为一个美学范畴的价值在于它作为一种美感经验与心理事实的存在，能够很好地解释文艺和审美心理发生的规律；另一条路径则是将“意象”看成是主体与客体、现象与本体、人与世界不分的意向性活动的产

[1] 汪裕雄：《意象与中国文化》，《中国社会科学》1993 年第 5 期。

[2] 参见皮朝纲编著《中国古代文艺美学概要》，四川省社会科学院出版社 1986 年版。

物，而这一观点的形成，受到现象学哲学美学思想的深刻影响，也可以说是中国当代的一些美学家有意识地整合现象学美学与中国传统意象美学理论资源的结果。

一、“意象”本体的审美心理分析

将意象作为一种心理事实看待，重视意象与美感经验的关系，这一研究传统始于朱光潜。朱光潜将美（意象）看成是主体心理和意识的对象，从美感经验的角度阐释意象，主要依据的是来自西方的克罗齐的“形象的直觉”说和以利普斯等人为代表的移情理论，它们的最大特点是将文艺的创造与欣赏当作一种心理事实去研究。不过，朱光潜并没有直接将“意象”作为审美心理学的本体论范畴，用以阐释审美和艺术活动的规律。而中国当代美学家的意象理论研究则不然，他们明确将“意象”作为美学和文艺心理学的核心范畴，从美和艺术本体的建构意义上来阐释意象范畴的价值与意义。为说明这一点，我们不妨看看一些有影响的意象美学理论与观点。有学者发表文章说，新时期以来，以“意象”作为反思对象，重筑文艺学美学理论的主要有五大流派，即汪裕雄的“审美心理基元”说、顾祖钊的“意象文艺至境”说、夏之放的“文艺学美学逻辑起点”说、郭外岑的“表现性意象文艺形态”说、朱志荣的“美的元范畴”说。[1] 不管这一说法是否准确，但有一点是清楚的，那就是这些流派与观点多习惯于将“意象”看成是一个关于审美和文艺心理学的概念范畴，从

[1] 莫先武：《当代意象理论五大家评述》，《南京晓庄学院学报》2009 年第 4 期。

审美和文艺创造的心理规律上探讨意象范畴的价值与意义。即使进行哲学思辨，运用一定的哲学范畴与术语来解释意象范畴，也是重在将意象看成是一种心理事实，以意象范畴为中介或基础来解释审美和艺术活动与规律的发生。

汪裕雄是中国当代著名的美学家，从20世纪80年代始，他先后撰写了《审美意象学》《意象探源》《艺境无涯》等著作，这些著作被学术界同仁称为“意象学三书”。汪裕雄在意象美学研究领域所取得的成就是多方面的。他的研究对于意象与中国古代文化和思维方式关系的探讨（主要见于《意象探源》一书），对于宗白华等中国现代美学代表人物的意象美学思想的探讨（主要见于《艺境无涯》一书），对于意象美学的理论建构均具有重要意义。其中最有影响的则是以意象范畴为核心的审美心理分析与研究（主要见于《审美意象学》一书）。

汪裕雄的审美意象理论被学术界称为“审美心理基元”说。这一说法最早见于他与别人合著的《美学基本原理》一书。在该书中，他明确提出“审美意象可以看做审美心理的基元”的观点。[1] 不过这一说法在当时并没有引起学术界的重视。1993年，汪裕雄的《审美意象学》出版，在本书中，他针对叶朗“意象是艺术本体”的观点发表了自己的看法，认为这一说法不够确切，因为“艺术的本体是艺术作品，意象是心理现象，艺术品是物态化现象”[2]，如果要从艺术本体意义上论意象，也只能说它是艺

[1] 刘叔成等：《美学基本原理》，上海人民出版社1984年版，第261页。该章为汪裕雄执笔。

[2] 汪裕雄：《审美意象学》，人民出版社2013年版，第46页。

术的心理本体。同时，他还认为“审美意象不仅关乎艺术，也关乎一切审美”[1]，如果将意象只看成是艺术本体，就缩小了意象涵盖的范围。基于上述看法，他重申了意象作为审美心理基元的价值。在《审美意象学》中，汪裕雄对其“审美意象”论有一完整的理论表述：

> 美感起于对审美对象——美的事物或现象的直接观照。感知所得的表象，经由想象的作用，被再造，被重组，渗入主体的情思，融汇进主体的理解，就是审美意象。主体因意象的孕育和诞生，因对意象的玩味和体验，而获得审美愉悦和满足。审美意象的孕育、生展，贯串于美感心理全过程。[2]

这一表述，按照苏保华的说法，梳理出了一个关于审美意象生成机制的大致线索：直接观照—感知表象—想象再造—主体情思，即着眼于把审美心理和意象生成糅合为一体，[3]强调审美心理（美感经验）就是审美意象的创造与呈现，审美心理的愉悦和满足是在对意象的玩味和体验中实现的。汪裕雄还从美感心理构成要素与艺术的审美活动两个方面探讨了审美意象对于审美心理的基元意义。从美感心理构成要素方面看，美感心理包含着感

[1] 汪裕雄：《审美意象学》，人民出版社 2013 年版，第 46 页。

[2] 汪裕雄：《审美意象学》，人民出版社 2013 年版，第 8 页。

[3] 苏保华：《“意象”范畴的当代阐释与创构“意象美学”——兼论朱志荣“美是意象说”及与之相关的质疑》，《清华大学学报》（哲学社会科学版）2018 年第 4 期。

知、想象、情感、理解四个要素，“美感作为审美对象感受、体验和评价的过程，实际上是以意象运动的方式展开的。美感的起点，不是客观存在的寻常之物，而是对具有审美价值的对象——美的事物的感知”[1]，“美感过程可以看成审美意象的获取、运动与推移过程”[2]；从艺术的审美活动方面看，“艺术的欣赏和创造，也以美感经验为中介，其基元亦是审美意象”[3]。正是以审美意象为中介，艺术创作与艺术欣赏的活动才有机地统一起来。所以，“审美意象，非但是艺术品的心理本体，也是整个艺术审美活动的灵魂”[4]。

不过，汪裕雄以意象聚焦审美心理时并没有简单地将审美意象的研究还原为心理事实，以审美心理的研究取代哲学思辨，而是主张回到朱光潜的美学研究路径上，将哲学与心理学美学结合起来。他说：“直观体悟的哲学和美学，正要求把经验性的描述和思辨性的思考结合起来。就是说，要采用‘哲学—心理学’方法。这一方法，也就铸就了美学的中心范畴——意象。”[5] 在他看来，朱光潜的《文艺心理学》正是这样的典范著作，它是“以康德到克罗齐的哲学美学为基本骨架，以审美经验的心理描述为活的血肉，既使哲学美学落实到具体审美心理现象的层次，减少了它形而上的抽象性和空疏性；也使心理学在理论上有所归依，

[1] 汪裕雄：《审美意象学》，人民出版社 2013 年版，第 47 页。
[2] 汪裕雄：《审美意象学》，人民出版社 2013 年版，第 47 页。
[3] 汪裕雄：《审美意象学》，人民出版社 2013 年版，第 48 页。
[4] 汪裕雄：《审美意象学》，人民出版社 2013 年版，第 48 页。
[5] 汪裕雄：《审美意象学》，人民出版社 2013 年版，第 189 页。

避免了经验性描述的散漫性和凌乱性”[1]。在朱光潜美学思想的启发下，汪裕雄自觉地将哲学思辨与心理学的美感经验分析的方法结合起来，其意象理论研究融入了大量的西方近现代哲学、心理学的理论成果，如康德的图示说和审美意象论、克罗齐的直觉论、皮亚杰的发生认识论，以及移情、距离、内在感官、完形说等，并结合中国传统美学中的“虚静”“感物动情”“发愤抒情”的理论，对审美心理的表层结构与深层结构进行了深入分析，强调审美意象是表层与深层心理结构和谐运动的结果，是情感与形式、动力心理与认识心理的统一。

不仅如此，汪裕雄的审美意象研究还有一个鲜明的特色，就是将审美意象置于中国哲学、文化、思维方式的大背景下，因而呈现出浓厚的中国哲学、文化的审美意识。比如，他将意象纳入中国文化“言象互动”的符号系统中对其结构、功能进行历史考察，认为意象功能借助老学和易学实现的哲学超越，使直观感悟的思维方式在中国文化中被明确定位；意象对语言功能的限定，使其带有诗性特色，成为中国语言逻辑传统弱化、宗教传统泛化、审美与艺术得以辉煌发展的重要原因。[2] 又如，他将中西文化系统中的意象范畴进行比较，认为西方美学的“意象”（image）及与之相关的“想象”问题，“是从感性与理性、形而下与形而上截然两分的文化立场出发的，所以虽承认 image 和想象可以充当沟通感性和理性的桥梁、纽带，但仍将其划归经验感性层

[1] 汪裕雄：《“补苴罅漏，张皇幽渺”——重读朱光潜先生的〈文艺心理学〉》，《文艺研究》1989 年第 6 期。

[2] 汪裕雄：《意象与中国文化》，《中国社会科学》1993 年第 5 期。

面，放在心理学领域加以处理”[1]，而中国传统美学的“意象”则不一样，历来是“物象”、“兴象”（含喻象、象征、典故等）乃至于指称道的“大象”（“象罔”）的总称，既涵括具象的形而下的“器”，又指涉恍惚无形的形而上的“道”，同时还深蕴人心的情和理，所以更具有哲学审美意味。[2]

顾祖钊的“意象文艺至境”说将艺术形象创造置于艺术的核心地位，将意象看成是与典型、意境相并列的艺术形象的高级形态，原因在于他看到中国文艺界长期受西方哲学和艺术观念（特别是黑格尔的哲学美学观念）的影响，习惯于将典型看成是艺术创造的中心，认为典型体现了艺术家的审美理想，而以典型为中心的一元论艺术至境观，不仅不能说明中国艺术，也不能说明西方艺术的实际。所以他提出“意象文艺至境”说，目的就是要突破这种观念，形成多元的艺术至境观，以丰富艺术形象的创造。显然，“意象文艺至境”说的提出是有充分的文艺学美学理据的。不过，“意象文艺至境”说的基本论证和方法还是文艺学与心理学的交集，是以审美心理分析为基础的。《论意象五种》是顾祖钊意象理论的代表性论文，在这篇论文中，他对古今中外的意象概念作了系统阐释，研究的思路和切入点首先是从西方心理学对意象的定义开始的，他不仅明确了意象首先是一个心理学的概念，而且认为从心理学的知觉意象、记忆意象、想象意象三种基本类型的区分来看，文学艺术中的一切形象都可以看成是意象，

[1] 汪裕雄：《意象探源》，人民出版社 2013 年版，第 236 页。
[2] 汪裕雄：《意象探源》，人民出版社 2013 年版，第 236 页。

因为它适应了人们的心理特征与活动规律。[1] 在其所撰写的理论专著《艺术至境论》中，他又重点阐发了这样一种观点，即“至境意象”作为一个重要概念和艺术形象的高级形态被确立，在于它适应了人们审美创造的心理规律。他以知、情、意三种心理功能区分为依据，将艺术形象的创造划分为典型、意象、意境三种艺术形态：

> 偏重满足人们认识社会生活的需求的作品，自然要创造出典型这样的基本式样，让人去直观生活；偏重满足人们思考和幻想需要的作品，自然就要创造出审美意象这种基本式样，让人去驰骋理想，思考哲理；偏重满足人们情感需要的作品，自然要创造出意境这种基本式样，让人去陶冶性情，慰藉心灵。这样艺术便产生了与人类的知情意的审美需要相对应的艺术至境形态。[2]

显然，顾祖钊的“意象文艺至境”说，是建立在文艺与审美心理规律探讨的基础上的。

夏之放将“意象”看成是文艺学体系建构的第一块基石或逻辑起点。那么，他所说的意象是什么呢？在他看来，意象首先是一个心理学术语。在普通心理学中，意象是归入表象之中的，而表象则属于心理学和哲学认识论的领域。进入审美心理领域，表象与意象明确区分开来，表象是过去已经经历过的事物在记忆中

[1] 顾祖钊：《论意象五种》，《中国社会科学》1993 年第 6 期。
[2] 顾祖钊：《艺术至境论》，百花文艺出版社 1992 年版，第 39 页。

留下的映象，意象则是在过去已积累的大量表象的基础上，主体头脑中新生的、超前的、意向性的图像；表象的内容偏于客体，意象的内容偏于主体的愿望与设想。艺术和审美的本质就在于创造意象，创造意象的心理过程或活动则可以称为想象，想象对于艺术和审美活动来说十分重要。在此基础上，夏之放明确区分了日常意象与审美意象，认为日常意象偏重于理智思考，审美意象偏重于主体意愿与情感；日常意象必须符合客观事物的规律（真）和主体功利目的（善），审美意象则距离客观规律和主体功利目的较远；日常意象具有量的精确性，审美意象则不具备量的精确性。他还对审美意象作了静态与动态的分析，静态分析表明审美意象可以区分为当下审美意象、象征意象、想象意象和幻想意象四种类型，它们都不是客观事物的物象，而是主体意识中之象，或称心象，是渗透了主体理解、情感和意志的象。在意与象的结合中，意占据支配地位。对动态结构及其类型的考察则说明，艺术的创作与欣赏就主体的心理流程来说都是由一连串审美意象组成的复杂系统，意境、境界等范畴都可以纳入这一系统中，体现艺术作品中意象和意象体系的内涵。[1] 这样，夏之放就完成了以“意象”为基石和起点的文艺学体系的逻辑建构，这种建构也可以说是建立在心理学和审美心理分析基础上的。

郭外岑的“表现性意象文艺形态”说、朱志荣的“美的元范畴”说亦不例外，都带有一定的审美心理分析色彩。限于篇幅不一一展开论述。其实，远不止这些理论。比如，陈望衡提出“景

[1] 以上论证主要依据夏之放《论审美意象》（《文艺研究》1990年第1期）一文。

象”概念，认为“美不在‘形象’，美在‘景象’”，“景象是形象与心理的共同作用的产物”，并认为这一观点同于朱光潜的“物甲”和“物乙”说。[1] 他还提出“美在境界”说，认为“美在境界与美在意象有相通之处。但相比较而言，意象没有境界的层次高。美在意象，在美的构成上，对于主体的意与客体的象，只是强调了意与象的统一，意与象二者何者为本，还难以确定。而美在境界，则显然是意为本体。境由心造，主体的心理在境界的构成上起决定性的作用”[2]。这些观点均没有超出意象美学研究的心理学思路，均是将“美”（景象、境界）看成是一种心理事实，重视主体心理在美的创造中的作用。

在审美意象理论的研究中，不少学者重视意象思维特点及其与形象思维、概念思维关系的研究。有的学者还得出了从20世纪80年代中期到90年代，影响巨大的意象研究直接承续“形象思维”的讨论而来的结论。[3] 这种研究自然离不开对审美心理特征与规律的把握。比如，胡经之早在20世纪80年代末出版的《文艺美学》（实际上观点提出比论著出版还要早）中就提出了艺术思维不是概念思维，也不是通常意义的形象思维，而是意象思维的观点。他认为：“在概念思维的基础上改造过了的形象思维，思维的基本材料已不是表象，而是意象。这种以意象为思维材料的思维，性质已不同于无概念的形象思维，应称它为意象思维，

[1] 陈望衡：《20世纪中国美学本体论问题》，湖南教育出版社2001年版，第474—475页。

[2] 陈望衡：《20世纪中国美学本体论问题》，湖南教育出版社2001年版，第489页。

[3] 高建平：《“形象思维”的发展、终结与变容》，《社会科学战线》2010年第1期。

以区别于无概念的形象思维，又区别于概念思维。”[1]“意象思维，是按照思维（分析、综合、对照、比较等）把表象和概念联系起来，造成意象，进而以意象作思维材料，经由思维（分析、综合、概括等等）而把各种意象结合起来。在意象思维中，联想和想象的活动，无疑起着重大作用。没有联想和想象，就不可能在脑海中唤起生活印象，就无法产生许多意象，更不能把各种意象结合起来。”[2]“艺术思维主要是运用同概念思维相统一着的意象思维。艺术的意象思维过程是审美感情和审美认识相结合的过程，结果是产生艺术意象体系或艺术意境，有的创造了艺术典型。”[3]这些论证说明，胡经之的“意象思维”之说是建立在对心理学意义上的概念思维与意象思维内涵的把握上的，意象形成、深化和物化的过程即意象思维和概念思维交替、结合的过程，这实际上是将意象阐释纳入艺术心理学分析的范围。李春青亦将审美意象看成是一个内涵丰富的综合心理形式，从表象思维的角度分析审美意象如何通过对心理学意义上的表象的借用与改造而获得丰富的审美意义。[4]有的学者还明确提出“从学科性质来说，审美意象属于文艺心理学的命题”[5]的观点，这亦说明重视审美心理的研究，成为20世纪80年代以来意象研究的一个基本理论共识。

为什么审美心理的研究在很长时间内主宰着审美意象理论的

[1] 胡经之：《文艺美学》，北京大学出版社1999年第2版，第147页。

[2] 胡经之：《文艺美学》，北京大学出版社1999年第2版，第157页。

[3] 胡经之：《文艺美学》，北京大学出版社1999年第2版，第159—160页。

[4] 李春青：《作为艺术品心理形式的审美意象》，《学习与探索》1992年第5期。

[5] 刘伟林：《意象论》，《华南师范大学学报》（社会科学版）1996年第1期。

研究？原因是多方面的。首先，无论是在西方还是在中国，“意象”都可以看成是一个与心理学有着密切关系的概念范畴。“意象（Imagery），人脑对事物的空间形象和大小的信息所作的加工和描绘。和知觉图象不同，意象是抽象的，与感觉机制无直接关系，精确性较差，但可塑性却较大”[1]，《简明不列颠百科全书》的这一解释显然是将“意象”作为心理学的一个术语看待的。韦勒克和沃伦合著的《文学理论》也认为“意象是一个既属于心理学，又属于文学研究的题目”[2]。其次，对于中国传统美学来说，意象常常被阐释为“意中之象”，被阐释为主观之情感与客观之物象的统一，这虽然不是严格意义上的心理学定义，却是可以从心理学意义上来理解的。比如，刘勰提出的“窥意象而运斤”，“神用象通，情变所孕。物以貌求，心以理应”，“意翻空而易奇，言征实而难巧”等诸多命题，[3] 主要就是基于对文学与艺术创造的心理与思维规律的认识。

除了上述原因外，中国当代美学界关于意象的审美心理分析与阐释路径的形成，也是 20 世纪 80 年代以来中国美学发展趋势的一种选择。20 世纪五六十年代，中国美学界出现了第一次美学热潮，也就是人们所熟悉的美学大讨论，这场讨论是从批判朱光潜的美学观点开始的。虽然这场讨论激发了学术界对美学研究的兴趣，也形成了中国美学界的几大派别，但是，这一讨论的消极

---

[1] 《简明不列颠百科全书》，第 9 卷，中国大百科全书出版社 1986 年版，第 102 页。

[2] 雷·韦勒克、奥·沃伦：《文学理论》，刘象愚等译，生活·读书·新知三联书店 1984 年版，第 201 页。

[3] 刘勰著，范文澜注：《文心雕龙注》（下），人民文学出版社 1958 年版，第 493—495 页。

影响也是十分突出的，那就是它基本没有反映西方近现代美学发展的趋势与成果，特别是西方近现代美学以美感为中心，重视审美经验和心理研究的成果；也脱离了中国传统美学的实际，主要以苏式马克思主义的哲学认识论为指导，将美学纳入认识论的框架中，将审美活动等同于认识活动，以主客二分的思维模式来思考美学问题。随着改革开放时期第二次美学热潮的兴起，人们开始反思这种理论与思维模式的弊端，其中最重要的一个方面就是认识到，仅仅借助于认识论是无法解释审美和艺术创作的，要充分和全面地阐释审美和艺术的规律，必须重视审美心理的研究。李泽厚在《美学的对象与范围》中的一段话："如果说，美的哲学只是美学的引导和基础的话，那么审美心理学则大概是整个美学的中心和主体"[1]，明确地表现了这一时期人们的美学转向和重视审美心理研究的趋向。

从审美心理的角度阐释意象，其积极意义是显见的，因为相对于那种将审美看成是认识论的研究思路，将意象作为一种美感经验和审美心理性质的考察，的确丰富和拓展了美学研究的领域，使人们可以更好地认识美感经验的复杂构成，认识审美和艺术的心理规律。不过，就目前学术界对意象所作的审美心理分析来看，他们基本将意象作为一种感性形象看待，着重于这一形象的心理要素与特征的分析，很少从价值层面来考察审美意象，揭示"意象"作为一个审美范畴对于人生的价值与意义，也没有从

---

[1] 李泽厚：《美学的对象与范围》，载中国社会科学院哲学研究所美学研究室、上海文艺出版社文艺理论编辑室合编《美学》，第三期，上海文艺出版社 1981 年版，第 18 页。

人生价值层面揭示意象范畴与中国传统哲学美学的精神联系。另外，“意象”作为中国美学的核心范畴，如何进入现代人的审美视野，与现代哲学美学对话，推动现代美学理论的发展，这也是现有的审美意象的心理学阐释路径所无法回答的。下面我们要讨论的意象阐释途径，即从现象学美学角度来阐释意象范畴，在一定程度上回应了上面所说的理论问题。

二、“意象”的现象学美学阐释

中国美学界对现象学的普遍关注始于20世纪80年代。这种关注的一个重要内容就是将现象学美学与中国传统的意象理论结合起来，运用现象学美学理论与方法来解读意象，探讨意象的哲学本体论基础。

关于意象与现象学美学的关联，早在20世纪80年代以前就为人们所注意了。朱光潜的意象美学亦包含一些与现象学哲学美学相通的思想，比如他说：“‘见’为‘见者’的主动，不纯粹是被动的接收。所见对象本为生糙零乱的材料，经‘见’才具有它的特殊形象，所以‘见’都含有创造性。”[1] 这一思想与现象学所说的现象即显现，显现包含显现物与显现活动本身的思想有某种相似。朱光潜还区分美感的态度与实用的、科学的态度的不同，认为“在实用的态度中和科学的态度中，所得到的事物的意象都不是独立的、绝缘的，观者的注意力都不是专注在所观事物本身上面的”，而美感的态度则是“注意力的集中”和“意象的

[1] 《朱光潜全集》，第三卷，安徽教育出版社1987年版，第53页。

孤立绝缘”,[1] 这与现象学所说的“悬置”,即中止对自然态度的信仰而向现象学态度转变的思想也有某种相似。海外华人学者刘若愚的名著《中国文学理论》中有《形上理论与现象学理论的比较》一节,该节在论及中国形上批评家肯定“物”和“我”一体以及“情”(内在经验)与“景”(外在世界)不可分时,便将其与现象学美学家杜夫海纳肯定主体与客体的一致,以及“知觉”与“知觉对象”或者“内在经验”与“经验世界”不可分的思想联系起来,认为二者之间存在着某种相似。[2] 在这里,刘若愚并没有直接使用“意象”一词,但是从物我一体、情景不分的关系谈审美,实际上也是用中国传统意象论美学思想诠释现象学美学。不过,上述理论家所表现出来的意象与现象学美学相通相似的观念,还是处于不自觉的状态中的。到了 20 世纪 80 年代以后,这一情况有了很大的改变。人们普遍认识到传统美学的意象理论与现象学美学的精神联系,所以自觉地借用现象学美学的观念和方法来阐释意象理论。比如,叶秀山将艺术看成是“从‘生活’中划出来的‘另一个世界’——‘意象性世界’”,并将其与胡塞尔、海德格尔等人所说的“生活世界”联系起来,认为这个基本的、生活的世界本就是一个充满了诗意的世界、一个活的世界,但这个世界却总是被掩盖着的,“掩盖生活世界的基本方式是一种‘自然’与‘人’、‘客体’与‘主体’、‘存在’与‘思想’分立的方式”,“为了展现那个基本的生活世界,人们必须‘塑造’一个‘意象的世界’来提醒人们,‘揭开’那种‘掩

[1] 《朱光潜全集》,第二卷,安徽教育出版社 1987 年版,第 11 页。

[2] 刘若愚:《中国文学理论》,杜国清译,江苏教育出版社 2006 年版,第 88 页。

盖层’的工作本身成了一种创造”。[1] 王树人谈到中国的“象（意象）思维”时，亦非常重视其与以海德格尔为代表的存在论现象学的精神关联，强调作为诗意、悟性的“象思维”聚焦于物我不分、天人合一的情景世界，破除了主客二元的对象化思维，充分显示了其对于理性、逻辑的概念性思维的优越性。[2] 更具有代表性、更为系统的是张世英、叶朗、杨春时、张祥龙等人的美学观点。关于叶朗的观点，后面将专门探讨，这里先谈谈其他几位美学家如何运用现象学美学观念阐释意象的理论价值。

张世英是中国当代美学家中最早认识到西方传统哲学主体原则和主客二分思维模式的缺陷的代表性人物。他认为，海德格尔的一大理论贡献就是“强调‘隐蔽’和不在场的东西对于‘敞亮’和在场的东西的极端重要性”[3]，诗意或艺术品的审美意义就在于它能从“在场”中把握“不在场”，“从看到的东西中体会和抓住未看到的东西，从说到的东西中体会和抓住未说到的东西”[4]，并把这一思想与中国传统的意象美学理论紧密地联系起来。张世英对中国古代的“意象说”是非常重视的。他说：

> 中国古代思想家不爱讲感性美，而更多地爱讲感性形象之外的“意”或“境”……中国古典美学思想，从其主要方面来说，就是指对此种“意”“境”的体悟。用“美在意象”

[1] 叶秀山：《美的哲学》，人民出版社1991年版，第61—63页。

[2] 王树人：《中国的“象思维”及其原创性问题》，《学术月刊》2006年第1期。

[3] 张世英：《进入澄明之境——哲学的新方向》，商务印书馆1999年版，第92页。

[4] 张世英：《进入澄明之境——哲学的新方向》，商务印书馆1999年版，第92页。

来总结整个中国古典美学思想之指归，应该说是很深切的。“意象”者，“象”外之“意”也，就是对感性形“象”之外的“意”的体悟。[1]

这种“体悟”，在张世英看来，不同于西方古典美学所要求的进入超感性的抽象王国，如“理念”“典型”之类，而海德格尔所讲的“显隐说”倒是与中国传统的“意象说”相似相通：

“意象”之象就是显（现）于外者，“意”是隐（蔽）于内者（背后的东西）；“意象”说以体悟“象”外之“意”为美，“显隐”说以由“显”见“隐”、去蔽而敞开“澄明”之境为美。二者的确可以互相辉映、互相发明。[2]

张世英也意识到，由于二者产生的时代背景和民族背景的不同，它们之间的差异也是明显的。相比较起来，海德格尔的“显隐说”是对西方传统“主客二分”的思维方式和“主体性”哲学的克服与超越，也是对自由—主体性的更进一步弘扬，所以更具有现代意义，而中国传统“意象说”基本上是“前主客二分”和“前主体性哲学”的“原始的天人合一”思想的体现，从而将美在自由的思想掩盖甚至淹没在双重的“原始的天人合一”的思想之中，所以需要大力发掘、开发。[3] 基于上述认识，张世英强调：

---

[1] 张世英：《张世英文集》，第9卷，北京大学出版社2016年版，第354—355页。

[2] 张世英：《张世英文集》，第9卷，北京大学出版社2016年版，第355页。

[3] 张世英：《张世英文集》，第9卷，北京大学出版社2016年版，第355页。

> 弘扬中国传统美学的意象之美，首先要发掘、展示传统“意象说”的现当代意义。海德格尔对他的“显隐说”所作的详细分析，指明了“显隐”的审美意识如何超越日常生活的对象性关系、功用关系，进入神圣的“澄明之境”；中国传统美学的“意象说”也需要进行类似的论证和分析，以显示其现实意义。[1]

意象之美就是让人们看到现实之外的高处远处，“中国的意象之美是对我们日常生活提高精神境界的一个最好、最大的启示”，“中国的意象之美可以说是表达了最高层次的美。低层次的感性美，要真正美的话，也要用意象美来解释”。[2] 张世英还用他的“万有相通”的哲学本体论解释“意象说”。所谓“万有相通”就是说“宇宙是一个无穷联系的网络整体，在空间上、在时间上都是无止境的；每一事物、每一人，都是此网络整体上的一个交叉点”，相互联系，彼此之间各不相同而又相通。“每个人、每个事物，其当前的呈现状态（即所谓‘在场的东西’或曰‘显’）都有其背后无穷尽的联系为背景（即所谓‘不在场的东西’或曰‘隐’）。后者是前者之源、之母。宇宙间的任何一事一物一人，皆‘在场’与‘不在场’的统一，皆‘显’与‘隐’的融合。”意象审美正通向这“万有相通”的境界。譬如，杜甫的诗句“国破山河在，城春草木深”之所以能引起美感，就在于

[1] 张世英：《当代美学应升华境界之美》，《人民日报》2015 年 2 月 2 日。
[2] 张世英：《意象之美的哲学本体论基础》，《中国文艺评论》2017 年第 9 期。

“在”与“不在”的统一（如司马光所说的“山河在，明无余物矣；草木深，明无人矣”）。我们欣赏这诗句时，就回归到“在”的母源——什么都“不在”，自然倍感凄凉。但这里的凄凉绝非现实生活中的凄凉可以比拟，它是审美意义下的凄凉，它超越了现实生活中的凄凉，使欣赏者产生了一种对“在”的内涵的醒悟，这种醒悟就是意象审美带给人的精神上的愉悦与满足。[1]张世英并没有将上述思想展开，但其意图和目的却很明显，那就是他认为中国当代美学有一个重要的发展方向，即找到传统意象理论与西方现象学美学的契合点，以摆脱对传统主客二分式和对象化、功用性的思维方式的依附。

张祥龙是中国当代研究现象学的著名学者，他提出“现象本身是美的”的命题，强调“美”（美感）是一种原发的、超越主客二分的“居中”式的生活体验，是不断涌动发生的境域，具有非对象化、非现成化的特点，所以他对中国传统意象美学理论产生了关注。他认为：“‘美’或‘意境’并非只是人的心理状态向某种现成现象的投射所造成的，而是现象本身在其被构成的势态处天然形成的。正像《庄子》所言‘天地有大美而不言’。”[2]以此标准看朱光潜的“美感经验是对形象的直觉”说，其所表达的“美感的态度就是损学而益道”，将观赏对象孤立绝缘起来作无所为而为地观照的思想，与现象学“悬置”一切与现象的直接显现无关的东西，只关注那“在直观中原初地给予我们的东西”

[1] 张世英：《美是“玩味无穷”的精神愉悦》，《人民论坛》2015 年第 24 期。
[2] 张祥龙：《从现象学到孔夫子》，商务印书馆 2001 年版，第 392 页。

的思想颇为相似。[1] 不过，朱光潜似乎还无法区分这种形象直观与经验主义者们所讲的“印象”，还不能将其与现象学美学所重视的美感体验等同起来。[2] 张祥龙认为，“在现象学看来，人性天然混成，气韵盎然，自有一段缠绵不尽之情，勃郁待发之意”，“无人生与世间的根本处那原发的‘想象’‘虚构’与‘交相投映’，就根本无世间之‘现—象’；而只要有树、有马、有人、有天地，就定有‘枯藤老树昏鸦……古道西风瘦马……断肠人在天涯’的意境和语境的可能”，[3] 所以中国人论艺，讲风、神、骨、气、意、象、虚、韵等，王国维讲“境界”“气象”，其妙处“不在于是抒发些什么，描写些什么，铺陈些什么，而在于构成某种境界，即那超出一切可对象化、现成化的意义的意境或气象”[4]。这些与现象学所说的现象本身是美的思想是相通的。张祥龙还特别肯定了宗白华的“意境”说，认为此说一方面包含着“不可对象化和观念化”之意，另一方面又意味着“活生生地、融为一体地在场”，于是“将诗文画面中的‘空间’和‘意境结构’归源到了道之‘虚’和‘室’之‘虚白’，也就是‘于空寂处见流行，于流行见空寂’”。[5] 这与现象学，特别是海德格尔的现象学中对“现象”的看法颇有相合之处，而这些正是朱光潜“意象”说所缺少的。不过，在张祥龙看来，即使在宗白华那里，“主客在根本处似乎还是分为两边的，它们只是在意境中

[1] 张祥龙：《从现象学到孔夫子》，商务印书馆2001年版，第388—389页。
[2] 张祥龙：《从现象学到孔夫子》，商务印书馆2001年版，第389页。
[3] 张祥龙：《从现象学到孔夫子》，商务印书馆2001年版，第391页。
[4] 张祥龙：《从现象学到孔夫子》，商务印书馆2001年版，第392页。
[5] 张祥龙：《从现象学到孔夫子》，商务印书馆2001年版，第393页。

‘交融互渗’”[1]，这与现象学所说的原发构成的境域——边缘域、生存的解释学境域——的思路还是不一样的。张祥龙强调“在现象学的视域中，最真实者就是意境；主体与客体只是由之衍生出的存在形态”[2]。意识到这一点，“现象的原本呈现就是美的看法”就与传统美学所说的“现象与主观情调的交融为美的看法”彻底划清了界限：

> “美”不是关于任何“什么”的问题，而是人所处的状态的问题；也就是说，不能说我们一旦得到了什么，比如某种特殊的形式、色彩、结构，乃至心理状态，就一定能体验到美。只有当人处于一个“还原”或“悬置”掉了一切现成区别的规定，正在凭空发生和维持着的状态时，才有美感体验。[3]

张祥龙对现象学美学精神的把握，比较贴近西方当代现象学的本义。他提出“现象本身是美的”的命题，强调“美”（美感）不是关于任何“什么”的问题，而是人所处的状态的问题，是离人最近的现象本身，是一种原发的、超越主客二分的“居中”式的生活体验，是不断涌动发生的境域，具有非对象化、非现成化的特点，这些都有助于人们摆脱实体化的理论思维，更深入地思考和把握“美”（美感）的本义。但是，将“现象”与“美”等

[1] 张祥龙：《从现象学到孔夫子》，商务印书馆 2001 年版，第 395 页。
[2] 张祥龙：《从现象学到孔夫子》，商务印书馆 2001 年版，第 396 页。
[3] 张祥龙：《从现象学到孔夫子》，商务印书馆 2001 年版，第 396—397 页。

同起来，甚至用“现象”来解释中国古代的意境与意象理论，则是将问题简单化了。其实，张祥龙所说的“现象本身是美的”突出的是一种现象学的生活态度，偏向于从“情”和主体经验而非从“景”和审美对象的角度谈美。而中国传统美学的“意象”与“意境”，则是情景交融的世界，它不仅包含主体，也包含对象。只是这里所说的对象是融于主体情感意识之中，在情感意识和美感经验中显现出来的。张祥龙用现象学思想对中国传统美学进行解读，还有一点值得人们关注，那就是他不像目前学术界那样普遍将现象学与老庄易禅的思想联系起来，[1] 也不像中国美学界那样常常将关注的焦点集中在具体的美学范畴与命题上，而是将焦点对准孔子，试图通过孔子对诗歌与音乐的哲理性思考去发现中国美学非概念化、非现成化的思想本源，从而生发出与中国传统美学意象论相通的思想。比如，他对“兴”的阐释，就以孔子对音乐与诗歌的哲理性思考为基础，认为“孔子的整个思想都是活在‘兴’中，没有‘兴’就不能理解孔子”[2]。而“兴”就是一种原发的生活经验与生命体验，它打开了语言和领会的境域，

---

[1] 徐复观可以说是最早自觉用现象学思想阐释中国古代美学的中国学者之一，自从他在《中国艺术精神》中将庄子的“心斋”类比胡塞尔的“纯意识”以来，现象学进入中国语境中就主要与老庄、《周易》甚至包括禅宗的思想联系起来。比如，刘若愚的《中国文学理论》主要以庄子思想为根据探讨现象学与中国文学形而上理论的关系，叶维廉亦是以道家知识论为依据探讨现象学与中国美学的关系（参见叶维廉《无言独化，道家美学论要》《言无言，道家知识论》等文）。本书所讨论的叶朗、张世英、杨春时也主要以老庄、《周易》为根据探讨现象学与意象理论的关系。

[2] 张祥龙：《孔子的现象学阐释九讲——礼乐人生与哲理》，华东师范大学出版社2009年版，第85页。

所以它与中国古代意境与意象审美是相通的。[1]

杨春时是在审美现象学研究中取得重要成果的中国当代美学家，2015 年出版的《作为第一哲学的美学——存在、现象与审美》[2] 以及一系列论文系统阐释了他所建构的审美现象学体系。在他的审美现象学理论阐释与建构中，“审美意象”是一个中心范畴。他认为“审美意象就是现象学的现象”。之所以得出这样的结论，是因为他受到海德格尔存在论现象学的影响。在他看来，胡塞尔虽然提出了现象学的概念，但由于局限在先验意识（纯意识）的领域，其现象学的理论建构并不成功。海德格尔意识到这一点，对现象学进行了改造，变意识现象学为存在论现象学，把现象学当作领会存在意义的哲学方法论。杨春时非常重视这一点，认为现象学必须在存在论的基础上才是可能的。不过，海德格尔将现象学还原确定为生存（此在在世）的（显现）体验，这种现实生存体验（尽管是面向死亡的生存体验）不能领会存在的意义（而不是存在的显现），并没有完成对现象学的改造。[3] 杨春时意识到这一点，所以提出“由于审美是自由的生存方式，是向存在的回归，是我与世界的共在，因此，审美就是

[1] 参见张祥龙《孔子的现象学阐释九讲——礼乐人生与哲理》第四讲、第五讲，华东师范大学出版社 2009 年版。

[2] 杨春时：《作为第一哲学的美学——存在、现象与审美》，人民出版社 2015 年版。本书对杨春时“审美意象就是现象学的现象”观点的论述主要根据《作为第一哲学的美学——存在、现象与审美》，非直接引用处不再一一注明。

[3] 杨春时认为，在后期海德格尔放弃了前期的生存论现象学，而转向存在论现象学，包括建立审美现象学，如他提出“美是存在的真自行置入作品”、在审美中存在的意义自行显现的观点等。（杨春时：《作为第一哲学的美学——存在、现象与审美》，人民出版社 2015 年版，第 9 页）

现象的生成，审美意象就是现象，就是存在意义的显现”[1] 的观点，并认为：“要克服现象学的缺陷，完善现象学，必须在审美主义的基础上进行建构，即使审美成为真正的现象学‘还原’，使审美意象成为存在的显现——现象并且最终使美学成为现象学。”[2] 既然如此，就必须重视中国传统美学对意象的理解，特别是其中所蕴含的将审美意象看成是“道”的体现、审美意象就是现象学中所说的“现象”的思想。

杨春时不仅借鉴、改造了西方现象学理论，而且提出中国美学具有现象学性质的论断。他认为，传统的西方美学把美看作实体的属性，具有外在于人的性质，因此，美就成为客体性的表象，而审美成为外在的认知。这就是说，西方美学没有把美作为现象。中国美学则具有现象学的性质，把中国哲学的现象学性质发展到极致。中国哲学的本体论核心是道论，“道”具有西方哲学中“逻各斯”的地位，却不同于“逻各斯”，它不是外在的自在之物，不是理念，而是与人相关的存在本身。它没有本体界与现象界的截然区分，所以体用不二，“道”在伦常日用中。也就是说，日常现象即“道”的体现，或者说，“道”可以显现为“现象”。老子、庄子所提出的“象”，《周易》中的“易象”，都可以看成是“道”的显现与象征。由于“道”的哲学观念的存在，中国古典哲学没有走上西方哲学以概念揭示本体的道路，而

[1] 杨春时：《作为第一哲学的美学——存在、现象与审美》，人民出版社 2015 年版，第 9 页。

[2] 杨春时：《现象学的未完成性与审美现象学的建立》，《吉林大学社会科学学报》2013 年第 5 期。

是提出了以“象”来显示“道”的现象学思路。中国美学认为审美就是对世界的直接体悟，并且创造了审美意象概念，而审美意象就是现象学的现象。为说明这一点，杨春时以刘勰的“道体现为文”和宗炳的“澄怀味象”等命题为例进行了具体阐释。刘勰认为“文”是“道”的显现，“道沿圣以垂文，圣因文而明道”[1]，这一文学观念成为中国文学理论的主流，从而为中国美学的现象性开辟了道路。刘勰还论证了文学的现象性：“人文之元，肇自太极，幽赞神明，易象惟先”[2]，提出“独照之匠，窥意象而运斤”的命题，使“易象”演变为“意象”，“文”具体化为“现象”，使“意象”概念得以形成，这标志着中国古典美学找到了使“道”显现为“现象”的根本，使“意象”进入艺术理论，成为美学范畴。宗炳的“澄怀味象”等命题则说明，从“易象”到“意象”概念的转化过程中，“味象”是重要的环节，它具有体道的现象性。按照现象学的理论，“现象”的生成需要排除经验意识而进入纯意识，“意象”的生成也同样需要这种“悬搁”。“味”的概念使用，也说明对“象”的体验不是理性认识，而是审美体验。

由于中国美学的现象学性质、中国美学创造了审美意象范畴，因此中国美学不是认识论美学而是同情论美学。它不同于西方现象学以直观认识构造现象，而是以情感会通世界，形成情感意象。中国美学的现象学也就是情感现象学。中国现象学还具有古典性的特征。它建基于古典哲学的天人合一，而不是现代的存在同一性，带有蒙昧性、混融性特征。它与现代现象学相比，往往缺乏超越的环

---

[1] 刘勰著，范文澜注：《文心雕龙注》（上），人民文学出版社 1958 年版，第 3 页。
[2] 刘勰著，范文澜注：《文心雕龙注》（上），人民文学出版社 1958 年版，第 2 页。

节。但它由于具有情感现象学的特征，仍然可以与西方现代美学进行对话，因此成为现代美学建设的宝贵思想资源。

杨春时曾这样描述自己的美学之路："从生存美学走向存在美学，从主体性美学走向主体间性美学，从意识美学走向现象学美学，最后建立了主体间性超越美学。"[1] 从这一描述可以见出，杨春时之所以要将中国美学定义为现象学，将中国传统美学中的"意象"与他所理解的"美"（审美意象）、"现象学的现象"联系起来，目的并不在于阐释与发掘中国传统美学"意象说"的本来含义，而是在于将这种理论资源整合到他的审美现象学的理论建构中，探寻一条新的发展中国当代美学的道路。正因为此，杨春时的现象学美学研究具有非常广阔的理论视野，它不仅试图从中西哲学与美学的背景下探讨现象学美学的理论成果，注意比较中西哲学美学精神的不同，而且还试图将中国古代美学与中国现代美学的理论成果融通起来，以实现新的理论创造。这正是杨春时提出"审美意象就是现象学的现象"的命题，以西方当代现象学理论来解释中国传统意象理论的价值所在。

但是，我们也应该看到，作为一个有着很强的理论体系建构意识的美学家，杨春时用现象学理论解读中国美学的意象理论，也过多地显示出理论建构和体系需要的特征。比如，他将超越性作为意象的基本特征，认为"审美不是现实生存的特例，也不是现实生存体验之一种。审美作为自由的生存方式和超越的体验方

[1] 杨春时：《我的美学之路》，《文艺评论》2012 年第 7 期。

式，回归了存在本身，也使存在的意义得以显现”[1]，就是有意识地阐释他一贯秉持的“审美超越”的思想。依笔者看，现象学美学所主张的“超越”，虽然与现实保持距离，却是现实的、历史的存在。在现象学看来，美作为人类最原初的生活经验，就存在于人们的生活世界中，与人们的生活发生最直接最亲近的关系，如杜夫海纳所说：“审美经验揭示了人类与世界的最深刻和最亲密的关系。他需要美，是因为他需要感到自己存在于世界。”[2] 现象学美学的意义不在于将人们引向一个超越的、超验的彼岸世界，而在于如何理解我们所生活的这个基本经验世界。另外，将“意象”（审美意象）等同于现象学的“现象”，笔者以为也是简单化的看法。我们承认，无论是中国美学的“意象”，还是现象学的“现象”，都具有破除实体化、对象化思维的意义，都不能看成是对象化的实体形象的存在，从这一意义上说，杨春时强调“审美意象就是现象学的现象”有一定价值。但是，现象学所说的“现象”，就其基本语义来说还是不能等同于“美”，不能等同于审美意象。现象学的“现象”的基本语义是“显现”，显现包括显现物与显现活动本身。从认识论意义上来理解，“现象”可以看成是悬置了客观存在，在纯意识中显现的东西，如胡塞尔所理解的“现象”；从存在论意义上来理解，“现象”即“此在的存在意义的展开”，如海德格尔所理解的“现象”。而认识论、存在论意义上的“现象”都不能等同于审美意象。审美意象

---

[1] 杨春时：《审美的现象性与建立审美现象学之可能》，《四川师范大学学报》（社会科学版）2012年第4期。

[2] 杜夫海纳：《美学与哲学》，孙非译，中国社会科学出版社1985年版，第3页。

必须具有审美的品格。胡塞尔曾经指出审美经验、艺术创作与现象学的直观之间的相似之处，但他并没有将二者等同起来，而是认为艺术家与哲学家不同的地方在于："前者的目的不是为了论证和在概念中把握这个世界现象的'意义'，而是在于直觉地占有这个现象，以便从中为美学的创造性刻划收集丰富的形象和材料。"[1] 西方现象学美学家也都重视这一区分，所以注意探讨审美经验，如知觉、想象、情感等因素在审美意象建构中的作用，审美意象也就是审美对象在知觉、想象和情感等审美经验活动中的活泼显现。

中国传统美学将意象理解为情景交融的世界亦是如此。审美意象是情与景的交融所生成的一个世界，它作为事物的本然存在样态，也是审美对象向审美经验世界的呈现，是一个在审美经验和审美意识照亮下所生成的充满情趣、充满意蕴的感性的诗意的世界。而这些虽然在一些现象学美学家包括杨春时本人那里获得关注，却是现象学所说的"现象"这一概念术语自身所无法包括的。

上述代表人物运用现象学理论资源对意象的解读，主要依据的是以胡塞尔和海德格尔为代表的意识现象学和存在论现象学。其实，现象学美学对意象的阐释还有一个重要维度，那就是身体现象学。身体现象学的代表人物梅洛-庞蒂将审美经验归结为一种知觉活动，他从"身体—主体"概念出发强调知觉的意义，认为作为原初经验的知觉活动不是先验自我的构成活动，而是人在

[1] 胡塞尔：《艺术直观与现象学直观》，载倪梁康选编《胡塞尔选集》（下），上海三联书店1997年版，第1204页。

世界之中的生存活动，是“身体—主体”与对象的相互作用与交流。这种身体的感知在中国古代艺术与审美活动中也是非常突出的，比如《庄子》中所说的“以神遇而不以目视”就是一种身体的感知与技艺。中国古代的意象理论也包含身体感知的内容。《易经》中的“象思维”就与阴阳相合的身体体验相关，并通过阴阳气化一类范畴升华为中国哲学美学的基本思维结构。中国古代美学提出“兴”“感兴”一类范畴，强调“美”（意象）的体验是一种原发的生命体验，具有非对象化、非现成化的特点，也有身体美学方面的根据。关于身体与中国美学的关系，杨春时有所认识，并把它与现象学联系起来。他说“与胡塞尔的意识现象学截然有别，中华美学带有身体性，是身体性的现象学”[1]，并以“感兴”范畴为例说明了这一点：

> 感兴是审美现象的发生，但感兴不单是意识的活动，而是生命力——气的运动，是作为生命主体的我与作为生命化对象的世界之间的互动。气不是非物质的意识，也不是非意识的物质，而是原始生命力。气赋予万物以灵气，赋予人以生命，因此是意识和身体合一的元气。气沟通了主体与世界，使二者互动，产生了感兴。“气之动物，物之感人，故摇荡性情，形诸舞咏。”这就是说，感兴所产生的审美体验不是纯意识活动，而是全身心的感应，是身体的，也是心灵的运动，是我对世界的完整体验。[2]

---

[1] 杨春时：《中华美学概论》，人民出版社 2018 年版，第 181 页。

[2] 杨春时：《中华美学概论》，人民出版社 2018 年版，第 181—182 页。

“感兴”是一种“全身心的感应，是身体的，也是心灵的运动”，它体现了审美主体与对象世界的双向意向关系，并由此生成审美意象。从这一意义上说，杨春时谈“感兴”也是谈“意象”，谈“意象”与身体现象学的关系。不过，杨春时并没有明确将意象范畴的阐释与身体现象学联系起来。有的学者则不然，他们明确从身体现象学角度切入，对身体意向与中国审美意象之间的关系予以解读。比如张再林认为，中国当代学人对中国古代审美意象研究的最大误区就是将“意”望文生义地视为“意识”之意，而忽视了梅洛-庞蒂身体现象学所说：不仅意识具有“意向”，身体同样具有“意向”，并且这种“身体意向”作为一种“最初的意向性”比“意识意向”更为根本。他说：

> 中国古人审美意象的“意”实际上是与“身”而非“识”联系在一起的。缘乎此，我们才能理解为什么王维提出诗人“若睡来任睡，睡觉即起，兴发意生，精神清爽，了了明白，皆须身在意中。若诗中无身，即诗从何有?”，才能理解为什么皎然提出“气象氤氲，由深于体势；意度盘礴，由深于作用”。在这里，无论是王维“身在意中”的说法，还是皎然对气象之“深于体势”、意度之“深于作用”的强调，都明确地表明了“意”所属的身体性而非意识性。缘乎此，我们才能理解为什么在中国古代艺术中，不仅符载提出“得于心，应于手”，而且郑板桥提出“手中之竹”，他们都把“把握世界”而非“认识世界”视为审美意象创造活动的

终极之道。[1]

又说：

> 正如禅的世界以其“直下见此意”“无心忽悟”而为一种“祛意识化”的世界一样，审美意象以其“得意忘言”亦与这一世界相契，因为禅的世界以其“即身即佛”而为一种“身体性”的世界一样，审美意象以其“身即山川而取之”亦使自身趋向该世界的身谛。以致于当苏东坡在吟诵“溪声尽是广长舌，山色无非清净身”时，你不知道他实际上是禅师苏轼还是诗人苏轼，你也不明白他到底是在参禅还是在赋诗作诗。这样，这种“去生存”的“我能”，使中国古代的审美意象与其说是一种之于客观世界不无酷肖的意识的表象，不如说是一种我自身生生不已、生生不息的生命之动向。[2]

有的学者则注意到通感意象的产生与身体现象学的关系。比如，苏宏斌等人认为，意象是一种意向对象，是主观情感与客观景物的交融，通感意象则将其推向极致，这里面有意识的作用，但更离不开身体经验。虽然西方文化也重视通感，但西方思想的主流却坚持各种感觉器官之间的分化，认为通感是一种独特而罕

[1] 张再林：《“身体意向”：审美意象的真正所指——中国审美意象之身体现象学解读》，《烟台大学学报》（哲学社会科学版）2013 年第 4 期。

[2] 张再林：《“身体意向”：审美意象的真正所指——中国审美意象之身体现象学解读》，《烟台大学学报》（哲学社会科学版）2013 年第 4 期。

见的心理现象。中国自古就强调身与心、天与人之间的同一性，所以非常重视通感体验。中国文学作品之所以经常出现通感意象，就是因为作家准确地描绘了自身的身体经验。如杜甫的著名诗句“晨钟云外湿”，虽然人们对它提出了种种质疑——“声无形，安能湿”，诗人的描述却是合理的，原因就在于诗人没有固守感觉器官之间的界限，而是回到了原初的身体经验，因而把不同的感官所产生的物象连缀起来。[1]

对意象的身体现象学的解读不同于意识现象学，也不同于以海德格尔为代表的存在论现象学，它更加重视中国美学所包含的原初的审美经验，这种审美经验是以身体而不是以意识为核心的，是中国古代身心一体的哲学精神的体现，也是中国古代崇尚自然、珍爱生命的哲学精神的体现。作为意象美学本体论阐释的一条路径，其价值和意义是显见的。

第五节　叶朗对意象美学理论的推进

在中国当代意象美学研究中，叶朗无疑是一个值得关注的代表性人物。从 20 世纪 80 年代始，他的美学研究就始终围绕着“意象”这一中心展开，不仅以“意象”为核心范畴对中国美学史的演进历程予以阐释，而且还以“意象”为本体建构美学理论的基本体系。叶朗的意象美学研究对于中国当代美学理论发展起到了重要的推进作用，这种作用主要从三个方面见出：一是以

---

[1] 苏宏斌、廖雨声：《试论通感意象的“间体”结构——通感意象的现象学阐释》，《华南师范大学学报》（社会科学版）2013 年第 4 期。

“意象”为中心范畴阐释中国古代美学史；二是重视传统与现代、中国与西方美学理论资源的整合，特别是自觉地运用现象学美学观念对中国传统美学的意象范畴予以解读，以发掘中国传统美学的现代意味；三是将“意象”作为美和艺术的核心范畴，进行美和艺术本体的理论建构。叶朗的代表性理论即在学术界已产生较大影响的“美在意象”说。

一、以意象范畴为中心的中国美学的艺术本体研究

叶朗的意象美学研究最早集中体现在中国美学史的研究领域，代表性的成果是20世纪80年代中期出版的《中国美学史大纲》。为什么意象美学研究的成果首先见于中国美学史领域？这是因为“意象”作为中国传统美学的核心范畴，它的理论价值是在20世纪80年代以后随着中国古代美学研究的勃兴而日益为人们所认识的，而叶朗长期从事中国美学史的研究，熟悉中国美学的思想观念与特点，所以他意识到意象范畴对于中国美学史的发展与理论建构的重要性，并自觉地以意象范畴为中心展开对中国美学史进程的梳理与逻辑体例的建构。

在《中国美学史大纲·绪论》中，叶朗对如何确定中国美学史的对象和范围提出了两点重要看法：一是认为在中国古典美学体系中，审美文艺学（文艺美学）的内容所占比重最大，因而主要应该从审美文艺学方面展开中国美学史的研究；一是认为美学范畴和美学命题是一个时代审美意识的理论结晶，一部美学史主要就是美学范畴、美学命题产生、发展、转化的历史，因此，中国美学史应着重研究每个历史时期出现的美学范畴和美学命题。[1] 这两点看法也可以看成是叶朗研究中国美学史的独特思路。依据这一思路，叶朗将审美意象作为中国古典美学体系的中心范畴，梳理审美意象范畴的历史进程，以建立反映中国古代美学基本特色的艺术本体论。

中国古代艺术的本体是什么？一种流行的观点是把艺术的本体视为“情感”和“表现”，表现在中国古典美学研究中，就是把“言志”或抒情、写意作为中国古代艺术的本体特征。叶朗不同意这种看法，认为中国古典美学的诗歌本体和艺术本体的范畴不是“言志”，不是“志”“情”“意”，而是审美意象。[2] 叶朗的论证从以下三方面展开。

首先，从哲学根基上论证。叶朗从老子“道”的哲学入手，阐释“象”与“道”“气”“虚”“实”“有”“无”之间的关系。叶朗说：“既然万物的本体和生命是‘道’，是‘气’，那么‘象’（物的形象）也就不能脱离‘道’和‘气’。如果脱离‘道’和‘气’，‘象’就失去了本体和生命，就成为毫无意义的东西。”[3] 由“象”及“道”，以“象”悟“道”，从有限的、稍纵即逝的“象”去体验宇宙人生的无限意蕴，这正是老子言“象”之根本，也是叶朗以老子哲学为源，将意象范畴作为中国古代美学艺术本体范畴的原因所在。由是，叶朗才在意象理论中再三强调“意境”层次的美学意义，认为“意境”的“意”不是一般的“意”，而是

[1] 叶朗：《中国美学史大纲》，上海人民出版社 1985 年版，第 3—4 页。
[2] 叶朗：《中国美学史大纲》，上海人民出版社 1985 年版，第 13 页。
[3] 叶朗：《中国美学史大纲》，上海人民出版社 1985 年版，第 27 页。

“道”的体现，它不是言个人情感抱负的“志”，而是表现宇宙本体和生命，超越个体生命和有限人生而向无限宇宙的认同。

其次，叶朗详细梳理考察了“意象”这一范畴演变的历史，确立意象范畴在中国美学史上的中心地位。叶朗认为，从老子“象”范畴起，中经《易传》“立象以尽意”和“观物取象”两个命题始向审美范畴的“意象”转变。其中又包含两个重要环节：一是战国儒家学者提出的“赋”“比”“兴”范畴，对《易传》提出的“立象以尽意”命题进一步加以规定，涉及审美意象产生的方式与结构的特点；[1] 一是庄子的“象罔”之说，用老子的“有”“无”“虚”“实”的思想对《易传》“立象以尽意”命题作了修正，强调只有有形和无形相结合的形象（“象罔”）才能表现宇宙的真理（“道”），从而对中国古典艺术的意境结构理论产生影响。[2] 魏晋时期“得意忘象”“澄怀味象”诸命题的提出，进一步推动了“象”向“意象”的转化，“人们对艺术本体的认识已不再停留在抽象的笼统的阶段，而是已经深入到了一个更为内在的层次”[3]。刘勰的《文心雕龙》则第一次铸成“意象”这个词，并通过“隐秀”“风骨”“神思”等范畴对审美意象的本体特征进行了分析。从刘勰开始，“意象”遂正式进入文艺审美领域，成为中国古代艺术审美的中心范畴。“意象”在唐五代书画美学、唐代诗歌美学、宋元书画与诗歌美学、明清诗论画论和园林美学，以及作为古典美学总结形态的王夫之、叶燮等人的美学

[1] 叶朗：《中国美学史大纲》，上海人民出版社 1985 年版，第 89 页。
[2] 叶朗：《中国美学史大纲》，上海人民出版社 1985 年版，第 131 页。
[3] 叶朗：《中国美学史大纲》，上海人民出版社 1985 年版，第 192 页。

体系中均占有突出地位。

再次，从历代美学家对“意象”特点的分析入手。叶朗认为，早在唐代，“意象”就作为标示艺术本体的范畴被美学家普遍使用了，如张怀瓘说“探彼意象，入此规模”（《文字论》），王昌龄说“久用精思，未契意象”（《诗格》）等。但是唐代美学家对艺术的审美形象的认识并没有停留在“意象”这个范畴，而是提出“境”这个新的美学范畴，对“意境”的本质予以深刻阐发，强调“意境”是超以象外、虚实结合的艺术创造，“意境”必须表现宇宙的本体和生命。[1] 宋元书画美学提出的“身即山川而取之”（郭熙）、“三远”（郭熙）等概念范畴，则对山水画的意象创造特征与意境表现作了很好的规定，强调山水画应该把自然山水的“奇崛神秀”表现出来，应该具有“浑然相应”“宛然自足”的整体性，应该突破山水的有限的形质，表现宇宙无限的生机，从而引发人们的无限想象与情思。[2] 明代美学家则更加明确意识到“意象”作为艺术本体范畴存在的意义，如王廷相说“言征实则寡余味也，情直致而难动物也。故示以意象，使人思而咀之，感而契之，邈哉深矣，此诗之大致也”（《与郭价夫学士论诗书》），就是把诗的本体理解为审美意象。[3] 清代是中国古典美学的总结时期，这一时期的代表人物王夫之和叶燮的突出理论贡献之一即在于他们充分意识到“意象”作为艺术本体存在的价值，并对审美意象特征进行了深入的分析与描述。叶燮认为，

[1] 叶朗：《中国美学史大纲》，上海人民出版社 1985 年版，第 265 页、274—275 页。

[2] 叶朗：《中国美学史大纲》，上海人民出版社 1985 年版，第 278—283 页、289 页。

[3] 叶朗：《中国美学史大纲》，上海人民出版社 1985 年版，第 332—333 页。

诗歌并不是实写“理”“事”“情”，而是“幽渺以为理，想象以为事，惝恍以为情”，这就是将诗歌艺术本体等同于意象。[1] 王夫之亦反复强调“诗”不同于“志”（意），也不同于“史”，“诗”的本体是审美意象，是“情”与“景”的内在统一，并在“情景说”和“现量说”的基础上，对诗歌意象的整体性、真实性、多义性、独创性等特点进行了深入的分析，建立了一个以诗歌的审美意象为中心的美学体系。[2] 以上分析无疑丰富了人们对中国古代美学艺术本体观的认识。

宗白华认为，中国美学史的研究要重视中国几千年来的艺术创造，要在中国古代各部门艺术的美感特殊性和普遍关系中研究中国美学史。[3] 叶朗的中国美学史研究将审美艺术学放在最重要地位，显然遵循了宗白华的这一研究思路。不过，与宗白华更加重视对艺术实物和器物的研究、更加重视对各门艺术类型美感特征的把握不同，叶朗将表现为理论形态的审美意识即美学范畴和美学命题作为中心，以审美意象为核心，对中国古代的艺术创造和艺术欣赏进行了多方面、多层次的探讨。这些探讨不仅丰富了中国古代审美艺术学的内容，而且也开拓出中国美学史研究的新的路径，使人们从美学范畴、美学命题的产生、发展、转化的角度形成对中国古代美学史整体特征的认识。

二、“意象”的现象学美学阐释

在中国当代美学家中，叶朗是较早自觉运用现象学美学观念

---

[1] 叶朗：《中国美学史大纲》，上海人民出版社 1985 年版，第 502—507 页。

[2] 叶朗：《中国美学史大纲》，上海人民出版社 1985 年版，第 453—483 页。

[3] 宗白华：《美学散步》，上海人民出版社 1981 年版，第 26 页。

对中国传统美学的意象范畴予以解读的理论家。他在1988年出版的《现代美学体系》中根据现象学的“意向性”理论对美（审美对象）作出阐释，认为现象学强调审美对象不是实体性的对象，而是在意向活动中建立起来的对象，这一点正与中国传统美学对意象的阐释与规定一致，因为中国传统美学认为艺术的本体是审美意象，其对于“情”“景”关系的分析，已经接触到审美主客体之间的意向性结构，“审美意象正是在审美主客体之间的意向性结构之中产生，而且只能存在于审美主客体之间的意向性结构之中”[1]。不仅如此，《现代美学体系》还从中国传统美学中发现与现象学强调事情的本然状态相通从而形成美（意象）的思想。它认为王夫之的“现量说”中包含着“显现真实”的原则：“心目之所及，文情赴之，貌其本荣，如所存而显之”，这跟现象学美学所说的“存在的显现”“本真的显现”很相似。[2] 因为它们都包含这样一个思想，即事物就其本性来说都是美的，如果有某种意识照耀，让它呈现出本来的面目，事物就会呈现其美，就会成为美的对象。

其后出版的叶朗的《胸中之竹——走向现代之中国美学》《美学原理》等著作，都很重视现象学美学与中国美学的意象理论资源的融合。在《美学原理》中，叶朗运用现象学的“意向性”思想对审美意象的内涵予以翔实具体的界定，认为“意象”与现象学所说的“现象”一样，都是对实体化物理世界的超越，都具有非现成化、非对象化的特点。他说：“我们说的‘意象’

[1] 叶朗主编：《现代美学体系》，北京大学出版社1988年版，第116页。

[2] 叶朗主编：《现代美学体系》，北京大学出版社1988年版，第562页。

是在审美活动中生成的，是非现成化的，是不能脱离审美活动的，‘意象’是对于实体化的物理世界的超越，这些特点与现象学的‘现象’是相通的。”[1] “按照现象学的意向性理论，审美活动是一种意向性活动。意象之所以不是一个实在物，不能等同于感知原材料（如自然事物和艺术品的物理存在），就因为意象是一个意向性产物。意象的统一性以及作为这种统一性的内在基础的意蕴，都依赖于意向性行为的生发机制——它不仅使‘象’显现，而且‘意蕴’也产生于意向行为的过程中。”[2] 不过，叶朗认为“意象”与现象学所说的“现象”也有着根本的差异，那就是“意象”具有情感性质，现象学的“现象”则排斥情感性质。他说：“我们说的‘意象’还是一个情景交融的世界。因为‘意象’显现的不是一个孤立的物的实体，而是显现一个生活世界，在这个生活世界中，世界万物与人的生活和命运是不可分离的，所以意象世界必然是带有情感性质的世界，是一个价值世界。这一层含义，有的现象学美学家如杜夫海纳有很好的论述……但是就现象学的‘现象’这个概念本身来说，它并不包含这层含义，甚至还可以说，它是排斥这层含义的。”[3]

几年前，叶朗又发表了《“意象世界”与现象学》一文，这篇文章可以看成是他对现象学美学与意象理论关系探讨的一个总结。在这篇文章中，叶朗将中国美学关于意象（美）的论述归结为三个命题。第一个命题是“美在意象”。中国美学认为，“美”

---

[1] 叶朗：《美学原理》，北京大学出版社 2009 年版，第 68 页。

[2] 叶朗：《美学原理》，北京大学出版社 2009 年版，第 71 页。

[3] 叶朗：《美学原理》，北京大学出版社 2009 年版，第 68 页。

就是向人们呈现一个完整的、有意蕴的感性世界，这就是人们常说的情景交融的意象世界。叶朗把这个观点概括为“美在意象”，并认为这个观点与现象学观点比如杜夫海纳的“灿烂的感性”是相通的。为什么说审美意象是一个完整的、有意蕴的感性世界？为什么在意象世界中情与景不能分离？在叶朗看来，“最根本的原因，就在于意象世界显现的是人与万物一体的生活世界。在这个生活世界中，世界万物与人的生存和命运是不可分离的”。

第二个命题是“审美意象只能存在于审美活动中”。在叶朗看来，中国美学将意象世界看成是“于天地之外，别构一种灵奇”，“总非人间所有”的世界，即肯定意象世界是人的创造，是被构成的，它不能离开审美活动。这一观点与现象学的意向性理论是相通的，它说明审美活动是“我”与世界的沟通；说明审美对象（意象世界）的产生离不开人的意识活动中的意向性行为，离不开意向性构成的生成机制；也说明“世界万物由于人的意识而被照亮、被唤醒，从而构成一个充满意蕴的意象世界（美的世界）。意向世界是不能脱离审美活动而存在的。美只能存在于美感活动中”。

第三个命题是“意象世界照亮一个真实的世界”。叶朗认为，中国美学将意象世界看成是一个真实的世界。要把握这一思想，关键在于把握中国美学对“真实”、对世界本来存在样子的理解。在中国美学看来，真就是自然，是存在的本来面貌，它是有生命的，是与人类的生存和命运紧密相连的，是充满情趣的。中国美学的这个思想与胡塞尔晚年提出的“生活世界”的思想有相通之处。生活世界是一个活的、有生命的世界，是一个原初的经验世界，是一个历史的具体的世界，是一个充满了意义和价值的世界。"意象世界照亮一个真实的世界"，可以理解为"意象世界（美）照亮了这个最本原的'生活世界'。这个'生活世界'，是有生命的世界，是人生活于其中的世界，是人与万物一体的世界，是充满了意味和情趣的世界"。

通过上述论述，叶朗得出了这样的结论：

> 这三个命题，在理论上最大的特点就是重视"心"的作用，重视精神的价值。这里的"心"并非被动的、反映论的"意识"或"主观"，而是具有巨大能动作用的意义生发机制。心的作用，就是赋予与人无关的外在世界以各种各样的意义。这些意义之中也涵盖了"美"的判断，离开人的意识的生发机制，天地万物就没有意义，就不能称为美。中国美学的意象理论，突出强调了意义的丰富性，对于审美活动的价值，其实质是恢复创造性的"心"在审美活动中的主导地位，提高心灵对于事物意义的承载能力和创造能力。
>
> 中国美学的这个特点，从一个方面为我们照亮了现象学的价值和意义，反过来是否也可以说，现象学的理论，也从一个方面为我们照亮了中国美学在理论上的特殊品格。[1]

从以上论述中不难见出，叶朗将意象与现象学理论联系起来

---

[1] 叶朗：《"意象世界"与现象学》，《意象》2013年第1期。

的立足点在于对中国传统美学的现代意味的发掘。他曾明确表示："'意象'乃是中国传统美学的核心范畴，同时'意象'又是中国传统美学和西方现代美学的契合点。"[1] 所以其"美在意象"理论是有意识地整合西方现象学与中国传统意象美学理论资源的结果，在这种整合中，中国传统美学又处于优先地位。他对现象学美学的接受更多的是从同而非异的方面入手，重视的是海德格尔、杜夫海纳一类从存在论现象学美学角度来解释美（意象）的理论，而对于胡塞尔开创的现象学透过直观性而达到普遍性，重视客观性研究的理论并不重视，也对现象学美学家如杜夫海纳等人在重视审美体验、情感性的同时，仍包含对审美知觉、认识作用的肯定，试图建立起客观的美学知识体系的努力忽略不计。他认为中国美学的意象理论的实质是恢复创造性的"心"在审美活动中的主导地位，提高心灵对于事物的承载能力和创造能力。这一看法未必完全符合现象学美学的精神。因为即使像海德格尔、杜夫海纳一类持存在论立场的现象学美学家，他们也不会像中国传统美学那样高度重视主体心灵在审美活动中的地位。他们重视的是美（审美对象）如何从被遮蔽的状态中显现出来，成为存在真理发生的重要方式，而不是如何用审美意识、审美主体心理去承载与建构审美对象。但我们不能因此否定叶朗运用现象学的理论成果解读中国美学的意象理论的意义。因为它不仅反映了中国当代美学家在接受西方当代美学理论的知识与背景方面的差异，同时也说明像叶朗这样有志于发展中国当代美学的理论家

[1] 叶朗：《胸中之竹——走向现代之中国美学》，安徽教育出版社 1998 年版，第 367 页。

有着自己的立场与选择，那就是对西方美学的接受必须立足于中国美学与文化传统。特别值得注意的是叶朗所说的现象学理论与中国美学相互照亮的思想。正是因为有这种“照亮”，他才能在中国传统美学的“情景交融”“现量说”中发现与现象学的“意向性”“灿烂的感性”“生活世界”等概念术语相通的思想，将中国传统美学带入现代美学的阐释境域中。也是因为这种“照亮”，他有意识地舍去了现象学那种中立化、客观性的知识论立场（这一立场在胡塞尔前期思想以及因加登、日内瓦学派的现象学美学研究中表现得尤其突出），将美与存在之真、与人的生活世界紧密联系起来，使中国美学的意象理论与西方现代现象学思想相互烛照，焕发出新意与光彩。

三、“美在意象”说的理论意义

叶朗意象美学的标志性理论成果是“美在意象”说。不过，“美在意象”观点并非为叶朗首次提出，它最早是由朱光潜提出来的。关于这一点，叶朗在许多文章中都予以了说明。他还认为，“美在意象”观点也是北大的学者在美学理论的核心区域逐步形成的一种共识。[1] 这一现象说明，“美在意象”成为当代中国美学具有影响力的理论学说，并非只反映叶朗个人的美学观点与理论建树，它也反映了中国现代美学发展的趋势，是充分吸纳中西美学研究成果的结果。

叶朗明确提出“美在意象”命题是在 20 世纪 80 年代以后，

[1] 彭锋：《美在意象——叶朗教授访谈录》，《文艺研究》2010 年第 4 期。

此时期西方现代美学理论已被大量引入中国，以实践为本体的美学观点普遍受到质疑，叶朗非常关注美学研究的前沿性理论，再加上他长期从事中国古代美学研究，对中国传统美学研究成果非常重视，所以“美在意象”命题的提出，从一开始就有一种新的哲学本体关注和美学思考方向。叶朗认为，在西方哲学美学史进入现代之前，对美的本质的看法大体可以归为两类：一类是从物的客观属性和特征方面来说明美的本质，一类是从精神本体和主观心理方面来说明美的本质。这两类看法有一个共同点，“就是都是以主客二分的思维模式为前提的。这种思维模式把‘我’与世界分割开，把主体和客体分成两个互相外在的东西，然后以客观的态度对对象（这对象也可能是主体）作外在的描述性观测和研究”[1]。这一思维模式严重地阻碍了美学学科的发展和人们对美的哲学本体论基础的认知。因此，叶朗非常重视西方 20 世纪以来以海德格尔等人为代表的哲学美学的思维转向，认为“大多数西方现代哲学家都反对‘主客二分’的哲学原则和思维方式，而主张‘天人合一’的哲学原则和思维方式。海德格尔就是这一转变的划时代的代表人物”[2]。与此相联系，西方现代美学也突破了“主客二分”的认识论美学思维模式而走向“天人合一”式的体验美学。“天人合一”思想，在叶朗看来，与中国传统美学精神是一致的，“中国传统美学对于审美活动的解释，主导的思想也是‘天人合一’而不是‘主客二分’”[3]。

[1] 叶朗：《美学原理》，北京大学出版社 2009 年版，第 33 页。

[2] 叶朗：《胸中之竹——走向现代之中国美学》，安徽教育出版社 1998 年版，第 6 页。

[3] 叶朗：《胸中之竹——走向现代之中国美学》，安徽教育出版社 1998 年版，第 13 页。

叶朗的“美在意象”的命题，正是在这样的理论背景下展开的。它的理论来源主要有三方面：其一是中国传统美学。叶朗认为，中国传统美学在“美”的问题上有一个重要观点：不存在一种实体化的、外在于人的“美”，如柳宗元所说的“美不自美，因人而彰”；同时存在着另一重要观点，即不存在一种实体化的、纯粹主观的“美”，如马祖道一所说的“心不自心，因色故有”。由于中国传统美学否定了实体化的、外在于人的美，又否定了实体化的、纯粹主观的“美”，所以它将“意象”看成是美的本体、艺术的本体，将“情”与“景”的统一看成是审美意象的基本结构，认为审美活动就是要在物理世界之外构建一个情景交融的意象世界。中国传统美学还认为，“意象世界是‘现量’，‘现量’是‘显现真实’‘如所存而显之’——在意象世界中，世界如它本来存在的那个样子呈现出来了”[1]，这亦说明了“意象”作为美的本体存在的价值与意义。其二是以朱光潜和宗白华为代表的中国现代美学。叶朗认为，作为中国现代美学的代表性人物，他们有一个共同特点，就是重视意象，将美看成是意象的创造。朱光潜早年提出“美感的世界纯粹是意象世界”的观点，在20世纪50年代的美学讨论中他仍坚持这个思想。他区分了“物甲”和“物乙”的概念，梅花是“物甲”，“物甲”不是美，是美的条件；而梅花反映到人的意识里，和人的情趣相结合形成了物的形象，这叫“物乙”，“物乙”才是美。这“物乙”就是美的意象。宗白华说“主观的生命情调与客观的自然景象交融互渗，成就一

[1] 叶朗：《美学原理》，北京大学出版社2009年版，第73页。

个鸢飞鱼跃，活泼玲珑，渊然而深的灵境”，亦是从意象本体来规定美的存在。在朱光潜、宗白华的美学思想中，均包含着审美对象（美）是意象，是审美活动中的“情”“景”相生的产物的思想，它亦成为“美在意象”理论的重要思想资源。其三是西方现代美学特别是现象学美学的理论成果。关于这一点，前面已有论述，此处不再重复。

叶朗提出“美在意象”说的目的是要完成其美和艺术的本体建构，之所以如此，一个重要原因就在于他看到长期以来在美学界存在的一种观点，即认为物是客观的，所以物的美也是客观的，将作为事物的物理实在的“物”与作为事物的显现的“象”混淆起来，没有意识到在审美活动中，我们面对的不是“物”而是“象”。早在 20 世纪 50 年代，朱光潜就对这种混淆进行了批评，认为“物”（事物的物理存在）是客观的，而“象”（事物的显现）是不能离开观赏者的，它包含人的创造和发现。在朱光潜观点的基础上，叶朗运用中国传统美学和西方现代美学的理论资源，将“意象”作为美的本体，强调美不是天生自在的，不能离开观赏者，美是发现，是照亮，是创造，是生成。“美在意象”命题的提出，可以说消除了美学界长期存在的“美在心”还是“美在物”的无谓争论。因为作为意象形态存在的美，既不属于心也不属于物，它只能存在于心物交融、主客一体的审美活动和关系中。“美在意象”命题的提出，对以实体化、对象化的眼光看待美的理论观点也是一种消解。对此，叶朗有着明确认识，因此他认同马丁·泽尔的观点：美不是一种特别的事物，而是事物处于显现的状态，是一种“照亮”，让万物明朗起来，让万物显现自身。[1] 这样理解意象，就不能在意象与作为实体对象存在的美之间画等号，要看到作为意象形态存在的美不是一个既成的、实体化的存在，而是在审美活动的过程中生成的，与人的审美活动不可分，审美意象只能存在于审美活动中。

正因为此，在讨论王夫之的“情景合一”理论时，叶朗反对用主客二分的思想予以切割。他说：

> 根据主客二分，世界已然被区分为主观与客观两个方面了，“意象”是将业已区分开来的主观的“情”和客观的“景”加在一起。如果这样的话，我们就可以提问：“情”“景”的统一如何可能？既然它们本来是独立存在的，要将它们融合在一起就需要理由。现在我们换个思路，如果情景本来就不是二分的，那么我们就无需为它们的合一寻找理由了。根据天人合一的模式，情景本来就是合一的。中国古代美学家在这个方面有非常有深度的论述。比如，王夫之就说：“情景名为二，而实不可离。神于诗者，妙合无垠。巧者则有情中景，景中情。”“夫景以情合，情以景生，初不相离，惟意所适。截分两橛，则情不足兴，而景非其景。”如果我们玩味王夫之所说的“实不可离”中的“实”字和“初不相离”中的“初”字，就能明白王夫之要所说“情景合一”是本来就有的，是一个纯粹被给予的世界，就是胡塞尔说的“生活世界”，也就是哈贝马斯说的“具体生活的非对

[1] 彭锋：《美在意象——叶朗教授访谈录》，《文艺研究》2010年第4期。

象性的整体”，而不是主客二分模式中通过认识桥梁建立起来的统一体，哈贝马斯称为“认识或理论的对象化把握的整体”。因此，不存在“情景合一”如何可能的问题。[1]

叶朗把这叫作“生活世界”一元论而非“心”一元论、“物”一元论，也非“心”与“物”分离又结合的二元论。在这样的世界观中，人与世界原本是不可分割的，心物二分是后起的。这也就是中国古代哲学所关注的世界、中国古代哲学所说的“自然”，它是一个有生命的世界，是人在其中生存的生活世界，是人与万物一体的世界，是充满了意味和情趣的人生世界。[2] 他的“美在意象”说正是建立在这样的世界观基础上的。

同时，叶朗还反对那种将艺术作为第三实体的观点。第三实体的观点在当代西方美学界有一定市场。一些美学家认为，艺术作品既不是“心”，也不是“物”，或者说既有“物”的成分，也有“心”的成分，从而主张在“心”“物”之外确立第三实体，把艺术作品归结到“心”“物”之间的第三实体上。中国学术界也有类似的主张，比如庞朴就认为中国古代哲学中的实体划分，不是“一分为二”而是“一分为三”。在“一分为三”的实体划分中，在“形而上”的“道”与“形而下”的“器”之间，还存在一个“象”，庞朴称之为“形而中”，认为艺术就建立在“形而中”的“象”的基础上。叶朗则不赞同这一说法。他认为，他所说的“象”或者“意象”照亮那个原本的“情景合一”的世界，

[1] 彭锋：《美在意象——叶朗教授访谈录》，《文艺研究》2010 年第 4 期。
[2] 彭锋：《美在意象——叶朗教授访谈录》，《文艺研究》2010 年第 4 期。

这个世界中国古代哲学称为“自然”，称为“真”。这个世界在“主客二分”之后就被遮蔽了。因此，“合一”的“象”或者“意象”，并不与“道”“器”并立。理解“象”与“意象”的关键，并不是增加一种实体，而是着眼于超越、着眼于生成。如宗白华先生所说的“象如日，创化万物，明朗万物!”意象是创造，是生成，意象照亮人与万物一体的本真世界。[1]

意象是创造，是生成，意象照亮人与万物一体的本真世界，这说明不管叶朗是将“意象”作为美的本体，还是艺术的本体，其目的都不在于将美和艺术当作实存的、可以认识和把握的对象，而是要彰显美和艺术对于人们生活的意义。关于这一点，叶朗亦有明确的论述。他说：

> “意象”理论应当回答两个方面的基本美学问题：一方面，“美”和艺术的本体是什么，又是如何存在的？另方面，它们的基本意蕴是什么？对于我们的生活具有什么意义？我们的回答是：“美”和艺术的本体是审美意象，它存在于主体与客体交融的审美活动中；审美意象的基本意蕴是照亮一个真实的世界，使我们在自我超越中复归自然和自由，从而提升我们的人生境界。[2]

另外，叶朗将“意象”作为美和艺术的本体，也是为了“赋

[1] 彭锋：《美在意象——叶朗教授访谈录》，《文艺研究》2010年第4期。

[2] 《肖鹰对话叶朗：美学应着眼于人生意义的重建和提升》，《中国社会科学报》2010年9月19日。

予理论一种现实的针对性，这个针对性，不仅是要阐释现实，而且是要引导现实”[1]，它突出地体现在运用意象理论对西方现代艺术的批评与解读上。叶朗认为：

> 自20世纪以来，从西方到中国，社会活动和个人生活，都发生了重大变化，这既有市场经济发展，高新技术发展带来的变化，也有文化观念、生活意识转换引起的新现象。就审美文化领域来看，有两个基本问题是必须面对的：第一，艺术和非艺术的区别问题。20世纪的先锋运动，颠覆了西方传统美学体制，甚至瓦解了艺术与非艺术的界限。20世纪后期流行一种说法，即“什么都是艺术”。根据“意象”理论，我们可以确定地指出，不能说什么都是艺术，只有创造了审美意象的活动，才是艺术。第二，艺术的意义问题。与其界定危机相联系，20世纪艺术也面临意义危机。这既与先锋运动瓦解艺术体制有关，也与20世纪后期盛行消费主义，导致艺术普遍的娱乐化有关。后者的影响，实际效果上更重要。针对艺术的意义与危机，“意象”理论可以从形而上的层次揭示艺术对人生的根本意义。[2]

---

[1] 《肖鹰对话叶朗：美学应着眼于人生意义的重建和提升》，《中国社会科学报》2010年9月19日。

[2] 《肖鹰对话叶朗：美学应着眼于人生意义的重建和提升》，《中国社会科学报》2010年9月19日。

叶朗说，他的意象是存在—本体论和精神价值论的统一。[1]“美在意象”命题的提出，不仅仅是出于一种美学知识体系建设的需要，更重要的是它强调审美活动对于人生的价值和意义。这也是 2009 年他在所撰写的《美学原理》的最后设置《人生境界》一章的原因所在。叶朗认为，重视审美活动对于人生境界的开拓和提升意义，是 20 世纪中国哲学—美学的一个基本传统，可是很长一段时间内这个传统被中断了，所以他强调要恢复这个传统，并将审美活动对人生的意义最终归结为人生境界的提升。人生境界对于一个人的生活和实践有一种指引作用，叶朗的“美在意象”理论最后归结起来，就是要“引导人们去努力提升自己的人生境界”，使自己具有一种“光风霁月”般的胸襟和气象，“去追求一种更有意义、更有价值和更有情趣的人生”。[2] 有了这一基本认识，我们便能更好地理解“美在意象”的理论内涵以及它对于中国当代美学的价值。

第六节　朱志荣的意象论美学及其论争

在中国当代美学家的意象美学研究中，还有一个值得关注的对象，那就是朱志荣的意象论美学。朱志荣的意象论美学继承了前辈学者朱光潜、汪裕雄、蒋孔阳等人的研究成果，并在此基础上有了新的发展。朱志荣的意象论美学有一个重要特点，那就是

---

[1]《肖鹰对话叶朗：美学应着眼于人生意义的重建和提升》，《中国社会科学报》2010 年 9 月 19 日。

[2] 叶朗：《美学原理》，北京大学出版社 2009 年版，第 16 页。

不仅提出了“美是意象”的命题，将“意象”作为美的本体和基元范畴，而且主要依托中国古典美学的理论资源，从意象创构和生成机制等方面对审美意象的内涵与特征进行了系统阐释。意象创构论可以说构成了朱志荣意象论美学的主轴，抑或说，朱志荣的意象论美学就是以审美意象创构为主线的美学。朱志荣的审美意象创构论引起了学术界的关注，也引起了广泛的争论。这种关注和争论涉及意象美学发展的一些重要问题，值得认真探讨。

一、朱志荣意象论美学的基本观点

朱志荣的意象论美学的理论来源是多方面的，有朱光潜对意象本体阐释的主客观统一的美学观的影响，也有其师汪裕雄的重视审美心理研究的意象美学观的影响，还有以蒋孔阳、朱立元等人为代表的实践存在论美学观的影响。另外，朱志荣的博士论文是研究康德美学思想的，他认为，在康德哲学美学体系中，审美意象观念是贯穿始终的，“无论是自然美还是艺术美，均可看成是审美意象的表现”[1]，这一认识对于他的意象美学观的形成也产生了影响。

不过，朱志荣意象论美学的基础则是中国美学观念和审美实践。对此，朱志荣有着明确的认识，认为“侧重于从中国美学的角度来解读意象”以构建中国自身的审美理论是他意象论美学研究的基本特色。[2] 学术界亦注意从这一方面来评判朱志荣的意象美学研究，如苏保华认为朱志荣提出的“美是意象”着眼于中

---

[1] 朱志荣：《康德美学思想研究》，安徽人民出版社1997年版，第153页。

[2] 朱志荣：《再论审美意象的创构——答韩伟先生》，《学术月刊》2015年第6期。

国的审美观念、审美实践和审美文化语境，[1] 陶水平认为“朱志荣立足中国古典哲学和文化传统，从物我贯通、意与象合、情景合一、神合体道、比兴手法、语言呈现等角度予以论述，认为审美意象以审美主体的审美经验为基础，贯通物我之生命节律，消除物我之界限，心象合一，通过比兴等艺术手法强化，并借助于语言符号的表达和读者的接受，达到意象的生成”[2]，等等。笔者认为，中国古代天人合一、物我同一、情景合一的哲学美学观，尚象的文化传统和生命美学意识，是朱志荣意象创构论立论的重要基础，它有两个重要的理论来源：一是《周易》，一是刘勰的《文心雕龙》。对于《周易》，朱志荣认为它典型地体现了中国古代尚象的文化传统，其所提出的“观物取象”“立象以尽意”的哲学美学观念、取譬达意的诗性思维方式以及蕴含其中的生生不息的生命美学意识，成为中国古代意象论美学的重要思想来源。[3] 对于《文心雕龙》，朱志荣认为它把意象创构看成是创作和审美活动的关键，论述了艺术语言和意象传达之间的辩证关系，肯定了“道”在意象创构中的本体意义，肯定了想象和比兴思维方式在意象创构中的作用，特别是突出了情感在意象创构中的能动性、创造性以及主导作用，从而建立了中国文论和美学观

---

[1] 苏保华：《“意象”范畴的当代阐释与创构“意象美学”——兼论朱志荣“美是意象说”及与之相关的质疑》，《清华大学学报》（哲学社会科学版）2018 年第 4 期。

[2] 陶水平：《意象论与中国当代美学研究——以朱志荣意象创构论美学为例》，《社会科学辑刊》2015 年第 5 期。

[3] 参见朱志荣《论中华美学的尚象精神》（《文学评论》2016 年第 3 期）、《论〈周易〉的意象观》（《学术月刊》2019 年第 2 期）等文。

的第一个系统的审美意象观。[1]

正是在对中国传统美学理论资源的借鉴和阐释基础上，朱志荣建立起以“意象”为核心的审美理论体系。这一理论的建构始于1997年出版的《中国审美理论》（初版书名为《审美理论》），在该书中，朱志荣明确将审美意象看成是审美理论的核心内容，认为：

> 审美意象是在审美活动中，主体以非认知无功利的态度对对象的感性形态作出动情的反应，并且借助于想象力对对象进行创构，从而使物象在欣赏者心目中成为新的形象，即意象。这种审美意象，既体现了对象的感染力，又反映了主体的创造精神，还包含了主体的审美理想。[2]

在2005年发表的《论审美意象的创构过程》一文中，朱志荣则对审美意象的创构过程作出了系统的论述，认为“意象创构的思想是中国古典美学中意象理论的重要内容”，“审美意象是审美活动中物我双向交流的产物，反映了个体的生命节奏与对象的感性生命的贯通，其核心乃在于情景合一。意象的创构以主体的审美经验为基础，通过主体独特的眼光和比兴的思维方式等，借助于想象力而达成的”，“在意象的创构过程中，主体以感官尤其是心神体物，达到物我交融，并经由主体与对象的神合，在始终伴随着象的参与中实现了对道的体悟，从而也实现了人生理想与

[1] 朱志荣：《〈文心雕龙〉的意象创构论》，《江西社会科学》2010年第1期。
[2] 朱志荣：《中国审美理论》，上海人民出版社2013年版，第23页。

宇宙之道的贯通”。[1]

近些年，朱志荣更是将意象论美学作为研究的中心，并发表了系列论文。[2] 这些论文与他早期关于审美意象的看法并无本质区别，但论证得更为系统全面，除了强调审美意象作为美的本体和艺术本体的正当性和必要性之外，主要对审美意象创构的机制和特点进行论述。其目的不仅仅是为了描述审美意象创构的心理机制和奥妙，更重要的是要将审美意象创构论与“美是意象”的本体论观念结合起来，将审美意象创构理论扩展为关于审美活动的一般原理，以建构以“意象”为核心的中国美学理论体系。

朱志荣意象论美学主要包含两方面内容。一是对“美是意象”观点的本体论阐释。“美是意象”的说法最早见于 1997 年出版的《中国审美理论》第一版：“审美意象中包含了主体审美活动的成果，主体与对象的审美关系最终凝结为审美意象。审美意象就是我们通常所说的美。”[3] 后来，朱志荣在很多文章和论著中发展了这一观点，认为“‘美’的意思，中国古代常常用‘意象’加以表达”[4]，中国美学讲意象就是讲美，“意象”不仅是

---

[1] 朱志荣：《论审美意象的创构过程》，《苏州大学学报》（哲学社会科学版）2005 年第 3 期。

[2] 代表性论文如：《论审美意象的创构》，《学术月刊》2014 年第 5 期；《论审美活动中的意象创构》，《文艺理论研究》2016 年第 2 期；《论审美意象创构中的“意”》，《学习与探索》2020 年第 12 期；《论审美意象创构中的“象”》，《云南师范大学学报》（哲学社会科学版）2020 年第 6 期；《论意象创构中的象外之象》，《文艺理论研究》2020 年第 1 期；《论意象创构的瞬间性》，《天津社会科学》2017 年第 6 期；等等。据不完全统计，数量有 20 篇之多。

[3] 朱志荣：《审美理论》，敦煌文艺出版社 1997 年版，第 126 页。

[4] 朱志荣：《再论审美意象的创构——答韩伟先生》，《学术月刊》2015 年第 6 期。

关系中国古代艺术创造的本体范畴，更是关于美的本体存在的范畴。具体说来，这一命题包含这样几层意思：首先，从审美活动的意义上谈意象，“意象是审美活动创构起来的，是生命体验和创造的结果。其中既呈现了事物的本来面貌，也包含着人的主观感受，是情景融合的产物”，意象创构不仅在个体审美活动中瞬间生成，而且也是社会的，是族类乃至人类在审美活动中历史地生成的。其次，从美的对象属性的意义上谈意象，审美意象是一种感性形象或者说是一种感性形态的存在，“我们生活中被形容为‘美’的感性形象，就是美学意义上的意象”，“意象始终依托于感性形态。不管审美对象是否依托于物质形态，如自然界的梅花，油画等艺术品的画布，物象的感性形态（包括海市蜃楼等）才是审美活动的基础”。不过，审美意象虽然依托于感性对象的物态，其价值却是精神性的。再次，从意象的构成意义上谈审美意象，将审美意象分成“意”与“象”两个方面，其中的“象”，既包括物象、事象及其背景作为实象，它“作为客观元素，诉诸感官，是意象创构的前提，是审美活动的基础”，也包括主体创造性的拟象，特别是在实象基础上想象力所创构的虚象，虚实结合，共同组成了与主体情意交融的象的整体。而“意”，主要指主体的情意，包括情、理和情理统一，包括情感和意蕴。“意”与“象”的交融，创构成审美的意象。“美是意象，是主客、物我交融的成果。”他还将“意象”与“心象”等同起来，认为“意象就是美及其呈现，是主体在审美活动中所形成的心象，是主体审美心理活动的成果”。[1]

二是从中国美学的角度谈审美意象的创构，阐释审美意象的生成机制。它包含的内容很丰富，援引的中国古代美学的观点材料也不少，比较能反映个人独到的见解，关涉中国审美意象理论的核心观点与内涵，大致可以从以下几方面来认识。

首先是对审美意象创构内涵的把握。朱志荣认为，中国美学中的意象创构论是建立在天人合一的哲学观念基础上的，物我同一、情景交融体现了意象创构的本质特征。朱志荣还认为，“意象”作为一个具有普遍意义的审美范畴，必然涉及“意象”和“形象”的关系问题，在中国美学和文学批评中，“形象”一词之所以没有“意象”运用得广泛，关键就在于“意象”以主体的“意”为主导，强调主观情意和感性物象的有机统一，是审美主体应目会心、以形写神的心灵创造。“审美意象体现了物我统一，其感性形态由物象、事象及其环境藉心灵而得以创构。主体对物象、事象及其背景生意的贯通，应目之中有感知，会心之中有体验，既类万物之情，又通神明之德，使得主体的生命精神与宇宙的生命精神融合为一。”[2] 基于此认识，他将中国古代美学的意象范畴与西方具有“表象”意义的“意象”区分开来，他认为“审美意象在中国传统美学思想中具有基础性作用，中国传统的意象本身就具有浓重的美学意味”，而西方美学中的“意象”

---

[1] 上述观点的概括是笔者通过综合朱志荣的《论审美意象的创构》（《学术月刊》2014 年第 5 期）和《再论审美意象的创构——答韩伟先生》（《学术月刊》2015 年第 6 期）两篇文章的内容而成。

[2] 朱志荣：《论审美意象的创构》，《学术月刊》2014 年第 5 期。

(imagery)则缺乏这样的意味。[1]

其次是对审美意象创构构成要素的论证。他认为，在中国美学中，审美意象虽然可以分为“意”与“象”两个要素，但实际上它们是不可分割的，共存于一个有机整体之中，是心与物、情与景、主体与客体的浑然为一。审美意象的“意”以情感为主体，是感物动情的产物，它包括愿望、志向、特定的意图，从中表现出趣味，在意与象的关系中起着主导作用。[2] 同时，意象创构又离不开“象”，须以“象”为前提，“象”可以分为物象、事象和背景三个要素，物象和事象与背景的关系是一种主次关系，这种关系在特定时空里又是可以相互转换的。审美意象创构是一个“以象为形，以象显意”的过程，也是审美主体以象展事、以意统事、虚实相生的结果。[3]

再次是对审美意象创构特征的论述。这一论述不尽统一，强调的特征也很多，如对意象创构的“超越性”“和谐性”“诠释性”“生命意识”等特征的强调，[4] 其中立足于中国美学，阐释得比较有中国特色和意味的是关于“象外之象”和“瞬间性”特征的论述。对于“象外之象”的论证，朱志荣认为，它是主体依托于实象凝神遐想的结果，是一种无中生有的创造，是对现实时空的一种拓展。“象外之象”一方面受实象的约束，一方面又不滞于实象，具有超越性特征，超越于虚实结合的象本身。在艺术

[1] 朱志荣：《再论审美意象的创构——答韩伟先生》，《学术月刊》2015 年第 6 期。

[2] 朱志荣：《论审美意象创构中的“意”》，《学习与探索》2020 年第 12 期。

[3] 朱志荣：《论审美意象创构中的“象”》，《云南师范大学学报》（哲学社会科学版）2020 年第 6 期。

[4] 参见朱志荣《论审美活动中的意象创构》（《文艺理论研究》2016 年第 2 期）等文章。

创造与欣赏中，象外可以摹神，即超以象外，离形得似，以象外之象求神似，由象外而见意，乃至象外传神，使不尽的余意溢出象外，从而产生一种可以意会、难以言传的效果。[1] 对“瞬间性”的论述，朱志荣强调意象的创构是主体在审美活动中瞬间达成的，是主体以虚静之心在瞬间即景会心，是一种当下的直觉活动。瞬间的妙悟是以主体长期的审美价值为基础的，主体在感悟对象时，瞬间以兴起情，以情会物，通过想象力的迁想妙得，获得畅神的愉悦，从而达到以神合神、神合体道的境界。[2]

最后是对审美意象生成机制的论述。朱志荣特别重视“感物动情”这一心理机制在审美意象创构中的作用。他认为，主体受外物的感发，激发起情感的回应，物我之间相摩相荡，情景交融，从而在心灵中创构成意象。审美意象即审美主体感物动情创造的结果。在这一感物动情的过程中，朱志荣强调“虚静”的重要性，认为感物动情以主体的虚静心态为前提，奠定在生理与心理交融的基础上；又强调情感交融的重要性，认为主体感物所动之情包含着理，表现为情理交融，是在共同性基础上的独特体验和创造，具有象征意义；还认为感物动情所创构的意象，是物象与情感的水乳交融，浑然为一，体现了瞬间性的特征。[3]

除上述观点和论证外，朱志荣还对意象与意境的关系进行了论证，认为意象与意境是两个相关的、含义有一定重叠的范畴，意象是关于美的本体形态的指称，意境是意象的境界。主体通过

---

[1] 朱志荣：《论意象创构中的象外之象》，《文艺理论研究》2020 年第 1 期。

[2] 朱志荣：《论意象创构的瞬间性》，《天津社会科学》2017 年第 6 期。

[3] 朱志荣：《意象创构中的感物动情论》，《天津社会科学》2016 年第 5 期。

意象建构的独立自足的世界，由单个意象及其背景或意象群及其背景在主体的心灵中所呈现的整体效果就是意境。意象通过具体可感的“象”得以呈现，经由主体的超感性体悟在心中成就意境。意境范畴的使用是对意象范畴的拓展。主体在感悟意象时，由象生境，意在境中。意象和意境都以“心”为本，具有鲜明的主体性特征。意象源自心象，意境源自心境。意象和意境都体现出创造性，都追求虚实相生。[1]

二、朱志荣意象论美学所引起的学术论争

朱志荣以审美意象创构论为主线的意象美学观念在学术界引起了较大反响，肯定者有之，批评与论争的文章也不少。由于朱志荣熟稔中国古代美学材料，又贯之于中国哲学美学背景下的意象本体论的思考，所以他的意象论美学的许多论证，凸显了中国美学的审美意象创构的特点，同时也表现了论者对于中国美学的审美意象创构机制与特征的独特理解与感悟，因而得到了学术界的肯定。但是，对于朱志荣意象论美学的批评也因此而产生。批评者认为，朱志荣意象论美学在挖掘中国传统美学资源，用传统美学解释意象创构和生成机制的同时，中国古代思想多，西方现代思想少，没有做到中西思想的汇通，理论观念陈旧，思维方式过时，欠缺理论的普适性和周延性，不能解释现代艺术和审美，因而不能成为具有现代意义的美学理论。对于朱志荣意象论美学的另一质疑则是关于他将“意象”作为美和艺术的本体，提出

[1] 朱志荣：《论意象和意境的关系》，《社会科学战线》2016 年第 10 期。

“美是意象”的观点。有人认为“美”与“意象”的概念不具有同一性，而朱志荣的“美是意象”的观点则将二者等同看待，并将审美活动简单地等同于意象创构活动；[1] 有人质疑“美是意象”的观点混淆了美与美的对象、美的观念之间的界限；[2] 还有人认为朱志荣的意象论美学将美与美感混淆了，将审美与创美混淆了，将形象思维与审美心理混淆了。[3]

对于学术界的批评质疑，朱志荣做出了自己的理论回应，主要集中在两个方面，一方面是回应他的意象论美学是否只对中国古代美学有效，是否具有现代性和普适性的问题。在回应韩伟的“该书的立足点是中国审美理论，但问题是其却想凭此构建一个具有普适性意义的美学本体论”的质疑时，朱志荣认为，自己对审美意象创构的论证本身就体现了现代性，体现了王国维以来中西融通的研究方法，只是囿于具体论文的主旨和篇幅未能加以专门讨论而已。王国维、朱光潜等中国现当代学者在意象方面的阐释本身证明了审美意象理论具有现代性和普适性，现代存在论思想也证明中国审美理论（包括意象理论）具有普适性。他还以美国著名诗人庞德在学习和借鉴中国传统诗歌创作经验的基础上所建立的意象派诗歌理论为例，说明中国审美意象理论并没有过

[1] 冀志强：《“美是意象”说的理论问题——与叶朗先生、朱志荣教授等学者商榷》，《山东社会科学》2020 年第 2 期。

[2] 韩伟：《美是意象吗——与朱志荣教授商榷》，《学术月刊》2015 年第 6 期。

[3] 曹利华：《美学的学科性质——兼与朱志荣教授商榷》，《美与时代》2012 年第 7 期。

时，可以与西方美学思想多元并存。[1] 在回应简圣宇对其所阐释的中国古代意象理论能否解释现代艺术，可否作为中国经验弥补西方美学理论不足的疑惑时，他做出了这样的论证：审美意象的当代阐释并不是今天才提出来的，近代以来，特别是王国维、朱光潜、叶朗、汪裕雄和包括他自己在内的许多当代学者，一直谋求从现代性视角去阐释意象。意象并非像简圣宇所说的那样，不适合解释现代艺术，只适合中国古代诗词，而是具有普适性。因为艺术作品都离不开具体的物象和事象，离不开主观情意的表达，都必须通过意象来呈现。现代艺术不管在语言形式和传达手法上有多大变化，其立象尽意的内在机制是不变的。审美意义上的意象理论从开始出现就不是封闭僵化的，而是开放的、不断丰富发展的。古代意象理论如此，现代意象理论也不例外。特别是意象论所包含的物我同一、情景交融的主客观统一的思想内涵，超越了二元对立的思维方式，与西方现代美学是可以契合沟通的。西方现代的文学和艺术，在象征和达意的追求上，也与中国传统的意象理论有着相似和相通的一面，这都为意象美学的现代发展提供了广阔的空间。[2]

另一方面是回应人们对“美是意象”命题本身所存在的缺陷的质疑。对于“美是意象”观点将“美”与“意象”观念等同起来，将美与美的对象混淆起来的质疑，朱志荣主要从两个方面来

---

[1] 朱志荣：《再论审美意象的创构——答韩伟先生》，《学术月刊》2015 年第 6 期。

[2] 朱志荣：《论意象的特质及其现代价值——答简圣宇等教授》，《东岳论丛》2019 年第 1 期。

回应：一是说他所提出的“意象”概念主要来自中国古代美学。中国古代的意象概念起初确实有不属于审美范畴的意象，但从魏晋南北朝时期的刘勰开始直到清代的王夫之、叶燮等人，从诗文、书画、乐舞论证角度所说的意象，则都是审美意义的意象。中国古代人们很少用美来评价艺术，意象评价实际上就是审美评价。因此，根据中国传统的哲学和艺术思想资源，中国古代的意象范畴，主要就是指审美意象，狭义的意象就是审美意象。[1]他还认为，从逻辑上讲，如果说有非审美意象，也是说得通的，但是在“意象”一词被专门用作文学、艺术评论之后，它的基本含义大体是固定的。“意象”在诗论、画论、书论中长期使用的传统，都表明它体现着审美的特征，体现着审美的趣味和价值。当我们在美学中说意象的时候，意在强调意象是在审美活动中创构而成的，是具有审美特征的。[2]二是从日常用语和美学用语方面区分“美的”和“美”的概念的不同，他认为在日常生活中把对象形容为“美的”，从美学的角度看，是指具有审美价值潜能的物象或事象。而他所说的“意象”显然不是日常生活用语中作为对象的“美的”，而是美学意义上的“美”，“意象和美不等于审美对象，客观物象、事象的感性形态不等于美。审美意象是一种心象，是物象或事象及其背景与情意在心中融为一体，是体

[1] 朱志荣：《论意象的特质及其现代价值——答简圣宇等教授》，《东岳论丛》2019年第1期。

[2] 朱志荣：《论意象的特质及其现代价值——答简圣宇等教授》，《东岳论丛》2019年第1期。

验与感受的结果，而不是一个物理事实”[1]。这样，他所说的“意象”就成为一个自明概念，是从审美角度讨论的，所以没有必要再刻意区分“意象”与“审美意象”范畴的不同，人们若要从美与意象、美与美的对象的区分意义上谈“美”、谈“意象”，也就变得没有意义了。

朱志荣立足于中国美学，借鉴中国美学的理论资源，对关涉中国美学中的意象的诸多命题进行阐释，并建立起自己的意象论美学体系，其取得的成就是毋庸置疑的。对此，学术界大多予以肯定，如前文所提到的苏保华、陶水平关于朱志荣意象论美学的评论，这些评论也大体反映了朱志荣意象论美学的实际。还应该看到的是，朱志荣意象论美学虽然主要针对的是中国传统美学，却也包含着一些与现代美学相通的思想：比如它强调要将古代天人合一、物我同一的哲学观念与现代存在论哲学美学的思想沟通起来，破除主客二分的哲学观念；从实践存在论出发，强调意象是在审美活动中创构起来的，是生成的而不是预成的；认为意象创构不仅依托感性对象的物态，而且还包含情感价值评判等精神性因素；重视用传统美学话语来对意象创构机制作形而下的经验描述，同时又贯之于形而上的哲学本体思考；等等，都说明这一理论建构并非只属于传统，而是可以纳入现代人的视野，从现代美学的发展进程中予以审视的。

但是，朱志荣的意象论美学试图将本源于中国美学经验的审

[1] 朱志荣：《论审美意象的内涵问题——答冀志强先生》，《山东社会科学》2020年第2期。

美意象论扩展为关于审美活动的一般原理，将“意象”作为美的基元范畴，以建构以“意象”为核心的美和艺术本体论体系，这一尝试很难说是成功的。它没有明确“意象”与“审美意象”之间的区分；对于“意象”到底是“物象”还是“心象”，是从对象属性还是从观念形态，是从感性物态还是从精神方面予以规定，表述也比较模糊。他提出“审美意象”说，其主观愿望显然是要破除主客二元对立的思维方式，所以反复强调“意象”作为美的本体，是主客一体、物我交融的结果，然而在事实的论证上，他又陷入了主客二分的理论窠臼，因为他所说的“审美意象”常常并非是主客一体的，而是主客分离的，是“意”加“象”的结果。“意”，包括情、理和情理统一等因素，属于主观层面的东西；而“象”则包括物象、事象及其背景作为实象（也包括主体创造性的拟象等因素），主要属于客观层面。而“审美意象”正是在客观的物象、事象及其背景的基础上，主体通过主体的感知、动情的愉悦和想象力等因素而能动创构出来的，是主体的“意”与客体的“象”相融相加的结果。这种思维和表述方式显然又带有明显的主客二分式的特征。

之所以存在上述问题，主要还是在于他的研究方法和思维方式存在着较大的局限。虽然朱志荣也注意到“审美意象作为美的本体，是生成的，不是预成的”，是在人的审美活动中历史地生成的，但他的实际论证却主要不是从生成论的而是从预成论的眼光出发的。“美是意象”，即美等同于意象，这一表述本身就是从一种预成（现成）论的思维眼光出发，将美看成是一种实体性的形象和对象的存在，与西方传统美学中的“美是理式”“美是理念的感性显现”等美的本质问题解答的思路并无二致，都是在追问美是否可以作为一个实存的具体对象存在，而不是回答人类为什么需要美，美如何在现实的审美活动中存在的问题，所以它与现代美学强调美是生成的而不是预成的的美的本体论思路还存在着很大差距。虽然，朱志荣也用了“审美活动”一类的字眼，强调审美活动的过程就是意象创构的过程，审美活动（审美意象的创构）是基于审美经验的价值判断，似乎超越了实体性、预成论的思维方式，但是这只是一种理论的点缀，在实际论述中，朱志荣并没有将作为感性形态存在的美与作为情感价值判断的美统一起来，并没有从人与世界和人与万物一体的存在论关系，从美对于人生的价值和意义方面看待审美意象的创构和生成，而是主要借用中国古代审美经验和艺术思维理论方面的成果（如《周易》《文心雕龙》等关于意象思维和审美经验的理论），同时也借鉴了一些现代美学的成果，如康德关于想象力在审美意象创造中居主导地位和朱光潜的“意象”乃主体之意与客体之象融合的理论等来解释审美意象的创构与生成，对“意象”的美的本体价值认识基本还停留在传统的反映论（感应论）和重视想象的表象心理学水平上，所以很难说得上是一种具有现代美学思维深度的理论。最后要指出的是，他的意象论美学虽然试图将传统美学与现代美学打通，但是实际所作的论证则主要限于中国传统美学，对于现代美学理论和艺术实践缺乏应有的关注。所以，我们在肯定朱志荣意象论美学所作出的贡献的同时，也必须看到它的不足，以更高的理论视野来审视意象美学的本体论建构，审视意象美学的哲学基础、阐释向度以及与现代哲学和艺术的关系，思考如何将体现中国传统美学精神的意象理论与现代美学理论结合起来，使之具有现代价值和现实的生命力，只有这样，我们才能真正将意象美学推向前进。

第三章 中华美学意象范畴的本体阐释

前文中我们回顾了中国古代意象范畴演进的历史和中国当代美学家对意象理论的贡献，它说明了意象范畴是中国古代美学的核心范畴，且对于现代美学的理论建构具有重要意义。本章则是在这一研究的基础上，对作为美和艺术本体规定的意象范畴予以阐释。这一阐释是建立在中国美学和艺术实践基础上的，意在揭示中国传统美学和艺术精神的价值，让中国传统美学智慧在现代人审美意识的审视下焕发出新的生命。这一章的重点是对审美意象的本体阐释，包括审美意象本体阐释的内涵、审美意象特征、审美意象类型等内容；同时探讨与审美意象本体阐释相关的一些问题，如如何将作为美和艺术本体的意象研究与其他学科意义上的意象研究区分开来，"意象"和与"意象"相邻相近的一些范畴如"形象""物象""语象""意境"的语义辨析等问题。

第一节　意象范畴的语义辨析

我们所说的意象范畴的本体论阐释主要是从美和艺术的意义上说的，是从哲学美学和艺术本体意义上明确意象的基本内涵的。但是，"意象"是一个含义极为广泛的范畴，涉及多个学科与领域，不仅人文社会科学领域，甚至自然科学、医学科学、工程与技术科学，都有自己的意象研究领地。对意象的阐释必然出现与其他学科、其他领域交叉和意义重叠的现象，所以，建构中华意象美学的理论体系，一个重要任务就是对意象范畴的语义进行辨析，区分作为美学和艺术本体论范畴的"意象"与审美心理学、诗学和一般文艺批评意义上所使用的“意象”概念的不同。[1] 具体说来，它可以从以下几个方面见出。

第一，美学意义上的意象范畴与非美学意义上的意象范畴的区分。将“意象”等同于“审美意象”，是朱志荣关于“意象”的一个基本理解。围绕着“美是意象”说，朱志荣发表了系列论文，始终坚持这样的观点：既然我们谈论“意象”即“美”，那么“意象”其实就是“审美意象”，故此也不必再刻意区分。[2] 朱志荣这一看法实际上受到了汪裕雄的影响。汪裕雄将“意象”视为大概念，将“审美意象”视为子概念，认为“意象”经历了一个由“神话意象”（殷商神话）、哲学时期的“意象”（《周易》中的“易象”）向“审美意象”（魏晋时期的“意象”）逐步演化的过程。一旦“意象”成为审美意义上的意象，谈论“意象”时，就没有必要将“意象”和“审美意象”特意区分开来。[3]

---

[1] 严格地说，本书所谈论的“意象”，是无法与西方所使用的“意象”一词形成对应的。西方美学界和诗学界所使用的“意象”一词，在中文中的对应词通常为“image”“imagery”，中文常常又翻译为“形象”“影像”“表象”等。叶朗主编的《现代美学体系》直接用音译来翻译中国美学的“意象”（yixiang）（叶朗主编：《现代美学体系》，北京大学出版社 1988 年版，第 11 页，英译目录），宇文所安的《中国文学思想读本：原典・英译・解说》将刘勰的“窥意象而运斤”中的“意象”翻译为“concept-image”（宇文所安：《中国文学思想读本：原典・英译・解说》，王柏华、陶庆梅译，生活・读书・新知三联书店 2019 年版，第 237 页），说明他们都意识到中国美学中的“意象”与西方所使用的“意象”一词存在着深刻的差异。本书主要从哲学美学本体意义上使用“意象”一词，其内涵更是不能等同于来自西方的“image”“imagery”的。

[2] 参见朱志荣《论审美意象的创构》（《学术月刊》2014 年第 5 期）、《再论审美意象的创构——答韩伟先生》（《学术月刊》2015 年第 6 期）等文。

[3] 参见汪裕雄《意象探源》，人民出版社 2013 年版；简圣宇《中国意象理论现代阐释的汪裕雄路径》，《东吴学术》2020 年第 5 期。

叶朗提出“美在意象”说，将“意象”看成是美和艺术的本体，其所使用的意象范畴常常也没有明确它与非审美意义的意象范畴的区分，“意象”与“审美意象”的语义是等同的。[1]

将“意象”与“审美意象”等同起来，有着论者自身的理论逻辑。在他们看来，“意象”是一个自明概念，被限定在审美和艺术活动范围内，所以没有必要再刻意区分“意象”与“审美意象”范畴的不同。不过，这样的等同必然会带来一个后果，即造成“意象”概念使用的混乱，使人们不能清晰地把握“审美意象”范畴的内涵。依笔者看，“意象”与“审美意象”，从概念使用的语义上来说，应该存在着“种”与“属”、“类概念”与“亚概念”的区分，不能等同起来。如果将“意象”与“审美意象”完全等同起来，那么“美是意象”的表述就等同于说“美是审美意象”，这完全是概念的同义反复，将“意象”作为美和艺术的本体规定也就失去了意义。从中国美学意象范畴发展的历史看，也有一个由“意象”向“审美意象”范畴转化的过程，并不是说“意象”在中国古代美学中天然就作为一个审美范畴存在。“意象”一词最早见于王充的《论衡·乱龙》：“天子射熊，诸侯射麋，卿大夫射虎豹，士射鹿豕，示服猛也。名布为侯，示射无道诸侯也。夫画布为熊麋之象，名布为侯，礼贵意象，示义取名也。”[2] 虽然学界不少人将此作为中国古代“审美意象”范畴形成的重要语源，但实际此处所说的“意象”是指将画布上的野兽图像作为射箭的靶子以显示君王对臣子的威仪，与审美和艺术创

[1] 叶朗：《美学原理》，北京大学出版社 2009 年版，第 55—63 页。

[2] 王充：《论衡》，载《诸子集成》，第七册，中华书局 1954 年版，第 158 页。

作并没有直接的关系，自然也不能等同于“审美意象”。事实上，先秦两汉有关“意象”（象）问题的讨论大多是处于艺术审美活动范围之外的，是玄理和人文之象而非审美意象，比如，《荀子·乐论》所云“凡奸声感人而逆气应之，逆气成象而乱生焉。正声感人而顺气应之，顺气成象而治生焉。唱和有应，善恶相象。故君子慎其所去就也”，《周易·系辞》所云“圣人有以见天下之赜，而拟诸其形容，象其物宜，是故谓之象”，《韩非子·解老》所云“意想者，皆谓之象”，《黄帝内经·素问》所云“天地阴阳者，不以数推，以象之谓也”，等等，都大体如此。意象由玄理和人文之象转化为审美意象主要是魏晋以后的事。中国当代学术界对“意象”概念的使用常常也是如此。比如，胡适说：“‘意象’是古代圣人设想并且试图用各种活动、器物和制度来表现的理想的形式……意象产生了人类所有的事业、发明和制度。”[1] 这里所说的“意象”就是文化、哲学意义的“意象”（象），它对于中国文化和哲学精神的塑造有着重要的作用，却不是审美意义的“意象”（象）。而对于中国当代美学界大多数人来说，不管他们是否有意识地辨析“意象”与“审美意象”的不同，在实际使用中还是注意到了二者之间的区别。比如，杨春时就从人的意识的三个层次（知性、感性、超越性）将意象分为三类：知性意象、感性意象、审美意象，认为“知性意象是感性意象的升华，后者是对现象的直观把握，前者是对本质的直观把握。知性意象的发生，是在由表象到概念的思维活动促使下，感

[1] 胡适：《中国哲学史》（下），载姜义华主编《胡适学术文集》，中华书局 1991 年版，第 801 页。

性意象在无意识中重新组合深化的结果。超越性意识不是对现象世界的感性和知性把握，而是对存在意义的把握，只有在审美意识的层次上，才能构造出审美意象”[1]。杨春时所说的“审美意象”就不同于感性意象和知性意象，它是在审美意识的层次上创造出来的意象，超越了对现象世界的感性与知性把握，是对于人的存在意义的一种领会与把握。叶朗对于“审美意象”的阐释，也持有相同的思路。他所说的“审美意象”不同于一般认识论与心理学意义上的“意象”，而是根据中国传统美学的情景交融说并结合现象学美学思想来规定的美的本体，是不同于西方学者在认识论和心理学的领域中使用的“意象”（image）这个概念的，后者是感官得到的关于物体的印象与图象，是一种心理意识的体现，[2] 而“审美意象”则是人与万物一体的生活世界，是一个完整的、充满意蕴和情趣的感性世界。

第二，哲学美学本体意义上的意象范畴与心理学意义上的意象范畴的区分。上文所说的杨春时、叶朗关于“意象”概念的使用，都是从哲学美学而非心理学意义上强调意象的本体意义的。这里其实牵涉到一个重要问题，即以意象范畴为核心的中华美学的体系建构是从哲学美学还是从心理学美学的角度展开的。在中国学术界的意象美学研究中长期存在着一种倾向，那就是将意象作为一个心理学范畴，从审美心理学意义上进行阐释。这一倾向的形成，受到西方意象理论影响。西方的意象理论重视的是意象的心理学与文学的研究。如韦勒克和沃伦合著的《文学理论》所

[1] 杨春时：《文学理论新编》，北京大学出版社 2007 年版，第 195—197 页。

[2] 叶朗：《美学原理》，北京大学出版社 2009 年版，第 64 页。

说："意象是一个既属于心理学，又属于文学研究的题目。在心理学中，'意象'一词表示有关过去的感受上、知觉上的经验在心中的重现或回忆，而这种重现和回忆未必一定是视觉上的。"[1] 另外，从 19 世纪后半期开始，西方美学日益重视审美经验的研究，这不仅影响到西方美学对意象的理解，也影响到中国当代美学界对意象的理解。中国当代美学界的一些理论家正是在这一理论背景下展开意象理论研究，将意象作为审美心理学的对象加以阐释。前文我们说到的朱光潜、汪裕雄、顾祖钊、夏之放等人的研究清楚地表明了这一点。

从心理学的角度阐释意象，其积极意义是显见的。因为相对传统认识论哲学的研究思路，意象创构作为一种美感经验和审美心理性质的考察，的确丰富了意象理论的美学内涵。但是，这并不意味着作为美和艺术的意象范畴的本体论阐释与心理学意义上的意象阐释可以等同起来。这是因为，心理学意义上的意象主要是从人们的心理经验即知觉、表象、情感、记忆、想象等方面加以阐释，是人们的心理意识对客观事物的反映与投射，这种反映与投射并不一定具有审美意义。重视从审美心理学角度阐释意象的学者，如顾祖钊和夏之放等，或者根据西方心理学理论，将意象阐释为心理表象一类的东西，在此基础上将意象分为知觉意象、记忆意象、想象意象三类：知觉意象即在知觉的基础上所形成的感性形象，记忆意象（记忆表象）即感知过的事物在脑中重现的形象，想象意象（想象表象）即由记忆表象或现有知觉形象

[1] 雷·韦勒克、奥·沃伦：《文学理论》，刘象愚等译，生活·读书·新知三联书店 1984 年版，第 201 页。

改造成的新形象；[1] 或者在表象心理学的基础上谈意象，认为表象是过去已经经历过的事物在记忆中留下的映象，意象则是在过去已积累的大量表象的基础上，主体头脑中新生的、超前的、意向性的设计图像。产生新意象的心理过程或心理活动，则是我们所说的创造性想象。[2] 即使这样的意象分类针对的是艺术和审美活动，但由于它所描绘的心理特征也适合一般认知活动和思维活动，所以并不一定能切中意象的审美本质。克雷奇等人所著的《心理学纲要》把意象区分为记忆意象（memory image）和创见意象（created image）。记忆意象是指对客体的一种主观经验（视觉的、听觉的等等），这个客体对于经受这种经验的人来说，曾经作为一种刺激存在过，但现在并不存在于知觉领域之中。当我们要描写自己儿时住过但早已倒塌的房子时，俨然看见它，这就是一种记忆意象。创见意象则是对一个客体的一种主观经验（视觉的、听觉的及其他），而这个客体对于经受这种经验的人来说，从没有作为一种刺激实物而存在过，它是一种想象出来的客体。一位作家当他琢磨着下一个情节时，俨然看到他的主角，尽管这个主角从来没有而且永远也不会在地球上出现，这就是一种创见意象。创见意象是以记忆意象为基础，与想象力相联系的。[3] 克雷奇的这一意象分类就与顾祖钊、夏之放等基于表象心理学的文学艺术意义上的意象分类有相似之处，重视想象、创

---

[1] 顾祖钊：《论意象五种》，《中国社会科学》1993 年第 6 期。

[2] 夏之放：《论审美意象》，《文艺研究》1990 年第 1 期。

[3] 克雷奇等：《心理学纲要》（上），周先庚等译，文化教育出版社 1980 年版，第 199 页；章士嵘：《意象与思维》，《哲学动态》1989 年第 10 期。

见的因素在意象生成中的作用。但由于它没有涉及意象的审美创造和情感体验的因素，所以还说不上是审美意义上的“意象”。[1] 在西方现代认知科学和思维科学中，“意象”亦被作为重要概念看待，它包含知觉、记忆、想象、逻辑思理等心理因素。与概念、语词所形成的思维活动相比较，意象思维无疑是一种更加积极主动和具有创造性的思维形式，但这种主动性和创见性在认知科学中主要是针对认知活动和思维规律而言的，并不一定具有审美意义，因为它缺乏审美主体那种情感体验和关注，并没有将知觉和想象中的东西提升到符合审美理想的高度，这与文学艺术家对意象的重视是不一样的。比如，白居易的诗句“日出江花红胜火，春来江水绿如蓝”，人们之所以将它视为审美意象，不只是在于它写出了人们的心理活动中所知觉和所想象的东西，更在于它按照诗人对生活的理解，将知觉和想象的东西理想化、情感化、诗化了。近些年来，中国学术界关于意象图式的研究也非常活跃。意象图式论中所说的“意象”通常被看成是一种心理表征，具体指在没有外界具体实物刺激的情况下，人们头脑中或心智中仍然能获得某人或某物的印象与形象，这也是一种富有想

---

[1] 朱光潜在《谈美》中举了一个例子：“看到寒鸦，心中就印下一个寒鸦的影子，知道它像什么样，这种心镜从外物摄来的影子就是‘意象’。意象在脑中留有痕迹，我眼睛看不见寒鸦时仍然可以想到寒鸦像什么样，甚至于你从来没有见过寒鸦，别人描写给你听，说它像什么样，你也可以凑合已有意象推知大概。”（朱光潜：《朱光潜美学文集》，第一卷，上海文艺出版社 1982 年版，第 503 页）此处所说的“意象”与克雷奇的“记忆意象”和“创见意象”相似，是从心理学“表象”意义上谈“意象”。朱光潜将它作为“想象”心理活动的例子举出来，用于解释审美意象的生成，而在笔者看来，由于它没有涉及“意象”的审美创造和情感体验因素，所以还不是审美意义上的“意象”。

象和创见的心理活动，但并非针对审美而是探讨意象图式与心理认识的关系。[1]

更重要的是，“意象”作为中国美学的核心范畴被提出，在本质上是不同于西方心理学意义上的意象理论的。虽然“意象”作为一个审美范畴的提出对于中国古代美学来说也具有心理审美的意义，比如刘勰提出的“窥意象而运斤”，“神用象通，情变所孕。物以貌求，心以理应”，“意翻空而易奇，言征实而难巧”诸多命题，在艺术构思、艺术想象、艺术传达意义上谈意象，就包含着丰富的心理内涵，但从美和艺术本体建构的意义上说，中国古代意象范畴的提出主要具有哲学美学意义。意象美学诞生在中国古代天人合一、物我同一的哲学背景下，是中国古代尚象、重象思维的典型体现，是中国古代诗性文化精神的体现，中国美学也可以说就是充满想象力、充满诗意的意象思索体系。从哲学美学本体意义上谈意象的体系建构，不仅要超越传统认识论和心理学的思维模式，看到以“意象”为本体的中国美学不同于西方的实体论哲学与美学的根本特征，如日本美学家今道友信所说，意象是“想象力突破了概念的僵化的思考和固定化，是想象力带来了动的想念的更为自由的漫游；它向人类启示了宇宙的神韵，启示了艺术的秘密，不，存在的秘密，还启示了超越者的美”[2]，而且还表现了中华美学对生命的尊重和生生不息的创造精神，与中华美学对人生的关爱和价值的追求密切相关。叶朗说他的“意

[1] 王寅：《认知语言学》，上海外语教育出版社 2006 年版，第 173—176 页。

[2] 今道友信：《东方的美学》，蒋寅等译，生活・读书・新知三联书店 1991 年版，第 275 页。

象”论是存在—本体论和精神价值论的统一，[1] 这一观点对于中华美学的意象体系构造具有方法论意义。它说明，审美意象体系构造决不能只停留在意象的感性形象和心理经验的层面，更重要的是要进入人生价值和人生意义的层面，只有这样，才能真正体现出意象美学的价值，使它进入当代人的审美视野，焕发出新的生命和光彩。

第三，作为美和艺术本体论的意象范畴与诗学、一般文艺批评意义上的意象范畴的区分。“意象”在西方受到人们的普遍关注，与 18 世纪以来诗歌创作和诗学理论的发展密切相关。艾布拉姆斯对“意象”（imagery）概念进行了梳理，认为它有三层含义：一是“表示诗歌或其他文学作品里通过直叙或暗示，或者借助于比拟使读者感受到的形体或特性”，如华兹华斯的《露西》就属于这类意象诗的典范作品；一是“代表对可见的客体与情景进行的描写，尤其是生动细致的描述”，如他所例举的柯勒律治的长诗《古舟子咏》中的诗句：The rock shone bright，the kirk no less，That stands above the rock；The moonlight steeped in silentness，The steady weathercock（山石在闪烁，还有那耸立在山石上的教堂；月光如水，寂静无声，沐浴着高扬的风标）；最后一层意思即“意象”等同于比喻或者说“形象化描写”，他认为这是新批评理论常见的理解。[2]

---

[1] 《肖鹰对话叶朗：美学应着眼于人生意义的重建和提升》，《中国社会科学报》2010 年 9 月 19 日。

[2] M. H. 艾布拉姆斯：《欧美文学术语辞典》，朱金鹏、朱荔译，北京大学出版社 1990 年版，第 142—143 页。

中国当代美学和艺术界对“意象”的关注，也是首先从诗歌和诗学领域开始的。“意象”作为一个诗学术语，也一直是海外汉学家意象理论研究的重点。余宝琳即以“意象”为核心研究中国古代诗学，她的《中国诗歌传统的意象阅读》（*The Reading of Imagery in the Chinese Poetic Tradition*）便是这方面的代表性作品。宇文所安在《中国文论：英译与评论》一书的导言中指出西方汉学界研究中国文论的三种方法：一是刘若愚的将文学理论分类和系统化的研究方法；一是魏世德的从某个人的著作出发，讨论其写作的背景并追溯其源流的方法；一是像余宝琳的《中国诗歌传统的意象阅读》所采用的方法，即选择“意象”这样的关键词和核心问题去阐释“中国传统如何理解诗的‘意义’的运作”。宇文所安认为，相比前两种方法，余宝琳的研究方法是“最好的也是最有洞见的”。[1] 从这里也可以看出“意象”对于中国古代诗学研究的重要性。意象的诗学研究可以具有美和艺术本体阐释的意义，如20世纪三四十年代朱光潜关于诗的意象、境界的研究。但并不能将二者等同起来。“诗学”，按照学术界有关权威定义，既可以定义为“有关诗歌和文学的一般原理，或者说有关这些原理的理论研究”[2]，其内涵等同于文学理论，也可以定义为作为抒情文体存在的“诗”的理论。无论哪一种定义，如果用于诠释“意象”，与作为哲学美学和艺术本体论的意象范畴是有着明确区分的。诗学意义的“意象”可以理解为关于诗歌艺术形式和一般

[1] 宇文所安：《中国文论：英译与评论》，王柏华、陶庆梅译，上海社会科学院出版社2003年版，第11—12页。

[2] 波尔蒂克编：《牛津文学术语词典》，上海外语教育出版社2000年版，第172页。

文艺批评的一个概念，它关注的是诗歌形象构造问题，也可以说是将“意象”看成是诗歌重要的形态和构造诗歌艺术形象的重要手段与方法。中国学术界有不少人正是在这一意义上使用“意象”概念的。比如敏泽说“诗中的意象应该是借助于具体外物、运用比兴手法所表达的一种作者的情思，而非那类物象本身”[1]，胡雪冈说“‘意象’是心意在物象上通过比喻、象征、寄托而获得的一种具象表现”[2]，袁行霈说“意象是融入了主观情意的客观物象，或者是借助客观物象表现出来的主观情意”[3]，以上诸人所说的“意象”，无论是指借助某种艺术手段（修辞形式）所产生的情思和心意，还是“融入了主观情意的客观物象”，主要所指的都是关于诗歌形象创造的问题，或者说是将“意象”看成是诗歌重要的形态和构造诗歌艺术形象的重要手段与方法。诗学意义的意象范畴可以向美和艺术本体意义方面转化，体现哲学美学意识与精神，如中国古代诗学将“意象”作为诗歌艺术创造的本体，从主客一体、心物交融、情景不分的关系上来理解意象的价值就具有这样的意义。它也可以停留在一般文学理论与批评的意义上，作为结构文本、构造形象的手段和方法而存在。意象诗学的研究还包含一个重要内容，即对诗歌结构类型的探讨。比如，学术界常见的单一意象与整体意象，静态意象与动态意象，比喻型意象、象征型意象与描述型意象，构思活动

---

[1] 敏泽：《中国古典意象论》，《文艺研究》1983 年第 3 期。

[2] 胡雪冈：《试论“意象”》，载《古代文学理论研究》，丛刊第七辑，上海古籍出版社 1982 年版，第 53 页。

[3] 袁行霈：《中国诗歌艺术研究》，北京大学出版社 1987 年版，第 63 页。

中的意象（作者意中之象）与物化为文本的意象（读者体验到的意象）的区分等就体现了这一点。诗歌结构文本和类型的研究，对于诗学意义上的“意象”内涵的把握非常重要，但并不一定具有审美本体的意义。蒋寅将“意象视为诗歌本文的基本结构单位”[1]，而反对将“意象”“意境”解释为一种审美经验，[2]所反映的正是诗学（文学理论）与审美本体意义上理解意象的差异。从诗学和一般文学理论与批评的意义上说，“意象”的确可以看成是一种结构性的存在，一种构造艺术形象的重要手段与方法，但这并非审美和艺术本体意义上的“意象”。对于后者来说，脱离了中国的思想文化背景，脱离了中国的哲学美学精神，脱离了中国人的审美经验与艺术实践，是很难予以诠释与理解的。

第二节　审美意象的本体阐释

审美意象的本体阐释是中华美学的意象体系建构的核心问题。在中国学术界使用“审美意象”这个概念，按照学者古风的考证，最早见于20世纪60年代朱光潜撰写的《西方美学史》，朱先生的“审美意象”的概念来自康德。国内有学者对将西方文论和美学的意象范畴的渊源追溯到康德的《判断力批判》表示反对，认为康德本人没有使用“意象”概念，也没有谈论“意象”问题。[3]的确，康德在《判断力批判》中并没有直接使用“审

[1] 蒋寅：《古典诗学的现代诠释》，中华书局2003年版，第21页。

[2] 蒋寅：《古典诗学的现代诠释》，中华书局2003年版，第24页。

[3] 古风：《“意象”范畴新探》，《社会科学战线》2016年第10期。

美意象”一词，他只是提出了“审美观念”（Asthetische Idee）这一范畴，康德所说的“观念”（Idee），在朱光潜和蒋孔阳的作品中被译为“意象”。[1] 从康德的具体表述来看，“审美观念”虽然叫作“观念”，但实际上“就是想象力里的那一表象，它生起许多思想而没有任何一特定的思想，即一个概念能和它相切合，因此没有言语能够完全企及它，把它表达出来”[2]，它与理性观念最大的不同是，它不是抽象概念，而是由想象力所形成的表象，不能离开感性形象，与人们通常所说的“意象”与“审美意象”十分相似，所以翻译成“意象”与“审美意象”也是可以的。

在《判断力批判》中，康德还明确将“意象”作为美和艺术的本体看待，他说：“美（无论是自然美或艺术美），一般地可以称之为审美意象的表现。”[3] 康德之后，不少西方美学家都试图从美和艺术本体的意义上来诠释审美意象。克罗齐提出“抒情的

---

[1] 参见朱光潜《西方美学史》（下），人民文学出版社 1979 年第 2 版，第 398—404 页；蒋孔阳《德国古典美学》，商务印书馆 1980 年版，第 112—116 页。朱光潜还对自己为什么将康德在《判断力批判》中所用的“Idee”一词翻译成“意象”作了具体说明：“康德在《审美判断力的批判》里所用的 Idee，在汉语中一般译为‘观念’，而‘观念’在汉语中近于概念，是抽象的，不符合康德的原义，康德在涉及审美时所用的原义是一种带有概括性和标准性的具体形象，所以依 Idee 在希腊文的本义译为‘意象’较妥，下文在涉及美的理想或典型时一律用‘意象’，这意象一般暗含某一种‘不确定的概念’，但有别于概念。”［朱光潜：《西方美学史》（下），人民文学出版社 1979 年第 2 版，第 395 页注释①］

[2] 康德：《判断力批判》（上），宗白华译，商务印书馆 1964 年版，第 160 页。

[3] 《判断力批判》第 51 节，宗白华将“审美意象”翻译为“审美观念”，我们所采用的是蒋孔阳的译文（参见蒋孔阳《德国古典美学》，商务印书馆 1980 年版，第 115 页）。

直觉”说，他所说的“直觉”即情感的表现，直觉创造出来的东西就是“意象”，它构成艺术和美的本体。克罗齐说“艺术家只是创造意象”，“意象性这个特征把直觉和概念区别开来，把艺术和哲学、历史区别开来，也把艺术同对一般的肯定及对所发生的事情的知觉或叙述区别开来。意象性是艺术固有的优点：意象性中刚一产生出思考和判断，艺术就消散，就死去”。[1] 苏珊·朗格亦将“意象”作为艺术和美的本体，她说：“艺术品作为一个整体来说，就是情感的意象。对于这种意象，我们可以称之为艺术符号。这种艺术符号是一种单一的有机结构体，其中的每一个成分都不能离开这个结构体而独立地存在，所以单个的成分就不能单独地去表现某种情感。”[2] 荣格提出“原始意象”说，此说虽然不是专门讨论艺术和审美，却是与艺术审美问题紧密相关的，它将“意象”看成是一种集体无意识的原型，艺术就是这种集体无意识的符号和表现。[3] 从这些表述看，西方现代美学家谈意象，主要从艺术创造和美感经验出发，比较重视“意象”的情感性、整体性的特征，其中亦包含对“意象”的无意识和非理

[1] 克罗齐：《美学原理　美学纲要》，朱光潜等译，外国文学出版社 1983 年版，第 216—217 页。

[2] 苏珊·朗格：《艺术问题》，滕守尧、朱疆源译，中国社会科学出版社 1983 年版，第 129 页。

[3] 荣格将艺术创作分为“心理的”和“幻觉的”两种模式。他认为，心理模式所提供的意象没有超出心理学所理解的范围，它来自人的意识领域。他更看重的是幻觉模式，认为它所创造的意象来自“集体无意识”，即“来自人类心灵深处的某种陌生的东西”，“是一种超越了人类理解力的原始经验”，它对于艺术创作来说更为根本。（参见荣格《心理学与文学》，冯川、苏克译，生活·读书·新知三联书店 1987 年版，第 127—138 页）

性特征的认知和肯定。

西方现代美学家谈意象，还存在着一种常见的阐释途径，就是将其与现象学哲学观念和思维方式联系起来，强调“意象”的非现实和不在场的特征，特别是萨特提出的“意象”是“对象不在现场但却有所呈现的某种方式”[1] 和“现实的东西绝不是美的。美是一种只适于意象的东西的价值”[2] 的观点，以及海德格尔关于隐蔽与显现、在场与不在场关系的理论，杜夫海纳将审美对象称之为“灿烂的感性”的理论，等等，都赋予了“意象”这一概念范畴新的哲学美学内涵。

不过，我们这里讨论的“审美意象”并非西方美学和文学意义上的，而是中国美学和艺术本体论意义上的。我们不否认“意象”作为一个具有普遍意义的哲学美学范畴，在中西美学与诗学方面存在着深刻的会通性，但是我们研究意象美学的立足点却是从中国美学的理论与实际出发，我们是将“意象”作为中国美学的核心范畴，坚持走中国美学和艺术的意象体系建构之路，在此基础上对“审美意象”进行本体阐释的。

一、审美意象本体阐释的内涵

“意象”作为中国美学核心范畴的提出，是中国古代主客一体、物我交融、情景融合的哲学美学意识的体现。“意象”一词，

[1] 让-保罗·萨特：《想象心理学》，褚朔维译，光明日报社出版社 1988 年版，第 123 页。

[2] 让-保罗·萨特：《想象心理学》，褚朔维译，光明日报社出版社 1988 年版，第 292 页。

无论对于西方美学还是中国美学来说，都具有“意中之象”或者说“表意”的意谓与内涵。但是，西方美学和文论中的“意象”，特别是以康德为代表的西方古典美学对“意象”的阐释，根源于西方的主客二分的哲学观念，根源于知、情、意的心理意识区分，审美意象的创造属于“情”的领域，是一种通过想象力创造出来的审美观念，具有心理学的美学意义。而中国古代对于“意象”的理解，建立在中国古代天人合一、物我同一的哲学基础上，它不是基于某种心理意识的区分然后再达到心理的同一，而是认为人与人、人与物、主体与客体本来就是不可分的，本来就处于一个万物一体的世界中。中国古代对于“审美意象”的理解，实际上包含两方面的内容：一方面，它以“意”为主导，将审美意象看成是审美主体即景会心、以形写神的心灵创造；另一方面，中国美学又充分意识到，意象的生成与创造，必须以“象”为载体，做到意与象的交融。“审美意象”即象与意、物与我、主体与客体的有机统一与自然融合。

将“审美意象”看成是意与象、物与我、主体与客体的统一，是学术界的一个普遍看法。需要明确的是，我们所说的统一，不是哲学认识论而是存在论和情感价值意义上的统一，不是将审美意象作为一种实体性的存在，先有客观物象的存在，再有主体心理的反映，从而构成一种审美意象，而是强调人与世界、人与万物原本就是不可分割的，审美意象正生成于这样的世界中。叶朗谈到自己的“美在意象”说与朱光潜美学的区分时认为，“在朱光潜美学中，人与世界先是‘二分’的，然后在某种心理状态下达到‘合一’”，对于“美在意象”理论来说，“人与世界本是不分的，审美既是对‘自我’的局限性的超越，又是对本来的‘自然’状态的复归”。[1] 我们也是在这一意义上理解“审美意象”的本体构成的，它不是以主客二分、人与世界二分的思维方式，先将主体与客体、意与象区分开来，然后再以一种心理认知、情感体验的方式将二者统一起来，而是认为，审美意象揭示了人与世界最本源的关系，它本身就是人性、人的生活经验在自己所生活的本真世界中的呈现。“你未看此花时，此花与汝心同归于寂；你来看此花时，则此花颜色一时明白起来”[2]，花的美与人的心灵、人的生活是同处共在的。这正像萨特所说，一种风景，“如果我们弃之不顾，它就失去见证者，停滞在永恒的默默无闻状态之中”[3]。但这也同时意味着人失去了自身，失去了人最基本的生活经验，失去了人对世界最亲切、最原初的审美体验。萨特这里所说的见证了的“风景”，就是我们所说的审美意象，它本就是人的生活、人的生命体验的一部分。人见证风景，并不是说风景外在于人，与人无关，只是通过人们有意识的心理认识和体验才将它变成风景，变成人们的审美对象，而是说在人与万物一体的世界中，“风景”本就是人类生活的一部分，本来就与人的生活发生着亲密的关系，而审美意象的意义就在于它将这种“停滞在永恒的默默无闻状态之中”的风景美显现出

[1] 叶朗：《从“美在意象”谈美学基本理论的核心区如何具有中国色彩》，《文艺研究》2019 年第 8 期。

[2] 王守仁：《传习录》下，载《王阳明全集》（上），上海古籍出版社 1992 年版，第 108 页。

[3] 萨特：《为什么写作》，载柳鸣九编选《萨特研究》，中国社会科学出版社 1981 年版，第 3 页。

来。用马丁·泽尔的话说，“对于审美直观，重要的并不是某物的实际，而是其显现的方式”[1]，即美不是一种特别的事物，而是事物处于显现状态，审美意象的创构或者说审美意象本体存在的意义，就是让事物的美得以显现。我们将“意象”基本规定为“情景交融”（情景合一），这里所说的“情景交融”如王夫之所说的“情、景名为二，而实不可离。神于诗者，妙合无垠。巧者则有情中景，景中情”[2]，“夫景以情合，情以景生，初不相离，唯意所适。截分两橛，则情不足兴，而景非其景”[3]，是存在论意义上而非心理学意义上的，并非有了主体与客体的心理区分，将“情”与“景”区分开来，然后才通过主体心理的努力而达到统一，而是说我们本来就生活在一个“实不可离”的“情景合一”的世界中，情与景、心与物、人与世界原本就是不可分的。“此中有真意，欲辨已忘言”，人生活的世界是一个有真意、有诗意的世界，但这种真意、诗意在日常功利的世界中常常隐藏起来，审美意象本体存在的价值，就是要将这种隐藏着的真意、诗意重新显现出来、绽露出来。用叶朗先生的话说就是：“意象世界是人的创造，而正是这个意象世界照亮了生活世界的本来面貌。”[4]

意象世界是人的创造，这种创造既可以作为美的本体存在，

[1] 马丁·泽尔：《显现美学》，杨震译，中国社会科学出版社 2016 年版，第 88 页。

[2] 王夫之：《姜斋诗话》卷下，载王夫之等撰《清诗话》，上海古籍出版社 1999 年版，第 11 页。

[3] 王夫之：《姜斋诗话》卷下，载王夫之等撰《清诗话》，上海古籍出版社 1999 年版，第 11 页。

[4] 叶朗：《美学原理》，北京大学出版社 2009 年版，第 83 页。

也可以作为艺术的本体存在。“意象”作为美的本体的规定，它强调的是美与美感的同一。“意象”既是对美的本体的规定，又是对美感活动的本体规定，在审美活动中，美与美感是同一的、不可分割的，它不是将对象世界看成一个实体性存在，而是进入人的心灵和生活世界中，是人的生命和人的心灵的创造。审美意象就是人的心灵和人的生命创造的结果。这种创造不仅是在个体审美活动中产生的，也是在人类社会和历史活动中产生的。我们将“意象”作为美的本体，强调美是发现，是照亮，是创造，是生成，不只是对个体瞬间生成的美感体验而言的，更重要的是强调我们本来就生活在一个美的、充满情趣和诗意的世界中，它不是一种生物性的存在，而是一种历史、文化的存在，但是这种作为个体、历史、文化形态存在的美，在日常功利的社会中常常被遮蔽、隐匿起来，所以它需要审美意象的创造来揭示，来发现。一双农鞋，本来是农妇与世界发生关系的桥梁，是农妇生存的依靠，是一个丰盈和有意义的世界，但是，这种存在的意义和丰盈，在日常功利的世界中却被隐匿、遮蔽起来，所以需要凡·高的画来揭示和敞亮。秋菊、东篱、南山、飞鸟、落日，对于被遮蔽、失去了生活情趣和感受的人来说，也许是再平凡不过的景物，但在陶渊明的作品中，却给我们敞开了一个美的和富有诗意的世界。“意象”作为美的本体规定的意义就在于让人们重新回到充满美和诗意的世界中。审美意象的创造，在哲学和美学本体的意义上不能归结为认识和反映问题，也不是某种心理成分的构成与趣味判断问题，而是关系到人的生命存在，是人的情感心灵的完善与人的精神境界的提升。

“意象”作为艺术本体的规定亦是如此，它不是将艺术作品作为一个实体性的存在，而是强调艺术对于人的精神和心灵生活的意义，强调艺术如何创造与生成的问题。美是照亮，是发现，是创造，是生成，没有进入人们的审美视野的客观物与对象，不管是自然界、社会生活还是艺术作品，都还不是美，也谈不上意象的创造与生成。将“意象”作为艺术本体的规定，其意义不只在于将艺术作品看成是人们可以认识和欣赏的对象，更重要的是将艺术作为人的一种生存方式，强调艺术对于开启人们生活和精神世界的意义。诚如叶朗谈到艺术时所说的那样：

> 艺术不是为人们提供一件有使用价值的器具，也不是用命题陈述的形式向人们提出有关世界的一种真理，而是向人们打开（呈现）一个完整的世界。而这就是意象。……人们说，艺术教会我们看世界，教会我们看存在，教会我们“观道”。确实如此。艺术确实照亮了世界，照亮了存在，显现了作为宇宙的本体和生命的“道”。而艺术所以能这样，就因为艺术创造了、呈现了一个完整的感性世界——审美意象。[1]

理解审美意象的内涵还必须明确，它作为一个审美范畴的提出，与中国古代艺术实践密不可分，意象范畴亦是对中国古代各门艺术美感与实践经验的总结。中国诗歌艺术创造的本体即意

[1] 叶朗：《美学原理》，北京大学出版社 2009 年版，第 238 页。

象。王夫之正是在诗歌艺术创造实践中总结出“诗”既不等于“志”（意）也不等于“史”，而是情与景的融合即“诗”的本体是意象的观点的。这实际上也是中国诗歌美学的普遍看法。中国古代诗学的许多重要范畴，如兴象、情景、虚实、比兴、气韵等，都直接指向了诗歌审美意象的创造。以汉字为载体和以毛笔为书写工具的中国书法艺术，本质上也是一门意象创造的艺术。中国书法是“本乎天地之心”的艺术，它不是抽象的符号，而是活生生的感性生命的存在，是一个意象世界。这种意象创造可以从书法形意结合、重视笔力气势和线的表现力、讲究留白以及字势结构与点画形态的表现等方面充分体现出来。中国戏曲艺术是诗、舞、乐与舞台表现的有机结合，它不像西方演剧观那样以演员角色为中心，而是以舞台形象创造的美、所达到的艺术品位和艺术境界为中心，以程式化、虚拟化的舞台表现为中心，重视抒情写意，所以本质上也是一种意象创造的艺术。另如中国的音乐、舞蹈、绘画、建筑，都不像西方传统艺术那样，以形式和形象摹拟为中心，而是以形写神，情景融合，虚实相生，体悟道的生命节奏，传达宇宙人生的生命与生气，所以在本质上也是一种意象创造的艺术。即使像《红楼梦》《西游记》那样的长篇叙事作品，也充满了喻象寓意和情景交融的诗意描写，体现了以意象为特征的中国美学精神。

“意象”作为美和艺术本体的构成，反映了中国古代美学和艺术的特色，同时它也可以作为一个现代美学和艺术范畴，进入现代人的视野。张世英先生说，弘扬中国传统美学的意象之美，首先要发掘、展示传统“意象说”的现当代意义。学术界在这方面已做出了有益的尝试，其中一种有价值的思路是吸收现象学美学的理论成果来阐释中国传统的意象美学。以海德格尔为代表的存在论现象学关于“美”有一种解读，那就是“美”是从显现的、在场的东西让你体会到背后无限不在场的东西，这与中国意象美学的精神是相通的。意象之美就是通过在场的东西（象）想到背后不在场的东西（意）。比如，我们欣赏唐人刘长卿所写的著名诗篇——“日暮苍山远，天寒白屋贫。柴门闻犬吠，风雪夜归人”（《逢雪宿芙蓉山主人》），从诗的表层和字面意义上看，它写的是一个傍晚、一个黄昏已尽的时刻，一间孤独的茅屋被苍茫的远山紧紧包围，而这时，守门的狗叫了起来，一位久在他乡异地漂泊的诗人踏着风雪归来了。而这首诗所包含、所唤起的东西显然远不止这些。那个“风雪夜归人”或许就是你自己曾经出现过的背影，它使你想到你的人生，想到自己所经历的艰难与痛苦；在一个风雪之夜，在一个孤独无助的时刻，突然眼前亮起了一扇灯光，它是那样地让你觉得温馨与感动……这就是意象之美的魅力所在，它让你从看到的东西中体会到未看到的东西，从说到的东西中体会到未说到的东西，让你的心灵与古人相通、与人性相通，使你的生活充满诗意。

二、审美意象的特征

“审美意象”作为标示美和艺术本体的范畴，是主体与客体、心与物、意与象、情与景的融合统一，也是一个审美主体意识与心灵如何统摄对象，对象如何向主体意识与心灵敞开的过程，它是一个动态的生成过程。正因为此，它具有圆融性、生成性、超越性、情感体验性等特征。

“圆融性”是说审美意象是一个心与物、意与象、形与神、情与景圆融自洽的有机整体，它本身就是一个完整的世界。中国古人讲的“意与境会”（权德舆），“思与境偕”（司空图），“意象浑融”（胡应麟），“情景相融而成诗”（谢榛），“情景虽有在心在物之分，而景生情，情生景，哀乐之触，荣悴之迎，互藏其宅”（王夫之），强调的就是意象圆融性的特点。司空图提出的“以全美为工，即知味外之旨”的观点，其实也是强调审美意象的圆融性和整体性。在司空图看来，审美意象创造所体现的是作品的整体生命与气韵，没有整体感，不能浑然一体、生气自然，也就谈不上审美意象的创造。所以他批评贾岛的诗“诚有警句，视其全篇，意思殊馁，大抵附于蹇涩”，而赞扬王维、韦应物的诗“澄澹精致，格在其中”，具有圆融浑成之美。[1] “圆融性”可以从哲学本体意义上来理解，也可以从心理学意义上来理解。从哲学本体意义上说，“圆融性”是说审美意象具有独立自足性，它本身就是一个完整的世界，这个世界是不同于物理性、日常功利性的世界的。朱光潜说“美感的世界纯粹是意象世界，超乎利害关系而独立”[2]，叶秀山说“艺术成为从生活中划出来的‘另一个世界’——‘意象性’世界”[3]，都意在强调意象世界是一个不同于日常功利性世界的存在。中国古人说“于天地之外，别构一

[1] 司空图：《与李生论诗书》，载郭绍虞主编《中国历代文论选》，第二册，上海古籍出版社 1979 年版，第 196 页。

[2] 《朱光潜全集》，第二卷，安徽教育出版社 1987 年版，第 6 页。

[3] 叶秀山：《美的哲学》，人民出版社 1991 年版，第 63 页。

种灵奇”（方士庶），“皆灵想之所独辟，总非人间所有”（恽南田），亦是将意象世界看成是一个不同于物理性的、日常功利性的世界。在这个世界中，主体与客体、心与物、意与象、情与景诸种因素是紧密交融在一起的，它不再是人与对象世界的限隔，也不再让对象世界为人的精神世界所奴役，而是人与万物、人与世界的相亲与相通，是人与天地万物的一体交融。在这样的世界中，万物向人的心灵敞亮，万物与人的情感交融，人们则在这万物明朗敞亮、情与景交融的世界中获得充分的精神享受与满足。从心理学意义上说，“圆融性”则是指审美意象创构活动中所包含的诸种心理因素，如情感、理智、想象、感知，可以紧密地交融在一起。汪裕雄将“审美意象”定义为：“美感起于对审美对象——美的事物或现象的直接观照。感知所得的表象，经由想象的作用，被再造，被重组，渗入主体的情思，融汇进主体的理解，就是审美意象。”[1] 这一定义充分考虑到审美意象所包含的诸种心理因素如直觉、感知、理解、情感是和谐交融的。这种心理因素的交融，若从哲学本体加以阐释，它不是认知性的，而是情感体验性的，不是主客二分式的，而是主客一体的，它是对象世界向人心的敞亮，也是主体心灵对对象世界的照亮，其目的就在于建构一个充满情感、充满意蕴的诗意的感性世界。

“生成性”是说审美意象的创造不是预成的而是生成的，审美意象不是一个实体性的存在，而是不断生成、创造的，是人类审美活动的成果。蒋孔阳说：“我们应当把美看成是一个开放性

［1］ 汪裕雄：《审美意象学》，人民出版社 2013 年版，第 8 页。

的系统，不仅由多方面的原因与契机所形成，而且在主体与客体交相作用的过程中，处于永恒的变化和创造的过程中。美的特点，就是恒新恒异的创造。”[1] 叶朗说：“宗白华先生说：‘象如日，创化万物，明朗万物！’‘主观的生命情调与客观的自然物象交融互渗，成就一个鸢飞鱼跃，活泼玲珑，渊然而深的灵境。’宗白华的说法对我们理解‘意象’极有启发。意象是创造，是生成，意象照亮人与万物一体的本真世界。”[2] 这些说法对于我们理解审美意象的生成性特点很重要，它们从美的本体意义上说明审美意象的创造是一个动态生成的过程，是审美主体能动创造的结果。从生成论的眼光来理解审美意象的特征，就是破除西方长期存在的对象化、实体性的思维，不再将美（审美意象）看成是“心”“物”“理式”“理念”“直觉”“感性化的快感”一类实存性的事物，不再追问美和艺术创造是否可以作为一个实存的具体对象存在，而是回答人们为什么需要美，美（审美意象）的创造如何对人类生活显现出价值和意义的问题。

审美意象的生成性可以从两方面来理解。首先，它是个体的生成，是个体审美活动直觉感兴的结果。宗白华在《论〈世说新语〉和晋人的美》中说，美的人生态度表现为两点：一是把玩现在，在刹那的现量的生活里求极量的丰富和充实，如王子猷暂时寄住他人空宅，也马上令人种竹，声言“何可一日无此君”；二是美的价值是寄于过程的本身，不在于外在的目的，如王子猷居

[1] 蒋孔阳：《美学新论》，人民文学出版社 1993 年版，第 136 页。

[2] 叶朗：《从“美在意象”谈美学基本理论的核心区如何具有中国色彩》，《文艺研究》2019 年第 8 期。

山阴，大雪之夜，思念朋友，便要造访，经过一夜的辛苦才到，但到了门前却返回，这是因为兴致已尽，没有进去的必要了。[1]无论是“把玩现在”还是“寄于过程”，都是一种意象美的生成，是个体审美直觉感兴的结果。王夫之谈诗，一再强调“身之所历，目之所见”，“心目之所及”，这就是强调审美意象创造的直觉感兴的意义。直觉感兴关注的是事物的感性形式存在，它具有瞬间性、直接性的特点。当主体采取直觉方式审视对象时，它无须经过一个逻辑的分析演绎过程，在感受事物的瞬间即可以迅速获得一种美感。王夫之说直觉的特点是“一触即觉，不假思量计较”，黑格尔将审美直觉称为“审美的敏感”，都很好地说明了审美意象的直觉感兴的特点。这种直觉感兴又是富有创造性的，是每一个人独特的生活经验和审美体验的产物。“诗从何处寻？在细雨下，点碎落花声，在微风里，飘来流水音，在蓝空天末，摇摇欲坠的孤星。”[2]“尽日寻春不见春，芒鞋踏遍陇头云，归来笑拈梅花嗅，春在枝头已十分。”[3]诗和春都是美的化身，关键就是要有属于个体的生活体验和发现，美（审美意象）正是存在于个体化的审美感受和发现中。“群籁虽参差，适我无非新”（王羲之），意象世界给人们的感受永远是新鲜的、不可重复的。“自有渊明方有菊，若无和靖即无梅”（辛弃疾），陶渊明眼中的菊是陶渊明所创造的审美意象世界，林逋眼中的梅是林逋所创造的审

[1] 宗白华：《美学与意境》，人民出版社 1987 年版，第 194 页。

[2]《流云小诗》，转引自宗白华《美学与意境》，人民出版社 1987 年版，第 276 页。

[3] 罗大经《鹤林玉露》中载某尼悟道诗，转引自宗白华《美学与意境》，人民出版社 1987 年版，第 276 页。

美意象世界，它是别人无法重复的，所以它带给人们的审美感受也是新鲜无限的。王国维说："山谷云：'天下清景，不择贤愚而与之，然吾特疑端为我辈设。'诚哉是言！抑岂独清景而已，一切境界，无不为诗人设。世无诗人，即无此种境界。"[1] 黄庭坚所说的"清景"，王国维所说的"境界"，都可以看成是一个意象世界，它在不同人的眼中、不同人的生活中是具有不同意义的。飞鸟、南山、东篱这些寻常事物，在"复得返自然"的陶渊明面前是一个美的世界，而沉湎于功名利禄中的人则是无法体会的。"溪水无情似有情，入山三日得同行。岭头便是分头处，惜别潺湲一夜声"（温庭筠《过分水岭》），溪水有情，溪水惜别，这一切都是在一个懂得生活、有着丰富的诗意感受的人眼前呈现的，而对于一个失去了生活感受和感觉的人来说，则是不可能呈现的。

其次，审美意象的生成也是族类的、社会的、历史的生成。朱志荣说：

> 审美意象作为美的本体，是生成的，不是预成的，是主体能动创构的结果。它不仅在个体审美活动中瞬间生成，而且是社会的，是族类乃至人类在审美活动中历史地生成的，个体的审美活动依托于社会整体。[2]

---

[1] 王国维：《人间词话附录》，载况周颐、王国维《蕙风词话　人间词话》，人民文学出版社 1960 年版，第 251 页。

[2] 朱志荣：《论审美意象的创构》，《学术月刊》2014 年第 5 期。

这一观点切中了审美意象生成的本质。虽然审美意象是在个体直觉感兴的审美活动中生成的，但是它所依托的却是人类社会整体，是人类社会历史发展与文明积淀的成果。李泽厚说：

> 农夫欣赏自己在后园里种的蔬菜（朱光潜《文艺心理学》的著名例子），今天我们欣赏规模巨大的工程；在干校劳动时，我们珍视地观赏自己流汗耕耘出来的那一小片土地，今天我们赞叹航天飞机遨游太空。山货店和一座小菜棚当时作为艰苦劳动的成果是美的，虽然今日未必然。苏格拉底曾认为实用的粪筐比无用的金盾要更美，虽然这并不对，但在远古可以是历史事实。[1]

审美意象的生成正是这样的一个历史过程，今天觉得美的，明天不一定觉得美，美总是处于流动变化中，这种变化与社会、历史、文化的环境和趣味是密切相关的，而且也因为其厚重的历史文化积淀而显现出美的光辉。正像李泽厚谈到中国青铜饕餮的狞厉之美时所说的那样："在那看来狞厉可畏的威吓神秘中，积淀有一股深沉的历史力量。它的神秘恐怖也正只是与这种无可阻挡的巨大历史力量相结合，才成为美——崇高的。"[2] 青铜时代的历史已经远去，但青铜时代所创造的艺术、所创造的审美意象世界，却留在了我们的情感与记忆中，成为时代民族精神的回响。每一个民族、每一种文化都有着自己的情感与记忆，也有着

[1] 李泽厚：《美学四讲》，生活·读书·新知三联书店 1989 年版，第 77 页。
[2] 李泽厚：《美的历程》，文物出版社 1981 年版，第 38 页。

自己的精神气质和趣好，梅、兰、竹、菊成为中国士大夫文人普遍喜爱的审美意象，而对于西方文人就未必如此。中国文化是和谐的、诗意的、审美的，所以中国人也更容易接受与中国文化相近相似的艺术与审美创造。如傅雷所说："比起近代的西方人来，我们中华民族更接近古代的希腊人，因此更自然，更健康。""就因为此，我们对西方艺术中最喜爱的还是希腊的雕塑，文艺复兴的绘画，十九世纪的风景画，——总而言之是非宗教性非说教类的作品。"[1] 我们将"情景交融"作为审美意象的一个基本规定，但需要明确的是，这里所说的"情景交融"既不局限于个体，也不局限于山水景物一类自然现象，更不是只呈现在诗人创作中的艺术图景与形象中，它具有极其广泛的意义，强调的是人与世界、心与物、主体与客体的紧密关系和不可分性，这样的世界既属于个体，更是历史、文化积淀的结果。用叶朗的话说就是："我们每个人本来就生活在'情景合一'的世界之中。这个'情景合一'世界，是一个有历史、有文化的世界，而不是史前的生物世界。"[2] 意象世界是一个情景交融的世界，它是个体审美活动直觉感兴的产物，也是历史、文化的产物，没有个体与社会历史文化的融合，没有个体向社会历史文化的生成，这种个体审美的直觉感兴也就失去了它应有的意义。

"超越性"是说审美意象的创造具有超越现实的品格，它不拘泥于感性的对象形式，而是超越感性形态走向精神价值的层

---

[1] 《傅雷家书》，生活·读书·新知三联书店 1981 年版，第 162 页。

[2] 叶朗：《从"美在意象"谈美学基本理论的核心区如何具有中国色彩》，《文艺研究》2019 年第 8 期。

面，以有限的形式去表现无限丰富的内容。中国当代美学家谈审美意象时，不少人都将“超越性”作为其基本特征。比如，杨春时就将“超越性”作为意象的基本特征，认为“意象不是现实事物的表象（物象），而是具有超越性的现象”，“正是意象的超越性，才使物象变成了艺术，也才能超越事物的现实意义而把握道的意义”。[1] 张世英亦从海德格尔的“显隐说”出发强调意象超越的意义，认为“意象之美就是教人超出现实的‘象’，回归到超现实的‘意’的状态”[2]。叶朗也从“超越性”的意义上来理解意象（美），他说：“美（意象世界）一方面是超越，是对‘自我’的超越，是对‘物’的实体性的超越，是对主客二分的超越，另一方面是复归，是回到存在的本然状态，是回到自然的境域，是回到人生的家园，因而也是回到人生的自由的境界。美是超越与复归的统一。”[3] 朱志荣也将“超越性”作为审美意象的基本特征，认为审美意象虽然依托于感性对象的物态，其价值却是精神性的，这种精神性就突出指向主体生命对现实的超越。[4]

将“超越性”作为审美意象的基本特征，体现了中国古代哲学美学的基本精神。中国古代哲学是以“象”体“道”的哲学，从先秦开始，无论是老子、庄子所提出的“象”，还是《周易》中的“象”，都可以看成是“道”的显现与象征。中国古代美学之所以将“意象”作为美和艺术的本体看待，并不是因为它只是

[1] 杨春时：《中华美学概论》，人民出版社 2018 年版，第 152—153 页。

[2] 张世英：《意象之美的哲学本体论基础》，《中国文艺评论》2017 年第 9 期。

[3] 叶朗：《美学原理》，北京大学出版社 2009 年版，第 79 页。

[4] 朱志荣：《论审美意象的创构》，《学术月刊》2014 年第 5 期。

一种感性形象的存在，更重要的在于它可以超越“象”的感性存在而进入“道”的精神层面，以象体道，超越现实，超越自我，获得一种精神的愉悦与解放感。将意象看成是具有超越意义的现象，或者说，将超越性作为审美意象的重要特征，也意味着对传统的认识论、反映论的理论模式的超越，意味着对主客二分的思维模式的超越。从这一意义上说，它与西方现象学美学思想形成了对应。西方现象学美学用意向性来解释美，反对将美看成实体的属性，就包含从非现实、超越性的意义上来理解美的本体和现象的思想。不过，中国古代美学对于审美意象超越性的理解，主要不是现象学意义上的，而是一种生命哲学和生命价值的体现，是一种高远的生活境界和精神价值的体现。宗白华说：“灵气往来是物象呈现着灵魂生命的时候，是美感诞生的时候。”[1] 审美意象创造的就是这样一个“灵”的生命空间，以感性形态的物象为依托，同时又超越这种感性的物象形态，于清明澄澈中使人的生命超越于现实生活喧嚣，见出一种心灵的自由。张世英认为，“要做一个‘真人’——一个有精神的人，我们就既要面对现实，有欲有求，又要超越现实，看到现实以外的高处远处”。意象之美就是让人们看到了现实之外的高处远处，所以“中国的意象之美是对我们日常生活提高精神境界的一个最好、最大的启示”，“中国的意象之美可以说是表达了最高层次的美。低层次的感性美，要真正美的话，也要用意象美来解释”。[2] 也可以说，意象审美使人们超越感性的、物欲的需求，最大程度地满足了人们的

[1] 《宗白华全集》，第二卷，安徽教育出版社 1994 年版，第 349 页。

[2] 张世英：《意象之美的哲学本体论基础》，《中国文艺评论》2017 年第 9 期。

精神需求。杨春时提出“意象不是现实事物的表象，而是具有超越性的现象”的观点的同时还提出了这样的观点：“现象的超越性主要不是体现在意象概念上，而是体现在意境（境界）概念上。意境（境界）与意象都是存在本体的显现，是日常经验和现实世界的升华，从而也就是现象的呈现，只不过意象强调了直观性，而意境强调了超越性。”[1] 这一观点表述看起来很奇怪，因为既然意象是具有超越性的现象，为什么又要区分意象与意境，认为意象强调了直观性，而意境强调了超越性。如果放在中国哲学美学的语境下，杨春时的这一观点则不难理解。因为在中国传统美学中，意境较之一般的意象来说，更侧重内在的精神层次，意境也可以看成是意象中最具有超越性意识的一种类型。杨春时对意境的这一理解，与宗白华、叶朗等人对意境的理解是一致的。宗白华认为，意境是以虚实为底相，是“化实景而为虚境，创形象以为象征，使人类最高的心灵具体化、肉身化”[2]，亦是从精神性、超越性的意义强调意境的审美意义。叶朗则说得更明确。他认为意象的基本规定是情景交融，而意境除了有意象的一般规定性（情景交融）外，还有特殊的规定性，那就是“超越具体的、有限的物象、事件、场景，进入无限的时间和空间”，“从而对整个人生、历史、宇宙获得一种哲理性的感受和领悟”。[3] 张世英、叶朗等人还提出“人生境界”的理论，认为“美学研究的全部内容，最后归结起来，就是引导人们去追求一种更有意

---

[1] 杨春时：《中华美学概论》，人民出版社 2018 年版，第 153 页。

[2] 《宗白华全集》，第二卷，安徽教育出版社 1994 年版，第 361 页。

[3] 叶朗：《胸中之竹——走向现代之中国美学》，安徽教育出版社 1998 年版，第 57 页。

义、更有价值和更有情趣的人生，也就是引导人们去努力提升自己的人生境界”[1]。“人生境界”理论突出了意象审美的超越性的精神价值，它的目的是将意象审美导向高远的人生目标与境界追求，这对于我们认识意象审美的价值是富有启示意义的。

“情感体验性”也是审美意象重要的特征。“情感体验性”是说审美意象创造诉诸人的情感心灵世界，是人的情感心灵对其所表现的对象世界直觉体验、心灵把握的结果。我们谈审美意象，强调其直觉感兴的特点，这种直觉感兴，不属于认识和认知论的范围，而是属于情感体验的范畴，是审美主体对对象世界的一种动情的、充满情感意蕴的体验。朱志荣说：

> 审美意象的创构的过程，反映了主体对外在的物象、事象及其背景独特的情感体验，主体从外在的物象和事象本身体悟到情趣，如从清风杨柳领略到盎然的春意，体现了我与世界、主体情怀与外在物象的亲和交融关系，使我们获得一种幸福的感情，表现出主体生命生生不已的特点。[2]

这一看法把握了情感体验对于审美意象创造的重要性，审美意象的创构不是认知，不是主客二体的分离，而是主客之间的亲密交融，是一种表现审美主体生生不已的人伦情怀与关爱的生命体验。这种体验是中国文化和中国美学精神的体现。李泽厚提出“情本体”的概念，强调继承“情生于性”的儒家情感哲学传统，

---

[1] 叶朗：《美学原理》，北京大学出版社2009年版，第16页。

[2] 朱志荣：《再论审美意象的创构——答韩伟先生》，《学术月刊》2015年第6期。

解决“情归何处”的人生安顿的终极问题。这一观点体现了中国传统文化与哲学的精神。不过，李泽厚的“情本体”主要还是从伦理学意义上说的，他认为中国哲学的核心是伦理学，所有“情归何处”的人生安顿问题都主要通过中国传统哲学的伦理精神的发扬光大而找寻到出路。在我们看来，“情”的问题也是中国美学的核心问题。杨春时将中华美学的现象学称为“情感现象学”说，认为中华美学不是认识论美学而是同情论美学，“中华现象学不同于西方现象学，在于其情感性”[1]，“中华美学从价值论出发确立了意象概念，强调意象的情感性，审美意象是审美情感的表现”[2]。“我见青山多妩媚，料青山见我应如是”，中国哲学和美学以情感会通世界，将万物看成是一个有情的世界。这样的世界如王夫之所云：

天地之际，新故之迹，荣落之观，流止之几，欣厌之色，形于吾身以外者，化也；生于吾身以内者，心也；相值而相取，一俯一仰之际，几与为通，而浡然兴矣。[3]

言情则于往来动止、缥渺有无之中，得灵响而执之有象；取景则于击目经心、丝分缕合之际，貌固有而言之不欺。而且情不虚情，情皆可景；景非滞景，景总含情；神理

[1] 杨春时：《中华美学概论》，人民出版社 2018 年版，第 157 页。

[2] 杨春时：《中华美学概论》，人民出版社 2018 年版，第 291 页。

[3] 王夫之：《诗广传》卷二，载《船山全书》，第三册，岳麓书社 1988 年版，第 383—384 页。

> 流于两间，天地供其一目，大无外而细无垠……[1]

在这个世界中，天与人相通，情与景相互生成，万物如其本然地存在，它日生日新，于宇宙生命的大化流行中呈现出无穷变化，呈现出生命最真实的状态，带给人新鲜无尽的体验与感受。

对“情感体验性”的重视，也是西方现象学美学的一个重要特点。比如，杜夫海纳就非常重视情感在审美活动中的意义。他说：

> 情感特质不仅构成作品的世界（它是作者的世界），而且还就审美经验提出了有关存在的问题，即人（这里指的是艺术家和欣赏者）揭示的、表现的而非建立的一种意义（这里指的是情感意义）的可能性问题。[2]

在杜夫海纳看来，情感在美感经验中享有一种优先的地位，既构成主体，又构成客体，可以将人与世界、主体与客体和谐地统一起来。不过，杜夫海纳谈情感，总是将情感依附于审美对象和知觉主体，并没有真正做到情感会通世界，将人与万物统一起来。大概正是意识到这一点，叶朗强调“意象”这个概念与西方现象学美学所说的“现象”的区分。他说：

---

[1] 王夫之：《古诗评选》卷五，载《楚辞通释　古诗评选　唐诗评选　明诗评选》，第二册，岳麓书社 2011 年版，第 736 页。

[2] 杜夫海纳：《审美经验现象学》，韩树站译，文化艺术出版社 1992 年版，第 496 页。

> 我们说的“意象”是在审美活动中生成的，是非现成化的，是不能脱离审美活动的，“意象”是对于实体化的物理世界的超越，这些特点与现象学的“现象”是相通的。但是如前面说过的，我们说的“意象”还是一个情景交融的世界。因为“意象”显现的不是一个孤立的物的实体，而是显现一个生活世界，在这个生活世界中，世界万物与人的生活和命运是不可分离的，所以意象世界必然是带有情感性质的世界，是一个价值世界。这一层含义，有的现象学美学家如杜夫海纳有很好的论述……但是就现象学的“现象”这个概念本身来说，它并不包含这层含义，甚至还可以说，它是排斥这层含义的。[1]

将情感体验作为审美意象的基本特征，并不排斥审美意象包含知觉、认识、理性、思维等因素。但是必须明确的是，审美意象创构中的知觉、认识、理性、思维等因素，在本质上不是属于认知和认识论范畴的，而是与情感紧密交融在一起，属于情感体验的范畴。“自昔佳人多薄命，对古来，一片伤心月”（辛弃疾），“吾心似秋月，碧潭清皎洁”（寒山），“独坐幽篁里，弹琴复长啸。深林人不知，明月来相照”（王维），“二十桥仍在，波心荡，冷月无声”（姜夔），“春风又绿江南岸，明月何时照我还”（王安石），“明月出天山，苍茫云海间。长风几万里，吹度玉门关”（李白），同是天上的一轮月亮，之所以或伤感，或澄明宁静，或

[1] 叶朗：《美学原理》，北京大学出版社2009年版，第68页。

清幽孤逸，或凄清冷寂，或欣喜希冀，或苍凉雄浑，呈现出完全不同的色彩与意蕴，原因就在于诗人所表现的月亮世界带上了浓浓的情意，充满了爱，充满了人生的情趣。张世英谈到审美直觉性时提出“思致”的概念。他说：“‘思致’是思想—认识在人心中沉积日久已经转化（超越）为感情和直接性的东西。审美意识中的思就是这样的思，而非概念思维之思的本身。”[1] 张世英在这里所说的“思致”转化为“感情和直接性的东西”，有助于我们理解审美意象创造活动中的理性与思维因素，它说明审美意象的创造并不排斥理性、思维的因素，而是将理性、思维的因素融入人们的情感体验中，以情感体验的方式而非逻辑认知的方式体现出来。

三、审美意象的类型

审美意象的类型区分也是审美意象本体阐释的一个重要方面。关于审美意象的区分，有心理学意义上的，也有艺术类型意义上的，还有诗学意义上的，等等。对审美意象类型作心理学意义上的区分，夏之放的理论可作为代表。它以表象心理学为依据，遵循“表象—意念—意象”的路线，将审美意象分为当下审美意象、象征性意象、想象性意象和幻想性意象四种类型。当下审美意象，其“象”来源于主体当下所面对的对象物之“象”，也就是当下对象在头脑中的映象、表象。由于“意”的渗入，这种表象不同于一般认识表象，而是吸收和改造了眼前景物的具象

[1] 张世英：《哲学导论》，北京大学出版社 2002 年版，第 126 页。

的某些成分，从而变成了审美意象。文艺创作中所谓“触景生情”“因物起情”“睹物感兴”等，即属此类。象征性意象，将模糊性的“意念”附着于一个较为明确的记忆表象或符号表象之上，使具体的表象因带有一定的意味而获得较为普遍的意义。我国古诗中的比兴之象，多属于此类。想象性意象是由许多表象融汇而成的新的象，或由联想其他表象而合成（如狮身人面像、猪八戒等），或由多种表象各取某些成分生发改造而成的新象。想象性意象又可细分为两种情况，一种是与生活实际联系紧密而可能存在和可能出现的新意象，一种是与实际生活脱节而不可能实现的新意象。从心理过程来说，两者都是创造性想象的产物，但为了强调二者的区别而可以把后者称为幻想性意象。这四种意象的“象”，都已不是客观事物的物理现象本身，而是主体意识中之象，或称“心象”，是渗透了主体的理解（意义、意念）、情感（意味）和行动倾向（意志）的“象”。在“意”与“象”的结合中，“意”占据着支配地位、主宰地位。正是这一点，使审美意象高于一般认识表象、记忆表象而成为具有新质的东西，成为创造性想象的光辉成果。[1] 这样的分类是有意义的，它通过审美意象与一般认知表象的区分辨析，突出了审美活动中的想象与主体心理意识的重要性，强调了审美意象是“心象”即主体审美心理活动的成果。不过，这一区分基本上停留在传统的反映论和表象心理学的水平上，没有将作为感性形态存在的意象之美与作为情感价值判断的意象之美统一起来，与我们主张的将意象看成是

---

[1] 夏之放：《论审美意象》，《文艺研究》1990 年第 1 期。

审美活动的产物，强调意象是主客一体、心物交融的结果，在此基础上展开意象分类的原则是不一样的。

从艺术类型意义上区分审美意象，可以根据不同艺术类型的形式特点加以区分，比如，诗歌有诗歌意象，戏曲有戏曲意象，书画有书画意象，音乐有音乐意象，舞蹈有舞蹈意象，等等。结合不同类型的艺术创造探讨审美意象的特点，进行审美意象的分类，也是一条很有价值的路径。因为，“意象”之所以成为中国美学的重要范畴，原因在于它是建立在中国古代艺术实践基础上的。没有不同艺术类型的审美意象创造，也就没有美和艺术本体的审美意象理论建构，作为美和艺术本体的审美意象理论建构必须以丰富的艺术实践为基础。艺术类型意义上的审美意象区分关注的是不同艺术类型媒介与形式方面的特点，诗歌意象创造离不开语言，书画意象创造离不开笔墨，戏曲意象创造离不开舞台，园林意象创造离不开山水楼台亭阁，这些不同艺术类型审美意象的形式语汇与创造又体现出不同民族、文化的独特的审美趣味与内涵，它对于进行中华意象美学的本体阐释，丰富中华意象美学的内涵同样是重要的、不可缺少的。不过，作为艺术类型意义上的审美意象，并不能涵盖审美意象的全部。我们所说的审美意象，是物与我、主体与客体的有机统一与自然契合，是审美主体即景会心、情与景合的心灵创造，它所涵盖的范围比艺术意象要大许多。朱志荣将审美意象划分为自然意象、人生意象、艺术意象三大基本类型，这一划分说明审美意象的范围超出了艺术的领域，不仅在艺术领域，而且在自然领域、社会人生领域都有一个审美意象创造的问题。

从诗学意义上区分审美意象的类型，在学术界也很常见。人们通常理解的诗学有广义与狭义的区分。广义的诗学就是文学理论，是将审美意象作为文学的一个基本类型，在此基础上进行审美意象类型的区分。童庆炳主编的《文学理论教程》可以作为这方面的代表。它将文学意象看成是与文学典型、文学意境相并列的文学形态，这一形态既不同于一般心理学意义上的意象，也不同于一般意义上的艺术形象，专指一种特殊的表意性艺术形象或文学形象，即观念意象及其高级形态的审美意象，[1] 在此基础上将意象分为寓言式意象和符号式意象两种类型。[2] 狭义的诗学专指诗歌之学，学术界关于诗学意义上的意象区分更多的是狭义的，是在诗歌领域展开的。刘若愚在《中国诗艺》中将中国古典诗歌的意象分为单纯意象（simple image）和复合意象（compound image）两类，单纯意象是一种词语的表达，它能引起实在的感觉和图画般的联想；复合意象是两件事物并置、对照，一物替代另一物以及一种经验由另一种所假托的词语表达，它包含四种亚类：并置意象、比较意象、替代意象和转借意象。[3] 陈植锷的《诗歌意象论》将诗歌意象分类法归为五种：从语言分析角度可分为静态意象和动态意象两种；从心理学角度可分为视觉、听觉、触觉、味觉、嗅觉、联觉、错觉、动觉八种；从内容上可分为自然的、人生的、神话的三种；从题材方面可分为赠

[1] 童庆炳主编：《文学理论教程》（修订版），高等教育出版社 1998 年版，第 287 页。
[2] 童庆炳主编：《文学理论教程》（修订版），高等教育出版社 1998 年版，第 294 页。
[3] Jmaes J. Y. Liu, *The Art of Chinese Poetry*, Chicago: The University of Chicago Press, 1962, p. 97. 参见周发祥《西方文论与中国文学》，江苏教育出版社 1997 年版，第 124—127 页。

别、乡思、闺怨、怀古、咏物等十四种；从表现功能方面可分为比喻型、象征型、描述型三种。[1] 这样的分类虽然对了解诗歌意象类型特点有一定的好处，却过于繁复，并不具有诗歌本体分类的意义。有的学者意识到这一点，主要从两个角度进行分类。一是从诗人的构思过程出发，将意象分为由意寻象和由象生意两类：由意寻象是诗人先有主观情感冲动或理性认识，然后搜寻相应的客观物象，实现寄托隐含，构成意象。这类意象的创造有明确的主观动机性，如王昌龄说“搜求于象，心入于境，神会于物，因心而得”，出于意识中的某种目的，而搜求的最终结果是得到了象；由象生意是诗人意识中的某一瞬间并没有某种情志浮现，由于象触动感官而兴发出某种情志，构成的意象就属于由象生意，《诗经》中有寄托的“兴”均属此类。一是从意象的存在形态出发，将其分为单象意象、多象意象、组合意象、意象群等四类。[2] 这一分类，重视的是诗歌意象生成机制和结构形态方面的特点，在诗歌意象分类中常为人们所采用。

我们所说的审美意象分类则与上述分类方法和标准不同，是美和艺术本体意义上的分类。我们将“意象”看成是美和艺术本体的范畴，看成是审美活动的产物，对其分类标准的把握也是如此，将其放在审美活动中，放在心与物、主体与客体、人与世界和谐一体的关系中讨论。

学术界不少人已意识到这一点。朱志荣将审美意象分为自然意象、人生意象、艺术意象三种类型，既是就审美意象领域而

[1] 陈植锷：《诗歌意象论》，中国社会科学出版社 1990 年版，第 127—146 页。

[2] 屈光：《中国古典诗歌意象论》，《中国社会科学》2002 年第 3 期。

言，也是就审美意象如何通过审美活动生成的规律而言。比如，他认为自然意象主要是主体受对象感发，以主体情意与对象浑融为一的结果，反映出主体在审美活动中的生命意识；人生意象是主体通过自然与人生贯通的思维方式，以生命意识对人格进行评判的结果；艺术意象则反映了主体对审美意象的自觉意识，它既通过物化形态表现出自然意象和人生意象，又体现了主体审美的最高理想。[1] 王怀义也将审美活动作为意象分类的出发点，认为审美意象是在审美活动中生成的，以主体的情感体验为核心。主体情感在客观化、物化而形成审美意象的过程中有两种形式：一是直接的感发；一是经过反省，由此形成直接式审美意象和反省式审美意象。直接式审美意象是主体预先蕴藉而未发的情感与自然物象即兴触发的结晶，其中没有理智和逻辑的营构，主体情感也随着自然物象的变动而发生改变，具有流动性；反省式审美意象是主体经过内心情感的反省之后而形成的，并不直接表现情感的本性，而以情感的趋向（理）对之加以引导和规范，情以理而彰显悠远，理以情而超然圆润。[2]

叶朗的《现代美学体系》将审美意象作为审美艺术学的核心范畴，同时认为审美艺术学的核心范畴必然也是整个现代美学体系的核心范畴，所以审美意象的讨论同样具有美的本体意义，它对审美意象的讨论同样是放在人类审美活动中的，强调审美意象是在审美活动中生成的。这种生成主要着眼于意象生成中的“意”与“象”的关系，亦即“自我”与“世界”的关系，它可

---

[1] 朱志荣：《中国审美理论》，上海人民出版社 2013 年版，第 234—242 页。

[2] 王怀义：《论审美意象的基本类型》，《贵州社会科学》2010 年第 6 期。

以分为“兴象”“喻象”“抽象”三种类型。[1] 不过，叶朗所持的这一分类标准并不统一，它可以较好地说明“兴象”与“喻象”两种意象类型，却没有说明“抽象”这一意象类型。[2] 依叶朗所确定的这一标准看，“兴象”是和中国诗歌“赋、比、兴”中的“兴”体相联系的。“兴象”的特点就是天然。一方面，“兴象”是主体的某种忘我状态所达到的无我之境。另一方面，“兴象”把对象从自然的浑然一体的连续体中“摄”出来，从自然中裁出这么一块自然，却不让人感觉到裁的痕迹。“喻象”则以诗人艺术家的心灵为本位，或偏于清醒的哲理，或偏于沉醉的情

[1] 叶朗主编:《现代美学体系》，北京大学出版社 1988 年版，第 122 页。

[2] 叶朗的《现代美学体系》将“抽象”看成是“意象”的第三种形态，“抽象”即非再现、非概念、非喻体的意象。“它与兴象相比，蒸发了具象的细节，同自然的联系不再是直接对应，而是经过抽象分解，几乎达到象与概念的临界点，但仍然具有象的时空属性，所以始终保持着感性具体的外观。它与喻象的区别是非象征性，几乎只从空间结构及材料肌质的‘活力内涵’来寻求某种感觉，而不想也不愿特地去探究或赋与它们某种延伸出来的观念。”(叶朗主编:《现代美学体系》，北京大学出版社 1988 年版，第 134—138 页) 但叶朗并没有从“自我”与“世界”的关系来分析“抽象”这一形态。需要说明的是，叶朗所说的“抽象”与西方现代美学理论所说的“抽象”是不相同的。“抽象”的美学观念最早见于德国哲学家沃林格的《抽象与移情》一书，他认为在艺术创作中，除了移情的冲动外，还有一种抽象的冲动，产生这种冲动的原因是人与环境的冲突，人因为外在世界（空间）的广大与无限而在心理上产生恐惧，于是借助抽象的艺术形式使人们摆脱对于外在物象世界的依赖，获得心灵的慰藉。后来俄国艺术家康定斯基发展了沃林格的抽象美学观念，并创造出抽象艺术这一艺术形式。它与具象艺术相对立，是非具象的艺术，它的特点是反对客观描绘自然物象，用抽象的形式（线条、色彩、块面等）来表现观念和作画。抽象艺术又分为“热抽象”（以康定斯基为代表）和“冷抽象”（以蒙德里安为代表）两种形式。虽然学术界经常谈论中国的抽象艺术，但对于中国艺术来说，无论是古代还是现代，严格意义的抽象艺术几乎是不存在的，所以将“抽象”作为一种意象类型是不妥当的。

感。在“喻象”的营构中，诗人理性与情感的主动寻访，已使物象失却了独立自存的地位，成为诗人艺术家寄托内心情意的象征。“兴象”与“喻象”的区别也反映了“自我”与“世界”关系的不同，“兴象”以“世界”为体，“自我”只需沉落到“世界”中去，所以它满足于呈现“世界”的“自相”；“喻象”以“自我”为体，“世界”成为“灵魂的历险”，所以它将“世界”看作心灵的外延，也就必然根据心灵来重组“世界”。[1]

我们也将审美意象看成是审美活动的产物，看成是审美活动中人与世界、主体与对象、心与物、情与景关系的体现，并以此为标准，将意象分为“兴象”“喻象”“超象”三种类型。

“兴象”体现了人与对象世界的自然亲和的情感关系，是人面对对象世界自然兴发感动的产物。从它的生成机制来看，是“由象生意”，也是由“象”、由外物的触动而自然产生情思，是主体与对象自然相遇、适然相合的产物，而不是人的意识和情感的刻意经营，用徐复观的话说，“由感情的直感而来”[2]，不需要有理性的思索与安排。苏轼评陶渊明诗句“采菊东篱下，悠然见南山”云“因采菊而见山，境与意会，此句最有妙处。近岁俗本皆作‘望南山’，则此一篇神气都索然矣”[3]，叶梦得评谢灵运诗句“池塘生春草，园柳变鸣禽”云“此语之工，正在无所用

[1] 叶朗主编：《现代美学体系》，北京大学出版社 1988 年版，第 122—123 页、128—129 页。

[2] 徐复观：《中国文学精神》，上海书店出版社 2004 年版，第 22 页。

[3] 苏轼：《题渊明〈饮酒〉诗后》，载曾枣庄、舒大刚主编《苏东坡全集》，第五册，中华书局 2021 年版，第 2399 页。

意，猝然与景相遇，借以成章，不假绳削，故非常情所能到”[1]，谈的即“兴象”一类诗的创作特点。“采菊而见山，境与意会”，“正在无所用意，猝然与景相遇”，即自然兴发之感，没有刻意的理性思索和安排。中国古人讲“兴象天然”，“兴则触景而得”（张戒《岁寒堂诗话》），“诗之兴，全无巴鼻”（朱熹《诗纲领》），均将“兴象”看成是人与自然、心与物、主体与对象之间自然相遇、适然相合的产物，如一片天光云影，纯粹自然，没有任何人工雕琢和名理思考的痕迹。“兴象”在《诗经》中就普遍存在，所谓“关关雎鸠，在河之洲”（《周南·关雎》），“桃之夭夭，灼灼其华”（《周南·桃夭》），都可以看成是“兴象”一类的诗。钟嵘《诗品》中所说的“高台多悲风”（曹植）、“思君如流水”（徐干）、“明月照积雪”（谢灵运）一类“直寻”“即目”之诗，刘勰《文心雕龙·物色》所描绘的“岁有其物，物有其容；情以物迁，辞以情发。一叶且或迎意，虫声有足引心。况清风与明月同夜，白日与春林共朝”[2]的审美体验，都可以纳入“兴象”的范围。明代高棅《唐诗品汇》以“兴象”论唐诗，认为盛唐诸大家皆富于“兴象”。以李白、王昌龄等人为代表的盛唐诸家，特别是他们的绝句创作，可以看成是盛唐“兴象”诗歌的典范。杜甫的诗歌如“舍南舍北皆春水，但见群鸥日日来”（《客至》），“两个黄鹂鸣翠柳，一行白鹭上青天”（《绝句四首·其三》）等，也都可以归为“兴象”一类的诗歌。“兴象”

---

[1] 叶梦得：《石林诗话》卷中，载何文焕辑《历代诗话》（上），中华书局 1981 年版，第 426 页。

[2] 刘勰著，范文澜注：《文心雕龙注》（下），人民文学出版社 1958 年版，第 693 页。

强调的是兴会神到，妙契自然，审美主体与外在对象的关系是一种生命同构关系，一旦有外物的触动和引发，审美主体自然感应其间，生发出活泼盎然的情感意象。审美主体也完全沉浸在对象世界中，与对象世界融为一体。王夫之评论《诗经·东山》诗句“有敦瓜苦，烝在栗薪。自我不见，于今三年”云：“俯仰之间，几必通也，天化人心之所为绍也。”[1] 离别家乡已三年的征夫，当他看到栗薪上面累累的瓜果——那些曾经非常熟悉的事物与场景时，感慨万分，蕴含在心中的情感自然喷发而出，这就是我们所说的“兴象”。它是天化人心在仰俯之际的相融相通，也是人的生命情感的流露与迸发，一切来得都是那样自然，没有任何矫情与造作。

“兴象”作为一个美学范畴的提出，最先来自中国古代诗学理论，被用于解释中国古代诗歌意象的创造，但是“兴象”作为一种审美意象的类型，其意义绝不只限于诗歌艺术，也不限于整个文学和艺术的领域，在人们的日常生活中，“兴象”也是重要的审美形态。《世说新语》中有很多描述，都指向“兴象”之美：

> 桓公北征，经金城，见前为琅邪时种柳，皆已十围，慨然曰：“木犹如此，人何以堪？”攀枝执条，泫然流泪。[2]

---

[1] 王夫之：《诗广传》卷二，载《船山全书》，第三册，岳麓书社1988年版，第384页。

[2] 刘义庆撰，刘孝标注：《世说新语》（上），上海古籍出版社1982年版，第77—78页。

简文入华林园，顾谓左右曰："会心处不必在远，翳然林水，便自有濠、濮间想也，觉鸟兽禽鱼自来亲人。"[1]

顾长康从会稽还，人问山川之美，顾云："千岩竞秀，万壑争流，草木蒙笼其上，若云兴霞蔚。"[2]

王之敬云："从山阴道上行，山川自相映发，使人应接不暇。若秋冬之际，尤难为怀！"[3]

王子猷居山阴，夜大雪，眠觉，开室，命酌酒。四望皎然，因起彷徨，咏左思《招隐诗》，忽忆戴安道，时戴在剡，即便夜乘小船就之。经宿方至，造门不前而返。人问其故，王曰："吾本乘兴而行，兴尽而返，何必见戴？"[4]

上述描写和记载所展示的正是一种"兴象"之美，它的最典型特点，如孙绰所说，是"情因所习而迁移，物触所遇而兴感。故振辔于朝市，则充屈之心生，闲步于林野，则辽落之志兴"[5]。又如王夫之所说，它是"自然一时之中，寓目同感。在天合气，在

[1] 刘义庆撰，刘孝标注：《世说新语》（上），上海古籍出版社1982年版，第80页。

[2] 刘义庆撰，刘孝标注：《世说新语》（上），上海古籍出版社1982年版，第91页。

[3] 刘义庆撰，刘孝标注：《世说新语》（上），上海古籍出版社1982年版，第92页。

[4] 刘义庆撰，刘孝标注：《世说新语》（上），上海古籍出版社1982年版，第396—397页。

[5] 孙绰：《三月三日兰亭诗序》，载叶朗主编《中国历代美学文库·魏晋南北朝卷》（上），高等教育出版社2003年版，第289页。

地合理，在人合情，不用意而物无不亲”[1]，无所为而无不为，不刻意经营，不带有任何外在目的，兴会神到，宇宙万物皆在画图之中，皆成为人们心中自然感应的对象。宗白华曾用“深情”和“自然”来概括晋人的美，“兴象”美的追求正是晋人向往美、酷爱生命、酷爱自由的精神的体现，是晋人满怀深情，将主体投身于自然、融于自然之中的产物。“兴象”之美，可以说最典型地体现了中国古代艺术家那种人与自然的亲和情感，是中国艺术家那种人与天地万物融为一体，寓意于物而不留意于物的情感心灵的写照。

“喻象”作为一种审美意象类型，它与“兴象”一样，也体现了人与世界、主体与对象的情景融合关系，也必须建立在情感体验和审美的兴发感动的基础上。但是，“喻象”与“兴象”不同，它不是主体与对象自然相遭、适然相合的产物。从它的生成机制来看，由意寻象，即先有主体的情感反省和理性安排，然后搜寻相应的客观对象和景物予以体现以构成意象，用徐复观的话说，是“由感情的反省而来”[2]，即出于某种情感动机和情感反省所创造的意象。“喻象”和“兴象”的区别类似于中国古代诗学所说的“兴”与“比”的区别。挚虞说“比者，喻类之言也。兴者，有感之辞也”[3]，可以说道出了“兴”与“比”的一个本质性区分，那就是“兴”是一种由物及心、触景生情的兴发感

[1] 王夫之：《古诗评选》卷四，载《楚辞通释　古诗评选　唐诗评选　明诗评选》，第二册，岳麓书社 2011 年版，第 671 页。

[2] 徐复观：《中国文学精神》，上海书店出版社 2004 年版，第 22 页。

[3] 挚虞：《文章流别论》，载郭绍虞主编《中国历代文论选》，第一册，上海古籍出版社 1979 年版，第 190 页。

动，是完全的自然感发，不像“比”那样有着明显的比附内容和理性的思索安排。刘勰的《文心雕龙·比兴》虽然继承了汉儒的“兴者喻”的说法，却明确以“理”言“比”，以“情”言“兴”，认为“比者，附也；兴者，起也。附理者切类以指事，起情者依微以拟议。起情故兴体以立，附理故比例以生”[1]，并在《物色》篇中将“兴”之起情阐释为心与物的相互感发：“山沓水匝，树杂云合。目既往还，心亦吐纳。春日迟迟，秋风飒飒。情往似赠，兴来如答。”[2]

叶嘉莹、徐复观、童庆炳等著名学者解释“比兴”，都非常重视刘勰的“比”是附理、“兴”是起情的论证，强调“兴”即心对于物的自然感发。的确，这些说法不仅将“比”与“兴”的修辞特征区分开来，而且很好地揭示了“比”与“兴”不同的美学意义：“比”是“附理”，是有意为之，有更多的理性的思索安排；“兴”是“起情”，是人在不经意之间与外物相遇而生发的一种感动，所以有更多情感心灵体验的意味。刘勰用“兴隐”二字来概括“兴”的情感意味，即说明“兴”所表现的情感相对于“比”来说，更加深远微妙，更能激发人们的想象。徐复观认为由于“兴”具有这种深远微妙性，所以“兴”的手法运用更能“形成一首诗的气氛、情调、韵味、色泽”[3]。“兴”与“比”的这种区分，实际上也涉及“兴象”与“喻象”本质上的差异。它说明“喻象”与“兴象”相比，所体现的人与对象世界的关系更

[1] 刘勰著，范文澜注：《文心雕龙注》（下），人民文学出版社 1958 年版，第 601 页。

[2] 刘勰著，范文澜注：《文心雕龙注》（下），人民文学出版社 1958 年版，第 695 页。

[3] 徐复观：《中国文学精神》，上海书店出版社 2004 年版，第 23 页。

多地是以主体、自我而非以对象世界为主导的，用程抱一的话说，“‘比’体现了主体→客体的过程，也即从人到自然的过程”[1]，其情感感动也更多地渗透着理性和思理的作用。

“喻象”作为一种审美意象的创造，还有一个重要特点，那就是它所关注的不再是它所表现的那个对象世界本身，不是让主体顺应自然，投身于自然，与自然浑融一体，而是把自然界看成是心灵的譬喻，使自然界的事物成为人伦世界的比喻与象征。将“喻象”进一步区分，可以分为比喻意象和象征意象。“摘取芙蓉花，莫摘芙蓉叶。将归问夫婿，颜色何如妾”（王昌龄《越女》），“云母屏风烛影深，长河渐落晓星沉。嫦娥应悔偷灵药，碧海青天夜夜心”（李商隐《嫦娥》），都属于比喻意象，不过前者比喻关系明显，属于明喻型意象，后者比喻意味较隐晦，属于隐喻型意象。象征意象与比喻意象特别是隐喻意象有某种相似。不过，按照韦勒克和沃伦的说法，“‘象征’具有重复与持续的意义。一个‘意象’可以被转换成一个隐喻一次，但如果它作为呈现与再现不断重复，那就变成了一个象征，甚至是一个象征（或者神话）系统的一部分”[2]，那么，象征意象与隐喻意象的区别就在于：象征意象较隐喻意象的意味更为深厚，也更加稳定，某一意象在作品中反复呈现，常常就从比喻意象转化为象征意象。闻一多的《死水》、戴望舒的《雨巷》、艾略特的《荒原》、马尔

[1] 程抱一：《中国诗画语言研究》，涂卫群译，江苏人民出版社 2006 年版，第 83 页。程抱一认为“兴”则相反，它“引入相反的客体→主体的过程，也即从自然返回人的过程”（同上，第 83 页）。

[2] 雷·韦勒克、奥·沃伦：《文学理论》，刘象愚等译，生活·读书·新知三联书店 1984 年版，第 204 页。

克斯的《百年孤独》、贝克特的《等待戈多》、毕加索的《格尔尼卡》等就属于具有丰富象征意蕴的"喻象"作品。

"超象"也是审美意象的重要类型。凡意象都具有不拘泥于具体形象、意在言外的特征。司马光解读杜甫《春望》诗云:"'国破山河在',明无余物矣;'城春草木深',明无余人矣。"[1]两个"明"字道出了杜诗之根本,即关注的不是在场的"象",而是隐含在"象"的背后不在场的东西,即所谓"象外"之意。诗人要着力描写和感叹的东西不是眼前所见的山河与草木,而是"山河在"而国之不存、"草木深"而人之不存的凄凉景象。意象追求的就是这种不在场的、超出眼前所见"象"的言外之意。从这一意义上说,意象都可以看成是"超象"的。"羌笛何须怨杨柳,春风不度玉门关","春风"可以从字面上理解,阐释为自然界的春风,意为边地苦寒,春风不度;也可以与"杨柳"相组合,以象征戍卒的离愁别绪。明代杨慎则将此诗句解释为"恩泽不及于边塞,所谓君门远于万里也"[2],虽为引申之义,却不失"春风"本义。对"春风"的多义阐释可以说充分体现了意象意在言外的特征,它可以看成是"超象"的。被古人称为"古今七律第一"的杜甫的《登高》一诗,意味含蓄蕴藉,深永绵长,仅其中"万里悲秋常作客,百年多病独登台"一句诗,即可以作多种阐释:"万里,地辽远也。秋,时惨凄也。作客,羁旅也。常作客,久旅也。百年,暮齿也。多病,衰疾也。台,高迥处也。

[1] 杜甫撰,仇兆鳌注:《杜诗详注》(上),中华书局 2015 年版,第 272 页。

[2] 杨慎:《升庵诗话》卷二,载丁福保辑《历代诗话续编》(中),中华书局 1983 年版,第 672 页。

独登台，无亲朋也。十四字之间，含有八意，而对偶又极精确。"[1] 这样的阐释，追求的亦是"意在言外"的"超象"意味。

不过，我们所说的作为审美意象一种类型的"超象"，则不是从这一意义上说的。"超象"并不是指意象超越感性形态和具体形象而具有言外之意，而是指向这样一种审美意象类型，它相比其他意象类型，更具有形而上、超越具体感性形象的精神意蕴。老子所说的"大象无形"和"大音希声"，庄子所说的"若有形若无形，故眸而得之"[2] 的"象罔"，《周易正义》所说的"遗忘已象者乃能制众物之象"，王弼所提出的"得意而忘象"的命题，所指向的就是一个"超象"的世界。"超象"的审美意象创造在意境审美中得到充分体现。人们谈论意境审美时，常常强调它的宇宙感、人生感、历史感。这种感受属于形而上的精神层次，它是康德所说的"接触美好事物，辄惆怅类羁旅之思家乡"[3] 的那种惆怅感，是尼采所说的"艺术是生命的最高使命和生命本来的形而上活动"[4]，也是中国古人所说的"城上高楼接大荒，海天愁思正茫茫"（柳宗元《登柳州城楼寄漳汀封连四州》）那种苍茫的宇宙感和人生感，它所指向的正是一个形而上的、具有无穷意蕴的"超象"世界。"无尽今来古往，多少春花秋月，那更有危机。与问牛山客，何必独沾衣"（朱熹《水调歌

---

[1] 杜甫撰，仇兆鳌注：《杜诗详注》（下），中华书局 2015 年版，第 1456 页。

[2] 郭庆藩集释：《庄子集释·天地》，载《诸子集成》，第三册，中华书局 1954 年版，第 186 页。

[3] 钱锺书：《管锥编》，第三册，中华书局 1979 年版，第 982 页。

[4] 尼采：《悲剧的诞生》，周国平译，生活·读书·新知三联书店 1986 年版，第 2 页。

头·隐括杜牧之齐山诗》）——宇宙生命是无限的，时间空间是无穷的，春去秋来、花开月圆，有多少光明永恒之象呈现在人们眼前，只要立于宇宙天地之中，就会有一种生命的彻悟，就会有一种生命的感怀，怎么还会像登牛山之人那样独自下泪，感叹人生的悲苦无常呢——朱熹的这首诗，就是有着“超象”意味的诗，它向人们展现了一种超越的美、一种超越的情怀。“天意从来高难问，况人情老易悲难诉。更南浦，送君去。凉生岸柳催残暑。耿斜河，疏星淡月，断云微度。万里江山知何处?”（张元幹《贺新郎·送胡邦衡待制赴新州》）“洞庭青草，近中秋，更无一点风色。玉鉴琼田三万顷，着我扁舟一叶。素月分辉，明河共影，表里俱澄澈。悠然心会，妙处难与君说。”（张孝祥《念奴娇·过洞庭》）读这些诗，我们在心中生成的就是一种超越的情怀和超越的美感。这种超越的情怀和超越的美感，是对于宇宙、人生、历史的深沉感受与体验，也就是人们所说的“意境”，它能达到一般意象审美所不能达到的精神高度。中国古代诗歌所追求的禅意、所追求的空灵的审美境界，也可以看成是“超象”的典型体现。叶朗说：“‘空灵’的美感是一种形而上的愉悦。”[1]“空灵”即“超象”，它与禅意和禅悟的人生体验紧密联系，“空灵的美感就是使人们在‘万古长空’的氛围中欣赏、体验眼前‘一朝风月’之美。永恒就在当下。这时人们的心境不再是焦灼，也不再是忧伤，而是平静、恬淡，有一种解脱感和自由感，‘行到水穷处，坐看云起时’，了悟生命的意义，获得一种形而上的

[1] 叶朗：《美学原理》，北京大学出版社2009年版，第397页。

愉悦”[1]。在中国古代艺术中，书法艺术可以说是一种最具有“超象”审美意味的艺术。孙过庭曰：“情动形言，取会风骚之意；阳舒阴惨，本乎天地之心。”[2] 这句话比较好地概括了书法艺术的本质。书法是“本乎天地之心”的艺术，它的字势结构和点画形态，从本质上说，不是一个抽象的符号，而是活生生的感性生命的存在。它的存在，也不在于再现客观事物的美，而是“同自然之妙有”[3]，以大千世界为观照对象，遗其神迹，取其神质，从根本上表现人们对宇宙人生的感悟与思考。所以书法艺术是一种最自由、最具有形而上体验、最具有超越精神的“超象”艺术，书法艺术展示给人们的就是一个“超象”的意象世界。

第三节　“意象”与相关范畴的语义区分

对审美意象的本体阐释，常常还面临一个问题，那就是“意象”与相关范畴的语义区分。常见的与“意象”相关的范畴有“形象”“物象”“语象”“意境”等，人们在使用这些范畴时，存在着一些混淆，对此进行辨析与区分，有助于我们更好地理解“意象”作为美和艺术本体范畴的价值和意义。

---

[1] 叶朗：《美学原理》，北京大学出版社 2009 年版，第 399 页。

[2] 孙过庭：《书谱》，载叶朗主编《中国历代美学文库·隋唐五代卷》（上），高等教育出版社 2003 年版，第 233 页。

[3] 孙过庭：《书谱》，载叶朗主编《中国历代美学文库·隋唐五代卷》（上），高等教育出版社 2003 年版，第 231 页。

一、“意象”与“形象”

“形象”是我国文艺学与美学领域中通用的一个基本范畴，也可以说是本源于西方美学与文艺理论的一个基本范畴。在西方美学和文艺学著作中，“形象”一词常常也与“意象”一词存在着混用。如罗吉·福勒主编的《现代西方文学批评术语词典》认为，“形象”（image）这一术语自 18 世纪以来是随着“想象”理论而流行的，不少理论家把“文学看成一种能在读者心中唤起生动的图象（即‘形象’）的媒质”，只是到了后来，它的用法变得越来越不严格和变化多端，用来“描述任何不同寻常的语言、隐喻、象征和修辞手段所产生的审美效果”，与“意象”（imagery）一词的含义混淆起来。[1] 在我国当代文艺学的著作或教科书中，“形象”一般被解释为文学艺术反映现实的特殊手段，是通过艺术概括所创造出来的具有一定思想内容和艺术感染力的生动具体的图画。对于“意象”与“形象”的语义区分，不少学者也进行了探讨。最早的如陈一琴的《形象·兴象·意象——古代诗论中几组形象范畴考辨之一》一文，它将“意象”看成是“形

[1] 罗吉·福勒主编：《现代西方文学批评术语词典》，袁德成译，四川人民出版社 1987 年版，第 129 页。需要指出的是，国内学术界常常将“意象”一词对应于西语的“image”，实际存在的情况却是，在西方表述“意象”用的更多的是“imagery”而非“image”这个词。按照《普林斯顿诗歌与诗学百科全书》增订版（普林斯顿大学出版社 1974 年版）的解释，“imagery”具有“精神的图象”“语言的形象”“象征性的具象”三个基本含义，这一阐释实际上说明了“意象”（imagery）与“形象”（image）的不同，即“意象”是更具有精神的（心灵的）的图象，它与一般意义上的“形象”相比，意蕴更加丰富，与语言的关系更加密切。[参见刘伟林《意象论》，《华南师范大学学报》（社会科学版）1996 年第 1 期]

象”的一个类型，即指诗歌形象范畴的一个概念。[1] 尔后一些学者也比较重视将“意象”纳入“形象”范畴中考察，胡经之的《文艺美学》专门撰写了艺术形象与审美意象一节，他所说的艺术形象是审美意象与审美物象的统一，“艺术形象就是表现、传达了审美意象的审美物象；就是物化、固定于审美物象的审美意象”[2]。有的学者则区分“表意之象”和“泛化意象”，认为“表意之象”应是“意象”概念最古老和最基本的含义，意象研究应该复活这一古义，而“泛化意象”主要产生于明清以后，它的主要特征是把“意象”理解为艺术形象，它造成了中国古代文论中的“形象”这个概念长期废置不用，因而形成了中国古代文论概念系统的重要残缺，不能与现代文论接轨。[3] 还有的学者主要从艺术构思意义上理解“意象”，认为“意象”生成于创作的构思阶段，而“形象”则主要存在于文本之中，[4] “意象就是在人们的意识中建构的形象”，“意象一旦得到物化，就成为具体可感的形象”。[5] 不过，这些看法都属于这些学者个人的理解，并没有成为学术界的普遍看法。

“意象”作为中国美学的美和艺术的本体范畴，与“形象”的区别是非常明显的。第一，“形象”是在作者和读者心中唤起

[1] 陈一琴：《形象・兴象・意象——古代诗论中几组形象范畴考辨之一》，《福建师范大学学报》（哲学社会科学版）1981 年第 1 期。

[2] 胡经之：《文艺美学》，北京大学出版社 1999 年第 2 版，第 212 页。

[3] 顾祖钊：《论意象五种》，《中国社会科学》1993 年第 6 期。

[4] 张晶：《从“意象”看审美范畴的规范使用》，《中国社会科学报》2020 年 11 月 16 日。

[5] 孔建英：《论审美意象的中介性》，《北京大学学报》（哲学社会科学版）1988 年第 4 期。

生动的图象（图画），是一种生动具体的感性形式，“意象”虽然可以看成是一种感性形式的存在，但不停留在“图象”和“图画”式呈现的水平上，而是有意蕴和内涵的东西，“意象”可以说是更具有内涵和意蕴的形象。“一条小船”是一种直诉感官的形象表述，而“一叶扁舟”却可以看成是一种内涵丰富得多、细腻得多的意象表述。温庭筠的名句“鸡声茅店月，人迹板桥霜”，单列出来，像“鸡声”“茅店”“早月”“人迹”“板桥”“晨霜”，都可以呈现为某种视觉或听觉的图象，但若不能有机地组合起来，形成一个完整统一体，就不能成为意蕴丰富的审美意象，也传达不出早行人特有的心情和氛围。所以“意象”相比“形象”来说，是更有内涵、更有情感意蕴的美学与诗学范畴。或许正是基于这样的理解，西方一些文论家反对用单纯的视觉形象和如画性解释“意象”，并不是他们否定“意象”具有这样的特点，而是因为在他们看来，单纯用视觉形象和如画性之类的字眼还无法传达出“意象”特有的韵味，也无法说明“意象”特有的表达方式。韦勒克和沃伦认为“意象”诉诸人们的感觉、知觉外，总暗示某种不可见的、内在的东西，[1] 就是这个意思。中国古代艺术家更是深通其理，所以很少谈“形象”而是论“意象”之美，如胡应麟云“古诗之妙，专求意象”（《诗薮》），王廷相云“言征实则寡余味也，情直致而难动物也。故示以意象，使人思而咀之，感而契之，邈哉深矣，此诗之大致也”（《与郭价夫学士论诗书》），刘熙载云“书与画异形而同品。画之意象变化，不可胜穷，约之，不

[1] 雷·韦勒克、奥·沃伦：《文学理论》，刘象愚等译，生活·读书·新知三联书店 1984 年版，第 202—203 页。

出神、能、逸、妙四品而已”（《艺概·书概》），因为单纯地摹写事物的形态和直白地表示感情不是美和艺术，只有“示以意象”才成其为美和艺术，才能传达出艺术品所具有的内在的、精神性的意蕴和气韵，使人们获得丰富的审美体验和感受。

第二，“形象”具有确定性、现成性的特点，“意象”具有非确定性、非现成性的特点。早在《周易》言“象”时，就是“象”“形”对举，将“象”看成是虚和非确定性的东西，将“形”看成是实和确定性的东西，所谓“在天成象，在地成形”，“见乃谓之象，形乃谓之器”，就是如此。后人言“象”与“形”，也大体沿用了这一看法，如王夫之说“物生而形形焉，形者质也。形生而象象焉，象者文也。形者必成象矣，象者象其形矣。在天成象，而或未有形；在地成形，而无有无象”[1]，即“象”“形”对举，形实而象虚。形必显现为象，所以有形必有象，但有象不一定有形，无象无实体可把握，就是有象无形。由此生发出各自不同的特征，如象具有不确定性、恍惚性，形具有确定性、明晰性等。《老子》云“大象无形”，也是将“象”与“形”区分开来，形实而象虚。这种“象”与“形”的区分，实际上隐含着对审美意象生成规律的把握。中国古人将“意象”而不是“形象”作为美和艺术的本体范畴，其意义就在于此，它重视的是“意象”的非确定性、非现成性的特点，将“意象”看成是不断生成变化的东西。而“形”“形象”常常不具有这样的特点，

[1] 王夫之：《尚书引义·毕命》，中华书局1976年版，第175页。

它是具有现成性、确定性的东西。[1] 比如，中国古代美学中有“形似”“巧似”之说，如果“形似”“巧似”只拘泥于外在描绘的相似与毕肖，如沈约的“相如巧为形似之言”[2]，“上（宋徽宗）曰：‘月季鲜有能画者，盖四时朝暮，花蕊叶皆不同。此作春时日中者，无毫发差，故厚赏之’”[3]，其所说的“形似”主要指对写景状物的精细观察，将景物毫发不差、宛然在目地表现出来，那么可以将它纳入艺术形象的范围考察，但不能将其看成是审美意象，因为它缺乏意象的内在神韵和意味。对这种形似、巧似的艺术追求，虽然在某朝某代也能成为一时之风气，比如，沈约所批评的以司马相如为代表的“巧为形似之言”的汉赋，刘勰所批评的“情必极貌以写物，辞必穷力而追新”[4] 的南朝宋初诗歌，但从总体上说，是被否定的。中国美学从总体上看是重视“意象”而非“形象”，重视“神似”而非“形似”的。“意

[1] 《辞源》对“形象”一词的解释是“人、物的相貌形状”。“人、物的相貌形状”即现成性、确定性的东西。这样的表述早在先秦两汉魏晋时期就很普遍，从《辞源》引用的《尚书·说命》《汉书·孔安国传》《后汉书·蔡茂传》等材料亦可以看出。“形象”一词作为中国古代的艺术术语，首先出现在画论中，与“图画”密切联系在一起，意在于客观、真实地描写对象，如《世说新语·巧艺》云“荀极善画，乃潜往画钟门堂，作太傅形象，衣冠状貌如平生”[刘义庆撰，刘孝标注：《世说新语》（上），上海古籍出版社 1982 年版，第 375 页]，张彦远《历代名画记》引陆机言“宣物莫大于言，存形莫善于画”[张彦远：《历代名画记》，载叶朗主编《中国历代美学文库·隋唐五代卷》（下），高等教育出版社 2003 年版，第 304 页] 等，均是如此。

[2] 沈约：《宋书·谢灵运传论》，载郭绍虞主编《中国历代文论选》，第一册，上海古籍出版社 1979 年版，第 215 页。

[3] 邓椿：《画继》卷十，载叶朗主编《中国历代美学文库·宋辽金卷》（上），高等教育出版社 2003 年版，第 278 页。

[4] 刘勰著，范文澜注：《文心雕龙注》（上），人民文学出版社 1958 年版，第 67 页。

象”与“形象”的这一区分，也是由中国古代天人合一的哲学美学精神所决定的，那就是在中国古人眼中，“意象”所表现的世界是一个有生命、有生气的世界，审美意象创造的目的就在于超越表面上形似的东西，得其神似，以激发人们的想象与情思，表现宇宙人生的丰富意蕴。

二、“意象”与“物象”“语象”

关于“意象”与“物象”的区别，学术界普遍意识到了。胡雪冈较早提出了“意象”是“客观物象”与“主观感情”统一的观点。[1] 袁行霈关于“意象”的定义更是明确了这一点。他认为，“意象赖以存在的要素是象、是物象”，“物象”是客观的，“但是物象一旦进入到诗人的构思，就带上诗人主观的色彩”，“意象是融入了主观情意的客观物象，或者是借助客观物象表现出来的主观情意”。[2] “例如，‘梅’这个词表示一种客观的事物，它有形状有颜色，具备某种象。当诗人将它写入作品之中，并融入自己的人格情趣、美学理想时，它就成为诗歌的意象。”[3] 朱志荣将审美意象分成“意”与“象”两个方面，其中的“象”，包括“物象”“事象”及其背景作为“实象”，它“作为客观元素，诉诸感官，是意象创构的前提，是审美活动的基础”，也包括主体创造性的“拟象”，特别是在“实象”基础上由

[1] 胡雪冈：《试论“意象”》，载《古代文学理论研究》，丛刊第七辑，上海古籍出版社 1982 年版，第 55 页。

[2] 袁行霈：《中国诗歌艺术研究》，北京大学出版社 1987 年版，第 62—63 页。

[3] 袁行霈：《中国诗歌艺术研究》，北京大学出版社 1987 年版，第 63 页。

想象力创构的“虚象”，虚实结合，共同组成了与主体情意交融的“象”的整体。而“意”，主要指主体的情意，包括情、理和情理统一，包括情感和意蕴。“意”与“象”的交融，创构成审美的“意象”。[1] 这一看法与袁行霈的看法相似，与之不同的是，朱志荣于“象”的部分加上了“虚象”“拟象”的内容，而且“物象”只是“象”的一个构成因素，它与“事物”“背景”等因素一起，构成审美活动意象创构的基础。[2] 不过二人的思路是一致的，都是从客体的“象”（物象等）和主体的“意”统一的角度来谈“意象”的。

从上述的表述亦可知，成为“意象”重要构成要素的“物象”是融于主观情意的，“意象”虽然是“意”与“象”的融合，但“意”在其中起着关键作用。“自有渊明方有菊，若无和靖即无梅”，“菊”和“梅”作为一种客观实在物，它有形状，有颜色，具备“象”的特征，但是，当它没有进入诗人的视野，为诗人的主观情意所浸染时，还只能作为“物”和“物象”存在，是不能称为“意象”的。所以，“意象”又通常被阐释为“意中之象”，如韩经太、陶文鹏认为：“‘意象’之义就可以简洁地阐释为‘意中之象’，也就是有的学者所揭示出来的‘心象’……这

---

[1] 朱志荣：《论审美意象的创构》，《学术月刊》2014 年第 5 期。

[2] 这一观点在他最近发表的文章《论审美意象创构中的“象”》[《云南师范大学学报》（哲学社会科学版）2020 年第 6 期] 中有了新的表述。在此文中，朱志荣认为“物象”不同于物体和物形，带上了主观色彩，它指的是对象的物色，包括情态等，是在主体眼中具体的整体性呈现，“物象”是心灵的载体，“物象”与心灵的融合互相点亮对方，从而成就了意象。“物象”与事象、背景一起成为审美意象创构的基础。

样的阐释，其实已经是‘意象’阐释史本身所积淀而成的最基础性的阐释意向，尽管它似乎显得太简单，但它的存在却是不争的事实。”[1] 这也是学术界的普遍看法，只是在具体使用中常常存在着混淆。蒋寅看到了这一点，认为学术界谈意象，“一方面肯定意象是意中之象，同时却又总是用它来指称作为名词的客观物象本身。较早地全面探讨意象内涵的袁行霈、陈植锷两位先生的著作即如此”[2]。他们意识到“物象是客观存在，只有进入诗人的构思，经过审美经验和人格情趣两方面加工，物象才成为意象”，但在具体批评中，“却总是将意象对应于个别的物象和事象，落实到与单个物象相对的词语，于是意象就被视为诗歌作品的基本材料和最小单位。陆游《临安春雨初霁》‘小楼一夜听春雨，深巷明朝卖杏花’一联，袁先生即将它分解为小楼、春雨、深巷、杏花四个意象。这种处理不知不觉会影响到对诗歌的理解和说明，进而造成理论上的差互”。[3] 从古人对“物象”一词的使用中，蒋寅抽绎出一种对“物象”的理解，即“物象”主要指自然界的事物、景物，即“物色”。唐代诗人称为“物象”的，如高适的“连唱波澜动，冥搜物象开”（《陪窦侍御灵云南亭宴诗得雷字》），孟郊的“视听改旧趣，物象含新姿”（《同年春燕》）等，其意均如此。而在“物象”之外，还有如颜色、声响以及动词等所指称的东西，如王安石“春风又绿江南岸”中的“绿”，

[1] 韩经太、陶文鹏：《也论中国诗学的“意象”与“意境”说——兼与蒋寅先生商榷》，《文学评论》2003 年第 2 期。

[2] 蒋寅：《古典诗学的现代诠释》，中华书局 2003 年版，第 17 页。

[3] 蒋寅：《古典诗学的现代诠释》，中华书局 2003 年版，第 17 页。

贾岛“僧敲月下门”中的“敲”，不是“物”，但依然是“象”。[1] 为避免这种概念上的混淆，他认为应该引进当代批评家所使用的一个新概念——“语象”来指称“物象”以外的“象”。“语象对于诗就是存在世界的‘基本视象’，作为本文的结构单位，语象可视为本文不可再分的最小元素，物象包含在语象概念中，意象则由若干语象的陈述关系构成。”[2]

的确如蒋寅所说，中国学者在使用“意象”和“物象”的概念时存在着语义的混淆。人们一方面强调“意象”是意中之象，是不能脱离主体的情感意识的，“物象”只有进入主体意识中，才能成为“意象”；另一方面，又将“意象”对应于个别的“物象”和“事象”，“意象”成为与“物象”平行的下位概念，成为诗歌作品的基本材料和最小单位，如上文所例举的袁行霈关于陆游“小楼一夜听春雨，深巷明朝卖杏花”诗的解读。所以，提出“语象”的概念，将“物象”包含在（诗歌的）“语象”概念之中，以区别“意象”与“物象”的不同，对于理解“意象”的基本含义是有价值的。

但是，蒋寅关于“意象”与“语象”的区分与我们对审美意象内涵的把握又有着本质的不同。蒋寅提出的“语象”概念，与赵毅衡的《新批评——一种独特的形式主义文论》一书对新批评

[1] 蒋寅：《古典诗学的现代诠释》，中华书局2003年版，第22页。
[2] 蒋寅：《古典诗学的现代诠释》，中华书局2003年版，第23页。

"icon"概念的译介相关。[1] 赵毅衡认为，"语象"（icon）是新批评为他们所研究的诗歌语言形象所找到的特殊术语，新批评采用这个词是为了避免"image"词义混乱给文学批评造成的极大困难，因为人们通常将"image"解释为"意识中的象"，新批评则认为这一解释忽视了"image"是语言构成的这一基本事实，所以提出"icon"这一概念以表明他们所说的"image"不是"意识中的象"（意象），而是"语言中的象"，"是用物质的材料（包括文字）所制成的象"。[2] 蒋寅采用了赵毅衡的"语象"（icon）概念，却不像赵毅衡那样将"语象"（icon）与"意象"（image）的语义明确区分开来，而是认为当年赵毅衡在《新批评——一种独特的形式主义文论》一书中用"语象"作"icon"的译语，但"icon"一词恰恰接近中国自古所用的"意象"的含义。[3] 他将"语象"看成是诗歌本文不可再分的最小元素与单位，认为"物象是语象的一种，特指由具体名物构成的语象"，"意象"则是"经作者情感和意识加工的由一个或多个语象组成、具有某种诗意自足性的语象结构，是构成诗歌本文的组成部分"。[4] 这样，

---

[1] 在中国美学界最早运用"icon"一词来诠释"意象"的是钱锺书。他在《管锥编》中论及诗歌意象与"易象"的区分时，提出"易象"是"指示意义之符"（sign），"象"只是阐明义理的工具，所以得意后可以"舍象"；诗歌意象则是"体示意义之迹"（icon），即用"语象"（icon）来创造艺术形象，语言已成为本体，"意"寄寓在语言形式（象）之中，所以不可以"舍象"，更不能"变象"。（钱锺书：《管锥编》，第一册，中华书局 1979 年版，第 12 页）

[2] 赵毅衡：《新批评——一种独特的形式主义文论》，中国社会科学出版社 1986 年版，第 134—135 页。

[3] 蒋寅：《古典诗学的现代诠释》，中华书局 2003 年版，第 23 页。

[4] 蒋寅：《古典诗学的现代诠释》，中华书局 2003 年版，第 27 页。

“语象”和“意象”都成为诗歌本文结构方面的术语，而不是与审美活动和审美经验发生关系。其实，如果脱离了人们的审美经验，将“意象”完全看成是某种自足性的语象结构，那么这种自足性到底意味着什么，是很难说清楚的。比如，蒋寅对杜甫《绝句四首·其三》“两个黄鹂鸣翠柳，一行白鹭上青天。窗含西岭千秋雪，门泊东吴万里船”进行分析，称黄鹂、翠柳、白鹭、青天都不是意象，只有这些物象组合在一起才能形成意象。他的依据在于，意象是“被诗意观照的事物，也就是诗歌语境中处于被陈述状态的事物”[1]。单纯的物象如黄鹂、翠柳等并无诗意，因而也并非意象；“实际上是‘两个黄鹂鸣翠柳’这个完整的画面才是一个意象，而作者的感觉和意趣也融入了其间。同理，‘一行白鹭’也只是有数量限定的名词，付之‘上青天’的动作，才构成一个意象”[2]。对此观点，苏宏斌等人予以反驳，认为其看似有理，实则不然。原因在于，诗歌中的黄鹂与现实中的黄鹂不同，本就是一种被陈述的事物，因而已经从实物变成了意象。蒋寅以为单是“黄鹂”这个词语并无诗意，只有把黄鹂与青天连缀起来才有诗意，此看法大谬不然。试想一下，把这里的黄鹂换成麻雀、乌鸦，势必大煞风景，诗意也就荡然无存了。黄鹂在生活中看似一种普通的鸟类，但在此处出现却是诗意盎然的。因为只有它那清脆的鸣声以及“黄鹂”二字那悦耳的发音，才能与另一

[1] 蒋寅：《古典诗学的现代诠释》，中华书局 2003 年版，第 21 页。
[2] 蒋寅：《古典诗学的现代诠释》，中华书局 2003 年版，第 19 页。

意象“青天”相得益彰，也才能成功地烘托出此诗的意境。[1]这一反驳是有力的，因为审美意象创构是一种意向性活动，在意向性的审美活动中，不论是语象，还是物象，进入艺术作品中，都是主体意向性对象，都染上了主体强烈的情意色彩，都是被陈述的东西，都是与审美主体的情感经验紧密联系起来的，并不能说单纯的物象并无诗意，只有组合的物象、语象才有诗意，才能构成审美意象。

那么，我们如何理解“物象”这一概念的语义内涵呢？笔者认为，对于“物象”概念的理解应该有广义与狭义的区分，广义的“物象”即人们通常所说的“象”，它不是客观物，而是融入了主观情意的“象”。袁行霈认为“意象赖以存在的要素是象、是物象”，他实际上也是将“物象”等同于“象”。学术界普遍将“意象”看成是“主观情意”和“客观物象”的统一，所说的“物象”实际上就是“象”。“象”构成了审美意象的基础，没有“象”就谈不上审美意象的创造。但是，“象”又是不能脱离“意”的，“象”与“意”在人们的审美活动和审美意识中实际上是不可分割、浑然一体的。这种浑然一体、不可分割体现了审美意象创造的本质特点。在这里，没有主观与客观的区分，不能说先有一个物象的客观存在，然后再有一个主观意识去发现它，去创造它。作为审美意象构成基础的“象”本身就是人们审美意识发现照亮的结果，“象”与“意”、“美”与“美感”是同步生成

[1] 苏宏斌、廖雨声：《试论通感意象的“间体”结构——通感意象的现象学阐释》，《华南师范大学学报》（社会科学版）2013 年第 4 期。

的。若从狭义上说，“物象”则可以像蒋寅所说的那样，主要指向自然界的事物、景物，即“物色”；或者如朱志荣所说，是带上了主观色彩的“物色”（包括情态）一类的东西，与人们通常所说的“象”的另一些形态，如“事象”“情象”等相区分，它是“象”的构成要素之一。但需要指出的是，无论怎样理解“物象”，作为审美意象的“象”（物象），都不能如蒋寅所说的那样，变成“语象”的一种，成为诗歌本文不可再分的最小元素与单位。因为我们所说的审美意象的“象”（物象）从根本上不是关于诗歌本文结构方面的范畴，而是与人们的审美经验、审美意识联系在一起的，是一种审美创造。也正因为此，我们不赞成蒋寅将“语象”看成是界定“意象”的基础概念，从诗歌本文立场出发定义意象范畴，将“意象”定义为“经作者情感和意识加工的由一个或多个语象组成、具有某种诗意自足性的语象结构，是构成诗歌本文的组成部分”[1]。其原因在于：一、“语象”概念来自新批评，针对的对象主要是以语言阐释为基础的诗歌（文学）批评，是关于诗歌本文结构的概念范畴，而中国古代美学诗学中的“意象”概念不能只从诗歌本文方面理解，更重要的须从审美活动和审美经验方面予以阐释；二、蒋寅对“意象”概念的理解，试图超越中国传统美学诗学的审美经验，将“意象”变成关于日常批评的工具性概念，进行“一种规定性的界说”[2]，这也是有违中国美学诗学的实际情况的。中国古代美学重视审美感悟

[1] 蒋寅：《古典诗学的现代诠释》，中华书局2003年版，第27页。

[2] 蒋寅：《古典诗学的现代诠释》，中华书局2003年版，第15页。

与感兴，提出一个概念的时候，一般不会进行这样的规定性界说，更不用说脱离中国美学自身特点，运用西方美学的概念范畴进行规定性界说。正确的方法还是应该回到中国传统美学自身，在深刻体悟传统意象美学精神的基础上诠释和理解“意象”概念的内涵。

三、“意象”与“意境”

对审美意象进行本体阐释，涉及一个重要的理论问题，那就是如何理解“意象”与“意境”的关系及语义内涵。对此，学术界存在许多不同看法。

有一种看法在学术界具有普遍性，那就是将“意象”看成是“意境”的材料，认为“意象”与“意境”的关系是局部与整体、材料与结构的关系。最早，袁行霈对“意象”与“意境”关系的阐发就持这样的观点，认为“意象是形成意境的材料，意境是意象组合之后的升华”[1]，“意境的范围比较大，通常指整首诗，几句诗，或一句诗所造成的境界，而意象只不过是构成诗歌意境的一些具体的、细小的单位”[2]。陈良运将“意象”看成是意境创造的中介环节，亦认为“意象是构成诗的意境的原件”，“它们之间的关系是局部与整体的关系”。[3] 蒋寅、古风等人对“意象”与“意境”关系的阐发，大体也是持这样的看法。比如，蒋

[1] 袁行霈：《中国诗歌艺术研究》，北京大学出版社 1987 年版，第 56 页。

[2] 袁行霈：《中国诗歌艺术研究》，北京大学出版社 1987 年版，第 64 页。

[3] 陈良运：《中国诗学体系论》，中国社会科学出版社 1992 年版，第 288—289 页。

寅认为："意象与意境的关系，就是局部与整体、材料与结构的关系，若干语象或意象建构起一个呼唤性的本文就是意境。"[1]古风与蒋寅的看法略有不同，但基本意旨还是一致的。他认为"意象"与"意境"的内涵差异主要体现在"象"与"境"两个字上。所谓"象"，即物象，指单个自然景物；所谓"境"，即众象，指由多个自然景物所构成的艺术形象。"意象"是指"意"与"象"的统一，即由主体之意（或情）与一个单纯的自然景象（或景物）合构而成；"意境"是指"意"与"境"的统一，即由主体之意（或情）与若干个自然景象（或景物）合构而成。因此，意象内涵单一，意境内涵丰富；意象内涵小，意境内涵大。[2] 这些表述与中国传统美学诗学有一定的关系。中国传统美学诗学存在着一种观点，那就是谈"意象"，常常偏重于诗歌的局部；谈"意境"，常常偏重于诗歌整体形象的塑造。从这一意义上说，上述看法有一定道理，但是它并不是我们所说的美和艺术本体意义上的"意象"与"意境"的区分。它主要是从诗歌本文结构立场上看待"意象"与"意境"的区分的，没有从中国古代审美意识和审美经验的高度理解"意象"与"意境"的差异。

另一种看法则不然，它注意从中国传统美学的审美意识和审美经验的高度把握二者的区分。比如，陈伯海认为，"意象"与"意境"之间更重要的差异不是局部与整体而是象外与象内的界分，"意境"与"意象"相比更具有象外的审美意味，"意境"亦

[1] 蒋寅：《古典诗学的现代诠释》，中华书局 2003 年版，第 28 页。
[2] 古风：《"意象"范畴新探》，《社会科学战线》2016 年第 10 期。

可以看成是“在意象的基础上向着整体化与超越化的生成”。[1]这也是学术界的一个普遍看法，不少人谈意境审美，都强调“意境”的“境生于象外”的超越性的审美特征。张少康认为，只讲“意境”是情景交融、主客观统一的艺术形象，只是揭示了“意境”作为艺术形象的一般规律，还未揭示“意境”的特殊规律。中国古代艺术意境的基本特征是“以有形表现无形，以有限表现无限，以实境表现虚境”，“意境的特殊性最主要的就表现在‘境生象外’这一点上”。[2]叶朗对“意境”这一基本特征的认识则更为深刻。他认为，近代以来，很多人是在“意象”（即“情”“景”交融）的意义上理解和使用“意境”这一概念的。这样理解，从一方面看是正确的，因为任何艺术的本体都是“意象”，“意境”并不是和“意象”不同的另一种艺术本体。但是从另一方面看，这样理解又是不准确的，“意境”是“意象”，但并不是任何“意象”都是“意境”，“意境”除了有“意象”的一般规定性（如“情”“景”交融）之外，还有自己的特殊性。[3]“从审美活动的角度看，所谓‘意境’，就是超越具体的、有限的物象、事件、场景，进入无限的时间和空间，即所谓‘胸罗宇宙，思接千古’，从而对整个人生、历史、宇宙获得一种哲理性的感受和领悟……这种带有哲理性的人生感、历史感、宇宙感，就是‘意境’的意蕴”，就是“意境”的特殊性。“‘意境’是‘意象’中

---

[1] 陈伯海：《中国诗学之现代观》，上海古籍出版社 2006 年版，第 178 页。

[2] 张少康：《论意境的美学特征》，《北京大学学报》（哲学社会科学版）1983 年第 4 期。

[3] 叶朗：《美学原理》，北京大学出版社 2009 年版，第 267 页。

最富有形而上意味的一种类型。”[1] 韩林德的观点与叶朗相似，认为“意境产生自意象，又超越于意象（‘境生于象外’）。‘意境’只是具有意象美的艺术中一些能深刻表现宇宙生机和人生真谛、给人以‘味外之味’审美感受的艺术精品的美学特征”[2]。

朱志荣对“意象”与“意境”关系的阐释可谓翔实系统。在《论意象和意境的关系》一文中，他将“意象”与“意境”看成是相关的、含义有一定重叠的范畴，认为意象是关于美的本体形态的指称，意境是意象的境界，主体通过意象建构的独立自足的世界，由单个意象及其背景或意象群及其背景在主体的心灵中所呈现的整体效果就是意境，意象通过具体可感的“象”得以呈现，经由主体的超感性体悟在心中成就意境。意境范畴的使用是对意象范畴的拓展。主体在感悟意象时，由象生境，意在境中。意象和意境都以“心”为本，具有鲜明的主体性特征。意象源自心象，意境源自心境。意象和意境都体现出创造性，都追求虚实相生。[3] 当有论者批评朱志荣的意象理论由于虚实相生的“象外之象”实际已涉及意境范畴因而显得不够圆融时，[4] 朱志荣做出了回应，进一步阐发了“意象”与“意境”的关系：第一，意境所涉及的内容与意象差不多，都在强调其“情景交融”的特征。第二，意象与意境的关系，是一体两面的关系。意象侧重于

[1] 叶朗：《美学原理》，北京大学出版社 2009 年版，第 270 页。

[2] 韩林德：《境生象外：华夏审美学与艺术特征考察》，生活·读书·新知三联书店 1995 年版，第 51 页。

[3] 朱志荣：《论意象和意境的关系》，《社会科学战线》2016 年第 10 期。

[4] 韩伟：《美是意象吗——与朱志荣教授商榷》，《学术月刊》2015 年第 6 期。

感性形态，意境则更侧重于内在的精神层次，意境通过意象而呈现，在某种程度上说，意象也可以理解成意境。第三，学术界有一种观点，认为意象是单个的，而意境是由几个意象或整个意象群构成的，这与意象和意境是一体两面的观点并不矛盾。因为可以是单个意象及其背景构成意境，也可以是意象群组合而成一个整体的境象。第四，意象和意境所指称的特征是有所不同的。形神兼备主要指意象的特征，虚实相生、动静相成则更侧重于描述意境的特征。最后，他还陈述了他选择“意象”而不是“意境”作为中国美学的核心范畴的原因主要在于比起意境来，意象源远流长，形成了一个更为悠久的传统，而且它的意义相对更加稳定，可以捉摸，意境的含义则相对难以捉摸；意象侧重于感性形态，相对具体，而意境侧重于内在特质，相对抽象。[1]

朱志荣对“意象”与“意境”关系的阐发，也可以说是在综合前人观点的基础上形成的，既注意到“意象”与“意境”的本文生成方面的特点（局部与整体），也抓住中国古代审美意识的特征展开，强调“意象”与“意境”情景交融、虚实相生的生成特点。其关于意象侧重于感性形态，意境更侧重于内在的精神层次的表达，应该说也抓住了意象与意境审美的一个本质上的差异，突出了意境审美不同于一般意象创造的精神性、心灵性特点。但是，朱志荣并没有厘清“意象”与“意境”之间的差异。比如，他一方面认为意象与意境都是情景交融、虚实相生的，另一方面又认为意境是从境界角度指称意象的，更侧重于强调内在

[1] 朱志荣：《再论审美意象的创构——答韩伟先生》，《学术月刊》2015年第6期。

气韵、神韵等，所以形神兼备主要指意象的特征，虚实相生、动静相成则更侧重于描述意境的特征。这一观点表述就存在着矛盾：既肯定虚实相生是意境与意象共同的特征，又将虚实相生主要看成是意境的特征。朱志荣对“意境”的理解，始终以“意象”为基础，认为“意境”是建立在意象理论基础上的“意境”，这一观点有其合理性。因为“意象”和“意境”范畴在中国古代的阐释视野中的确存在许多共同之处，它们都是中国哲学美学思想和艺术实践的产物，都体现了中国古代天人合一、物我同一的哲学精神。“意象”的基本特征是主体与客体、心与物、意与象、情与景的统一，意境创造也必须以此为基础。

但是，这并不意味着“意境”与“意象”范畴可以等同起来。这是因为，“意象”作为一个标示中国古代艺术和美的本体的范畴，重在“意”与“象”、主体与客体关系的把握，而“意境”则超越有限的“象”，进入一个无限丰富的联想与想象的艺术空间中，是一个标示中国古代审美意识和艺术境界“层深创构的”（宗白华）的美学范畴。所以“意境”与“意象”两个范畴虽有联系，亦存在着明显的差异。这种差异，如叶朗所概括的那样，“意象”的基本规定就是情景交融，而“意境”除了有“意象”的一般规定性（“情”“景”交融）外，还有自己的特殊的规定性，那就是“超越具体的、有限的物象、事件、场景，进入无限的时间和空间”，“从而对整个人生、历史、宇宙获得一种哲理性的感受和领悟”。用宗白华的话说，“意境”是以虚实为底相，是“化实景而为虚境，创形象以为象征，使人类最高的心灵具体化、肉身化”。“意境”可以说典型地体现了中国古人的超越意识和形而上的审美追求，也可以说是“意象”中最富于形而上的人生体验和审美追求的一种类型。“意境”，它是一个充满宇宙生命意识和活力的艺术空间，也是一个充满欣欣生意和人生情味的艺术空间。王维诗曰“行到水穷处，坐看云起时”，“空山不见人，但闻人语响”，表现的是一片空静寂灭，可于空寂中却又感到心灵的跃动与宇宙万物的生命相通。“江山无限景，都在一亭中”（张宣），“惟有此亭无一物，坐观万景得天全”（苏轼），在意境美的感悟中，人们总是能通过有限的景物感受到宇宙人生的无限意味。所以，“意象”与“意境”的关系不能如有的学者所理解的那样，是外在的感性形态与内在的精神境界层次，“意象”也可以理解为“意境”的关系，[1] 而是应该将“意境”看成是意象审美的一种特殊类型，看成是产生于意象又超越意象的艺术创造。“意境”的妙谛不在象内，而在象外，在“象外之象、景外之景、味外之味”的审美虚空世界的创造，它以主客一体、情景交融、虚实相生的艺术形象来表现宇宙人生的丰富意蕴，从而激发出人们无限丰富的想象和情思，是艺术创造的高标准和高要求，并非只要是情景交融，能创造意象的艺术作品都能达到“意境”的审美层次；也不能如有的学者所说的那样，“单体为象，合体为境”[2]，即将“意象”看成是主体之意（或情）与单个自然之景（或景物）合构而成的艺术形象，认为“意境的范围比较

[1] 朱志荣：《再论审美意象的创构——答韩伟先生》，《学术月刊》2015 年第 6 期。
[2] 古风：《意境探微》，百花洲文艺出版社 2001 年版，第 196 页。

大，通常指整首诗、几句诗或一句诗造成的境界，而意象只是构成意境的一些具体的细小的单位”[1]，或者从物象、语象的意义上定义意象，将“意象”仅仅作为意境创造的结构要素与手段看待，而忽视意象本身也是一种完整的艺术形象创造，是主客一体、物我交融的产物。

[1] 袁行霈：《中国诗歌艺术研究》，北京大学出版社 1987 年版，第 64 页。

第四章 中国古代艺术的审美意象创造

“意象”作为一个审美范畴的提出，与中国古代艺术实践密不可分。意象创构反映着不同艺术家的创作特色，诚如袁行霈所说：“一个诗人有没有独特的风格，在一定程度上即取决于是否建立了他个人的意象群。”[1] 邓小军教授说，李白的诗有一个意象系统，即太阳、月亮、长江、黄河，有日月经天、江河行地之美。他把他的生命、才情都挥洒到那上面去了。[2] 你要了解李白那种浪漫才情和飘逸风格，了解李诗的艺术成就和审美创造，显然必须熟悉这个意象系统，对这个系统进行美学的分析和探讨。又如，李商隐的诗，它也有着自己的意象系统，比如金、玉、灯、烛、烟、柳、书、梦、衰草、枯荷等，其中“雨”则是一个最典型的意象符号。王蒙的《雨在义山》一文对此有很好的分析。他认为，李商隐的诗喜欢写“雨”，不管是细雨、冷雨，还是暮雨、夜雨，写得都有声有色、体物传神，而且还传达出一种迷离、忧伤、阻隔的主观感受，带来一种别情如雨、雨情含恨的难以排遣的乡愁和漂泊感。[3] 要了解李商隐诗歌的特点和艺术成就，作这样的艺术分析和探讨显然也是非常必要的。再如，要把握宋元文人画的审美趣味与特色，离开了对画中经常出现的经典意象如寒林、远山、瘦石、枯木、墨竹等的分析探讨，显然也是不可能的。意象与中国艺术实践的关系还可以从原型意义上理解。“原型”（archetype），西方一些理论家（如荣格）常常就将

[1] 袁行霈：《中国诗歌艺术研究》，北京大学出版社 1987 年版，第 66 页。

[2] 胡晓明：《唐诗与中国文化精神》，载胡晓明选编《唐诗二十讲》，华夏出版社 2009 年版，第 4 页。

[3] 王蒙：《雨在义山》，载胡晓明选编《唐诗二十讲》，华夏出版社 2009 年版，第 325—338 页。

它称为“原始意象”(primordial image)。荣格说，原型“是整个族类，全人类的声音一齐在我们心中回响”[1]。中国古代艺术中常见的明月、秋风、夕阳、黄昏、细雨、落花、流水、枯木、长亭、古道、杨柳、归雁等意象，均具有原型审美的意义。原型是一种历史积淀，从深层次反映民族的审美意识和心灵世界，要把握中国艺术的特征，显然应该重视原型意象的审美内涵的研究。

本书对中国艺术的审美意象创造问题的探讨，主要从艺术类型方面展开。“意象”作为美和艺术本体的范畴存在，它反映了各门艺术的共同特点，那就是意与象的交融、情与景的融合，在意象交融、情景融合的世界中生成丰富的意蕴。但是，不同艺术类型的意象创造又具有不同的特点，这种特点是与不同艺术类型所依赖的媒介手段、形式特征密切相关的，反映着不同艺术类型所蕴含的哲学美学观念和意识，并与不同时代、不同民族、不同阶层的人们的欣赏习惯和审美趣好有着密切关系。比如，对中国书画审美意象特征的认识，就不能脱离笔墨、线条一类形式语汇，不能脱离汉字构型和书写的特征，不能脱离中国书画以书法为骨干、画融诗心、诗入画景的表现特征，并且还要充分注意中国基本的哲学观念，特别是《易经》的宇宙观以及老庄、禅宗的思想影响。正是意识到这一点，本章主要结合不同艺术类型所表现出来的形式特征及其审美观念等来探讨中国艺术的审美意象创造的理论与实践价值。拟选择中国诗歌艺术、中国书法艺术、中国音乐艺术、中国戏曲艺术、中国水墨山水画艺术、中国园林艺术六种艺术类型展开讨论。

---

[1] 荣格：《心理学与文学》，冯川、苏克译，生活·读书·新知三联书店 1987 年版，第 121 页。

第一节 中国诗歌艺术的审美意象创造

“意象”作为中国美学的核心范畴被提出，其诗学价值和意义是非常突出的。[1] 对于中国美学来说，“意象”首先是作为一个诗学范畴被提出来的，中国诗歌艺术创造的本体即意象。从刘勰的《文心雕龙》开始，“意象”作为诗歌艺术的本体范畴就进入人们的理论视野。唐代是审美意象理论确立时期，这种确立也可以说是诗学和诗歌本体意义上的。王昌龄的《诗格》提出的“搜求于象，心入于境，神会于物，因心而得”的观点，是对审美意象创造的主客、心物关系的辩证阐释，既强调了客体（物）的因素对于审美意象生成的重要性，又高度肯定审美意象的创造是艺术家“心入于境”“因心而得”即审美主体自由发挥想象、自由运思的结果。唐人还提出“意与境会”“境生于象外”“象下之意”“象外之象”诸多美学命题，对诗歌意境的本质作出了规定，推进了意象诗学理论的发展。明代是审美意象理论成熟时期，主要也是在诗学领域展开的，其突出的理论贡献就是进一步明确了“意象”的诗歌本体的意义。胡应麟的“古诗之妙，专求意象”（《诗薮》），王廷相的“言征实则寡余味也，情直致而难

[1] 相比西方美学，中国美学与诗学、与诗歌理论的关系更为密切。先秦美学主要论证的对象就是“诗”，从孔子提出“诗可以兴，可以观，可以群，可以怨”命题就可以见出。中国诗歌的主要艺术类型为抒情诗，主要是以抒情诗为对象来建构诗学，因而形成了以“意象”为中心的诗学范畴体系，这一体系又辐射影响到其他艺术类型，从而使“意象”成为中国美学的中心范畴。

动物也。故示以意象，使人思而咀之，感而契之，邈哉深矣，此诗之大致也”（《与郭价夫学士论诗书》），陆时雍的“《三百篇》赋物陈情，皆其然而不必然之词，所以意广象圆，机灵而感捷也”（《诗镜总论》），等等，都是以“意象”作为诗歌本体，认为单纯地状写事物和直白地表达感情的都不是诗，也不能成其为美，只有“示以意象”的才是诗，才能使人们获得审美感受。到了清代，王夫之、叶燮等人的观点，则进一步强化了这一本体地位。王夫之以“情景”和“现量”为核心论诗。情与景的统一构成审美意象的基本结构，审美意象就是情与景的内在统一。王夫之还明确将“诗”和“志”“意”加以区别，认为诗的本体是审美意象而不是“志”与“意”。到了近现代，无论是王国维还是朱光潜，他们对“意象”的讨论，都是以诗学和诗歌艺术为中心的。王国维的“意境”理论是以意象理论为基础的意境论，包含着对诗歌艺术创造的本体即情与景、意与象、隐与秀关系的辩证把握。朱光潜的《诗论》《文艺心理学》等既是重要的诗学著作，也是重要的美学著作，其将“审美意象”作为美的本体范畴提出，主要也是以诗歌艺术实践为依据，通过诗歌艺术的主客体关系、情景关系、意象与情趣关系的阐发，将“意象”由诗学范畴上升到美学范畴，进行美和艺术理论的本体建构。

中国古代意象诗学的许多重要范畴，如情景、虚实、兴象、意象、气象、兴趣、神韵、意境等，都直接指向诗歌审美意象的创造。比如，“情景交融”是意象的一个本质规定，而关于“情景”关系的论述首先是在诗学领域展开的。早在魏晋时期，刘勰提出“窥情风景之上，钻貌草木之中”（《文心雕龙·物色》）

时，此中“景”就带着强烈的情感意味进入诗学领域。到了宋代，“情”与“景”则成为一对基本的美学范畴，指向诗歌意象本体的创造，如范晞文所说的“景无情不发，情无景不生”，“情景相融而莫分也”（《对床夜语》）。明清时期，谢榛、王世贞、王夫之等人又进一步发展了中国古代诗学的“情”“景”理论，强调“情”与“景”的交融不可分，使“情景”成为指向诗歌意象本体创造的重要美学范畴。

不仅如此，中国古代诗学还对诗歌意象创造的情景关系所表现出来的不同类型进行了详细的探讨，比如王夫之的情景理论。他指出诗歌意象情景关系表现有两种类型，即“景中情”和“情中景”：“景中情者，如‘长安一片月’，自然是孤栖忆远之情；‘影静千官里’，自然是喜达行在之情。情中景尤难曲写，如‘诗成珠玉在挥毫’，写出才人翰墨淋漓、自心欣赏之景。”[1]“景中情”是只有景语，没有直接描写和抒发诗人的情感。王夫之又将此称为“活景”，其曰：“‘天际识归舟，云间辨江树’，隐然一含情凝眺之人，呼之欲出。从此写景，乃为活景。”[2]“活景”是表面上虽不直接写情，却是景中藏情，景中含情，句句关情。比如李白的《黄鹤楼送孟浩然之广陵》：“故人西辞黄鹤楼，烟花三月下扬州。孤帆远影碧空尽，唯见长江天际流。”全诗只有对客观景物的描写，字面上一点也没有透露出对友人的情意和态度。

[1] 王夫之：《姜斋诗话》卷下，载王夫之等撰《清诗话》，上海古籍出版社 1999 年版，第 11 页。

[2] 王夫之：《古诗评选》卷五，载《楚辞通释　古诗评选　唐诗评选　明诗评选》，第二册，岳麓书社 2011 年版，第 769 页。

但从那烟花三月、黄鹤楼头的美好景色中，已透露出诗人对友人的祝福。诗中也没有直接抒发对友人依依惜别的情感，而是通过消失在碧空尽头的孤帆远影、悠悠东去的江水和久久伫立在江边若有所失的诗人形象，表达了对朋友的深厚情意。这首诗，表面上是句句写景，实际上却句句都在抒情，即如王国维所说“一切景语，皆情语”。“情中景”是虽只有情语，但情中见景，情中显景。“情中景”比“景中情”更难写，但是对于诗歌意象的创造非常重要。王夫之说：

> 以写景之心理言情，则身心中独喻之微，轻安拈出。谢太傅于《毛诗》取“讦谟定命，远猷辰告”，以此八句如一串珠，将大臣经营国事之心曲，写出次第，故与“昔我往矣，杨柳依依；今我来思，雨雪霏霏”同一达情之妙。[1]

像《诗经》中“讦谟定命，远猷辰告”这样的诗句即属于“情中景”，它“以写景之心理言情”，更容易将心中独特的感受写出来，所以得到了王夫之的赞赏。我们还可以举一个例子说明。比如陈子昂的《登幽州台歌》：“前不见古人，后不见来者。念天地之悠悠，独怆然而涕下”，全诗不见一句景物描写，但在读者面前却仿佛呈现出一幅壮阔雄奇的画面：浩渺无际的天宇，兀然耸立的高台，独立苍茫的诗人，在诗人的悲怆中，历史的画卷被一页页翻过。这就叫作“情中景”，虽不直接写景，但从诗

---

[1] 王夫之：《姜斋诗话》卷下，载王夫之等撰《清诗话》，上海古籍出版社 1999 年版，第 14 页。

人所抒发的情感中人们看到了更宏大、更深远的景，感受到诗人那雄视古今、悲慨人生的胸襟气度和人格气象。

王夫之还提出了“人中景”与“景中人”的区分，这也可以看成是对诗歌意象类型的探讨。如他说文徵明的《四月》诗是“人中景”，[1] 刘令娴的《美人》诗是“景中有人”。[2] “人中景”是人中现景，“景中有人”是景中现人，不过它们本质上没有区别，都必须做到人与景、景与情的交融和不可分。就像金圣叹评价《西厢记》中莺莺的一段唱词“云敛晴空，冰轮乍勇；风扫残红，香阶乱拥”所说的那样：

> 只写云，只写月，只写红，只写阶，并不写双文，而双文已现。有时写人是人，有时写景是景；有时写人却是景，有时写景却是人。如此节，四句十六字，字字写景，字字是人。[3]

它强调的是人与景、情与景的内在统一，亦说明诗歌意象情景关系表现可以多样化，但本质上是一致的，它们都是心与物、情与景、主体与客体的有机统一。

又如，关于“兴象”范畴的论述，首先也是从诗学领域展开

---

[1] 王夫之：《明诗评选》卷五，载《楚辞通释　古诗评选　唐诗评选　明诗评选》，第三册，岳麓书社 2011 年版，第 1386 页。

[2] 王夫之：《古诗评选》卷三，载《楚辞通释　古诗评选　唐诗评选　明诗评选》，第二册，岳麓书社 2011 年版，第 636 页。

[3] 金圣叹：《第六才子书〈西厢记〉评点》，载林乾主编《金圣叹评点才子全集》，第二卷，光明日报出版社 1997 年版，第 133 页。

的，是关于诗歌意象创造的本质规定。“兴象”作为审美意象的重要类型，它是人与自然、心与物偶然相遭、适然相合的产物。“兴象”也构成了中国古代诗歌意象创造的主要类型。西方意象派和象征主义诗人推重意象，像庞德的《在地铁车站》、桑德堡的《雾》、叶芝的《驶向拜占庭》、艾略特的《荒原》一类诗，都强调通过比喻、象征、暗示等手法来构成意象。中国古代也有重视比喻、象征、暗示作用的诗歌意象作品，从《楚辞》开始的美人香草的比喻传统到唐代李商隐、李贺所创作的《嫦娥》《李凭箜篌引》之类的诗歌，都具有这样的特点。但是，中国古代诗歌中大量的作品不是靠比喻、象征之类的手法构成意象，而是一种情感的自然兴发，是借眼前景物直接抒发和表现诗人的情感的。用叶维廉的话说，是“不依赖隐喻不借重象征而求物象原样兴现的”[1]。诸如“采菊东篱下，悠然见南山”，“池塘生春草，园柳变鸣禽”，“野旷天低树，江清月近人”，“人闲桂花落，夜静春山空”，“白日依山尽，黄河入海流”，“大漠孤烟直，长河落日圆”，“秦时明月汉时关，万里长征人未还”，“两个黄鹂鸣翠柳，一行白鹭上青天”，“无边落木萧萧下，不尽长江滚滚来”，“峨眉山月半轮秋，影入平羌江水流”，“孤帆远影碧空尽，唯见长江天际流”，“落木千山天远大，澄江一道月分明”，“春风又绿江南岸，明月何时照我还”，等等，都可以看成是“兴象”之类的诗句，它们是心与物、情与景自然融合的结果，是借眼前景物直接抒发诗人的情感，与西方意象派和象征主义重视诗歌的比喻、象征和

[1] 叶维廉：《中国古典诗和英美诗中山水美感意识的演变》，载李达三、罗钢主编《中外比较文学的里程碑》，人民文学出版社 1997 年版，第 190 页。

暗示作用有着本质的不同。

“意境”是中国古代诗歌意象创构所追求的目标。意境创造必须以情与景的融合为基础，意境创构从根本上说，是使客观景物作为主观情思的象征，所以“情景名为二，而实不可离”，情景交融，方有意境。但是，凡诗歌意象创造都有一个情与景融合的问题，情景交融只是意境创造的必要条件而非充分条件，意境与一般的意象创造不同，它不仅要求情与景的融合，而且还要“境生于象外”，把情景交融的意象创造导入一种艺术化境，充分激发出读者、欣赏者的审美体验。意境创造的目的就是用主客一体、情景交融、虚实相生的艺术形象来表现宇宙人生的丰富意蕴。李白、杜甫、王维的诗歌都典型地体现了这一点，他们的诗歌都是中国古代诗歌意境美创造的典范，不仅能让你感受到不同意境风格的美，或飘逸，或沉郁，或空灵，而且还能让你从中获得无限丰富的宇宙人生感受。我们可以以李白的一首小诗《玉阶怨》来说明这一点。“玉阶生白露，夜久侵罗袜。却下水晶帘，玲珑望秋月”，此诗写一个女子深夜难眠，站在台阶上看月亮看了很久，露水打湿了罗袜也未发觉，直到寒露侵身才回到房间，回到房间后还是忘不了那轮皎洁的月亮，所以隔着水晶帘继续眺望。这首诗看似简单，却让你浮想联翩：闺中女子久久地伫立，长久地眺望，意味着什么，它隐含了多少寂寞与孤独。她或许想飞向月宫，与嫦娥共语，但秋夜的寒冷又使她回到现实世界，笼罩着她的只是更加强烈的凄清寂寞。她放下了帘子，不想再看，可月光如水，珠帘玲珑剔透，似乎又唤起了她心中的希望，所以又忍不住隔着帘子眺望。诗写的是闺怨，隐含的是诗人对闺中女子的同情与关爱。我们读到此诗，不仅想到那个闺中女子的处境，也可以超越一个思妇的闺怨，体会到伟大诗人醇厚的人间关爱之情，感受到人世间更多的苦乐悲欢。这就是诗歌带给人们的意境美，它不仅营造了澄澈空明的诗化情景，让你体悟到诗人艺术手法的高超巧妙，而且让你产生丰富的人生感受与体验。

讨论诗歌意象问题，必须重视诗歌是一种语言艺术这一根本特点，中国古人对此有着深刻的悟解，并在此基础上建立起诗歌意象本体阐释的理论。魏晋是审美意象理论确立时期，这一时期对诗歌意象的理解抓住了诗歌是语言艺术这一特点，其中最有代表性的是钟嵘的“滋味”说和刘勰的“隐秀”说。“滋味”说主要是针对五言诗而言的，它抓住诗歌语言内质这一特点谈诗歌意象的创造，强调诗歌意象要有“滋味”，就必须重视五言诗不同于四言诗的“指事造形，穷情写物，最为详切”的特点，使读者产生“味之者无极，闻之者动心”的审美体验。[1] 刘勰所说的“隐秀”是关于诗歌审美意象特征的一种概括，它包含“意”和“象”两个方面，对于意来说要“隐”，对于象来说要“显”，即所谓“情在词外曰隐，状溢目前曰秀”。“隐也者，文外之重旨者也”，“隐以复意为工”，[2] 刘勰所言之“隐”即指诗歌语言的多义性和言外之意，后来发展为中国古代诗歌意象理论常见的一种观点，如唐代皎然所说的“两重意已上，皆文外之旨”[3]，刘禹锡所说的“片言可以明百意，坐驰可以役万景，工于诗者能之”

[1] 钟嵘著，周振甫译注：《诗品译注》，中华书局 1998 年版，第 19 页。
[2] 刘勰著，范文澜注：《文心雕龙注》（下），人民文学出版社 1958 年版，第 632 页。
[3] 皎然著，李壮鹰校注：《诗式校注》，人民文学出版社 2003 年版，第 42 页。

（《董氏武陵集纪》），欧阳修《六一诗话》中引梅尧臣的话“状难写之景，如在目前；含不尽之意，见于言外，然后为至矣”，等等。不仅如此，中国诗论家还认识到这种言外之意的形成与语言的组合安排有着密切关系。如李东阳评论温庭筠《商山早行》中的诗句云：“‘鸡声茅店月，人迹板桥霜。’人但知其能道羁愁野况于言意之表，不知二句中不用一二闲字，止提掇出紧关物色字样，而音韵铿锵，意象具足，始为难得。”[1] 此文中的“物色字样”，即诗人精心选择的具有典型意味的景物名词：鸡声、茅店、月、人迹、板桥、霜，将它们有机组合起来，协之“铿锵”的声律，遂形成完美的意象，很好地表现了商山早行的情景。诗歌是语言的艺术，相对于其他艺术形式，更具有想象性、心灵性的特征，更加追求含蓄空灵的审美意味和象外之象的艺术体验，对此，中国古代诗论家亦有着深刻的认识。严羽说诗之审美“如空中之音、相中之色、水中之月、镜中之象，言有尽而意无穷”（《沧浪诗话》），王廷相云“夫诗贵意象透莹，不喜事实黏著，古谓水中之月，镜中之影，可以目睹，难以实求是也”（《与郭价夫学士论诗书》），叶燮云“诗之至处，妙在含蓄无垠，思致微渺，其寄托在可言不可言之间，其指归在可解不可解之会，言在此而意在彼”（《原诗》），都是如此，强调的都是诗歌意象所具有的含蓄空灵、意在言外的审美特征。

也正是基于对诗歌语言艺术特征的认识，中国古代诗论家谈诗歌意象的特点时，注意到其与其他艺术形式的区分。苏轼提出

[1] 李东阳：《麓堂诗话》，载丁福保辑《历代诗话续编》（下），中华书局 1983 年版，第 1372 页。

著名的“诗中有画，画中有诗”[1] 的观点，这一观点主要强调诗与画之间的相通。不过，中国诗论家谈论此观点时，并没有将此绝对化，而常常看到了诗与画在塑造审美意象方面的不同特点。如张岱说：

> 若以有诗句之画作画，画不能佳；以有画意之诗为诗，诗必不妙。如李青莲《静夜思》诗：“举头望明月，低头思故乡”，有何可画？王摩诘《山路》诗：“蓝田白石出，玉川红叶稀”，尚可入画；“山路原无雨，空翠湿人衣”，则如何入画？又《香积寺》诗：“泉声咽危石，日色冷青松。”泉声、危石、日色、青松，皆可描摩；而“咽”字、“冷”字，则决难画出。故诗以空灵才为妙诗，可以入画之诗，尚是眼中金银屑也。[2]

宋人陈著也有着相同的看法：“梅之至难状者，莫如‘疏影’，而于‘暗香’，来往尤难也。岂直难而已，竟不可?”[3] 画是诉诸视觉，直观性、形象感很强的艺术，而诗却是诉诸语言，心象性、情感性、意会性极强的艺术，诗与画之间即使有再多的相似相通，诗中的意象和意境也有画所不能表现的一面。中国古

[1] 苏轼：《书摩诘〈蓝天烟雨图〉》，载曾枣庄、舒大刚主编《苏东坡全集》，第五册，中华书局 2021 年版，第 2496 页。

[2] 张岱著，云告点校：《琅嬛文集》卷三《与包严介》，岳麓书社 1985 年版，第 152 页。

[3] 陈著：《本堂集》卷四十四，载文渊阁《四库全书》，集部第 1185 册，上海古籍出版社 1987 年版，第 210 页。

人论及诗画相通时看到了诗与画的不同，正是充分注意到不同艺术类型在审美意象创造上具有不同特点的缘故。从这一意义上说，有的论者评价王维的诗，反对以“诗中有画”为标准，认为王维的诗更多的是不可画的：

> 他以诗人的敏感捕捉到的异样感受，以画家的眼睛观察到的主观色彩，以音乐家的耳朵听到的静谧的声响，以禅人的静观体悟到的宇宙的生命律动，都融汇成一种超越视觉的全息的诗性经验，把他的诗推向“诗不可画”的夐绝境地。[1]

这一看法有一定道理。不过，强调诗与画的不同，并不能否认“诗中有画”观点的合理性。这一观点是以诗歌语言的特点为基础的，它强调在充分调动诗歌语言功能的基础上做到诗与画的审美意象创造的相似与相通。梅尧臣提出“状难写之景，如在目前；含不尽之意，见于言外”的诗学主张——如在目前的难写之景是“画意”，它与见于言外的不尽之意的诗意表达是相通的。“当我们在诗意语言的启示下想象性地进入那种富有空间感和光色美的风景世界时，自然会有‘诗中有画’的感觉。”[2] 画也可以像诗那样，以含蓄空灵、动静相宜、虚实相生的语言，创造出诗一般的意境。南宋马远、夏圭的山水小品画——寒江独钓、柳

---

[1] 蒋寅：《古典诗学的现代诠释》，中华书局2003年版，第153页。

[2] 韩经太、陶文鹏：《也论中国诗学的“意象”与“意境”说——兼与蒋寅先生商榷》，《文学评论》2003年第2期。

溪归牧、秋江暝泊、风雨归舟等，就充满诗一样的意境。正是在这一意义上，我们非常赞成韩经太、陶文鹏的说法，“‘诗中有画’实际上也是对诗歌艺术的一种新要求，是与‘状难写之景，如在目前’的诗学要求相一致的新要求”[1]，它不是简单地将诗等同于画，而是强调诗与画之间的意趣与神理的相通，强调空灵、意在言外的意境风格表现对于诗画创作的重要性，这实际上指向了审美意象创造的一种高境界，代表着一种高远的审美趣味与追求。

最后，要把握中国古代诗歌审美意象创造的特点，还必须充分注意汉语言文字的特点。费诺罗萨的《作为诗歌媒介的中国文字》一书认为，中国文字可以唤起自然事物的意象，是一种图画式文字，因此作为诗歌媒介，中国文字比西方抽象的字母文字要优越得多。[2] 正是具有可以唤起自然事物的意象这一特点，中国古代诗歌多“兴象”的诗，它的特点如我们前面所说，是心与物、情与景的偶然相遭、适然相合，没有什么主体思虑和人工雕琢的痕迹。这一类诗，如叶维廉所说，是以“以物观物”的方式，“景物自然兴发与演出，作者不以主观的情绪或知性的逻辑介入去扰乱眼前景物内在生命的生长与变化的姿态；景物直观读者目前”[3]。王维的“人闲桂花落，夜静春山空。月出惊山鸟，时鸣春涧中”（《鸟鸣涧》），陶渊明的“采菊东篱下，悠然见南

---

[1] 韩经太、陶文鹏：《也论中国诗学的“意象”与“意境”说——兼与蒋寅先生商榷》，《文学评论》2003年第2期。

[2] Ernest Fenollosa，*The Chinese Written Character as a Medium for Poetry*，California：City Light Books，1936. 参见张隆溪《中西文化研究十论》，复旦大学出版社2005年版，第148页。

[3] 叶维廉：《中国诗学》，生活·读书·新知三联书店1992年版，第89页。

山。山气日夕佳，飞鸟相与还”（《饮酒·其五》），等等，都属于这一类诗。西方意象派和象征主义诗歌则注重主体智心和思虑的活动，人为的象征比附意味强烈，将诗歌审美意象的创造导向隐喻和象征的领域，比如庞德的《在地铁车站》、艾略特的《荒原》一类诗。

另外，中国语言文字特别是古汉语文字非常重视形、音、义的统一，这对于中国古代诗歌审美意象的创造也具有重要意义。鲁迅谈到汉字构造时，认为它有三美：“意美以感心，一也；音美以感耳，二也；形美以感目，三也。”[1] 形、音、义既是汉字美之所在，也是中国古代诗歌审美意象的独特美感和韵味之所在。这种美感和韵味早在《诗经》创作中就非常突出。《诗经》中许多诗都喜欢采用重章叠句的形式，不仅摹形，而且拟声；不仅具有音乐的美感，也具有画意与诗情。《周南·芣苢》一诗共三章十二句，有六个关键性的动词：采、有、掇、捋、袺、襭，表示不断发生变化的动作，其余的语词全都是重叠。这种重叠看似单调，却产生了简单明快、往复回环的音乐感，产生了如方玉润所描绘的——“恍听田家妇女，三三五五，于平原绣野、风和日丽中群歌互答，余音袅袅，若远若近，忽断忽续，不知其情之何以移而神之何以旷”[2] ——的诗情画面和诗意联想。唐诗意象美的创造更是如此。程抱一说，面对王维的“木末芙蓉花”这一句诗，“一位读者，哪怕不懂汉语，也能够觉察到这些字的视觉特征，它们的接续与诗句的含义相吻合。实际上，按照顺序来

[1] 鲁迅：《汉文学史纲要》，人民文学出版社1973年版，第3页。

[2] 方玉润撰，李先耕点校：《诗经原始》（上），中华书局1986年版，第85页。

读这几个字，人们会产生一种目睹一株树开花过程的印象［第一个字：一株光秃秃的树；第二个字：枝头上长出一些东西；第三个字：出现了一个花蕾，'艹'是用来表示草或者叶（葉）的部首；第四个字：花蕾绽放开来；第五个字：一朵盛开的花］。但是穿过这些表意文字，在所展现的（视觉特征）和所表明的（通常含义）内容背后，一位懂汉语的读者不会不觉察到一个巧妙地隐藏着的意念，也即从精神上进入树中并参与了树的演化的人的意念"[1]。这便是唐诗的魅力所在，也是中国诗歌的魅力所在，以形、音、义的汉字构造，创造出具有丰富审美意蕴的意象，让人们产生丰富的联想。有人说，唐诗是"以山水为教堂，以文字为智珠"[2]，山川形胜、人间美好用汉字的诗性符号表达出来，便能创造出唐诗的意象与意境，也便能创造出中国古代诗歌的意象与意境。

第二节　中国书法艺术的审美意象创造

书法在中国人的心目中，常被视为最能体现中国文化和中华美学精神的艺术。熊秉明将书法称为"中国文化核心的核心"，[3] 林语堂亦认为"书法提供给了中国人民以基本的美

[1] 程抱一：《中国诗画语言研究》，涂卫群译，江苏人民出版社 2006 年版，第 13 页。

[2] 胡晓明：《唐诗与中国文化精神》，载胡晓明选编《唐诗二十讲》，华夏出版社 2009 年版，第 17 页。

[3] 熊秉明：《中国文化核心的核心》，载《看蒙娜丽莎看》，百花文艺出版社 1997 年版，第 168 页。

学”。[1] 为什么书法会成为中国美学和艺术的中心？这与汉字的书写方式是分不开的。汉字的特点是象形表意，它很好地体现了中国古人那种主客一体、亲近自然、注意整体关系、意在言外的思维特征，同时也使汉字发展成为一门特殊艺术，即书法艺术。

由于中国文字的特点，再加上书写工具的原因，中国书法艺术本质上成为一门意象创造的艺术。从甲骨文开始，中国文字就具有了象形写意的特征，它构成了中国书法意象美的文字基础，这种象形写意来自自然。沈尹默说：“中国字的起源，本来是由于仰观俯察，取法于星云、山川、草木、兽蹄、鸟迹各种形象而成的。因此，字的造型虽然是在纸上，而它的神情意趣，却与纸墨以外的自然环境中的一切动态，有自然相契合的妙用。”[2] 中国古人对此亦有深刻的悟解。汉代书论大家蔡邕在《九势》中有“夫书肇于自然，自然既立，阴阳生焉；阴阳既生，形势出矣”[3] 之说，即指出了中国文字的意象之美来于自然，体现了自然界中阴阳两种力量的变化与协调。在《笔论》中，蔡邕又提出“为书之体，须入其形，若坐若行，若飞若动，若往若来，若卧若起，若愁若喜，若虫食木叶，若利剑长戈，若强弓硬矢，若水火，若云雾，若日月，纵横有可象者，方得谓之书矣”[4]，认为中国文字起源于象形，自然界的水火云雾、日月星辰、山川草

[1] 林语堂：《中国人》，郝志东、沈益洪译，浙江人民出版社 1988 年版，第 257 页。

[2] 尹然（沈尹默）：《书法论》（下），《学术月刊》1957 年第 2 期。

[3] 蔡邕：《九势》，载叶朗主编《中国历代美学文库・秦汉卷》，高等教育出版社 2003 年版，第 514 页。

[4] 蔡邕：《笔论》，载叶朗主编《中国历代美学文库・秦汉卷》，高等教育出版社 2003 年版，第 513 页。

木、飞禽走兽都是文字取法的对象，中国文字与自然界真实的物体之间存在着某种联系。

中国书法艺术重视模仿自然、回到自然，也形成了中国书法意象创造的一个重要传统，那就是重“象”，特别是重视“物象”的传统。许慎在“六书”基础上提出了“书者，如也”的观点，按段玉裁的解释，许慎所说的“如”“谓如其事物之状也”，“谓每一字皆如其物状”，[1] 即指文字取法和仿效物象的属性。这一理论对后来的书论影响很大，形成了中国书法意象创造的一个重要传统。在中国古代书论中，有“晋人尚韵，唐人尚法，宋人尚意，元明尚态”[2]，“晋人取韵，唐人取法，宋人取意”[3] 等说法，描述了不同时代书法的艺术风格。不过，这种描述主要针对的是书法艺术发展的中后期晋、唐、宋、元、明的时代，偏重于对书法艺术“意”“意似”“意化”方面的把握。其实，中国古代书法美的流程，或者说中国书法艺术的审美意象创造还有着另一面，那就是“尚象”或者说重视“物象”。金学智先生认为，商周时代书法的群体风格美的主导倾向就是尚象，这种倾向“最典型地反映在金文作品里，其中一个个字都或隐或显地表现出奇古粗野的姿态，光怪陆离的形象”[4]。他还认为：“商周书法不但结体取物尚象，而且其整体的章法风格，在形式上也各随字形大

[1] 许慎撰，段玉裁注：《说文解字注》，上海古籍出版社 1981 年版，第 754 页。

[2] 梁巘：《承晋斋积闻录》，载季伏昆编著《中国书论辑要》，江苏美术出版社 1988 年版，第 428 页。

[3] 周星莲：《临池管见》，载季伏昆编著《中国书论辑要》，江苏美术出版社 1988 年版，第 431 页。

[4] 金学智：《中国书法美学》（下），江苏文艺出版社 1994 年版，第 507 页。

小，使人顿生‘百物之状’‘各各自足’（米芾《海岳名言》）之想，‘各尽物形，奇古生动’（康有为《广艺舟双楫·体变》）之感。”[1] 这种尚象风格在魏晋隋唐时代有了进一步发展。南朝书画家袁昂非常善于以自然物象来比喻书家的艺术风格，如云“萧子云书如上林春花，远近瞻望，无处不发”，“崔子玉书如危峰阻日，孤松一枝，有绝望之意”，“索靖书如飘风忽举，鸷鸟乍飞”，“卫恒书如插花美女，舞笑镜台”，[2] 等等。唐代李阳冰、蔡希综、韩愈等人论书法，也很重视书法的意象之美与自然物象之间的联系。李阳冰的“于山川天地，可以得方圆流峙之形；日月星辰，可以得昭回经纬之变；云霞草木，可以得卷舒秀茁之态”[3]，蔡希综的“凡欲结构字体，未可虚发，皆须象其一物，若鸟之形，若虫食禾，若山若树，若云若雾，纵横有托，运用合度，可谓之书”[4]，都是把自然物象作为书法意象之美创造的基础。

将物象作为书法艺术创作的基础，并不是要求书法单纯地摹仿和仿效自然，而是要求书法家以物象、具象的形式表现出书法家的精神情感与生命气韵。蔡邕在提出书法艺术取法于自然物象的同时，又提出“书者，散也。欲书先散怀抱，任情恣性，然后

[1] 金学智：《中国书法美学》（下），江苏文艺出版社 1994 年版，第 508 页。

[2] 袁昂：《古今书评》，载叶朗主编《中国历代美学文库·魏晋南北朝卷》（下），高等教育出版社 2003 年版，第 46—47 页。

[3] 李阳冰：《王燕楼书法》，载季伏昆编著《中国书论辑要》，江苏美术出版社 1988 年版，第 116 页。

[4] 蔡希综：《法书论》，载陈思编纂《书苑菁华》，北京图书馆出版社 2003 年版，第 459 页。

书之"[1] 的观点，所谓"散"就是强调书法家不能自己拘束自己，要将书写的每一个字和笔画都看成是有生命力的东西，看成是书法家的胸怀和精神个性的体现。宗白华谈论元代大书法家赵子昂的创作，说他写"子"字时，先习画鸟飞之形，使"子"字有这鸟飞形象的暗示；写"为"字时，习画鼠形数种，穷极它的变化。在宗白华看来，这种物象的摹写并不是求其形似，简单地仿效自然，而是为了表现书写对象的内在精神与气韵。在赵子昂的笔下，"子"字和"为"字都不仅仅是对自然界形象的摹写，"而是一个表现生命的单位，书家用字的结构来表达物象的结构和生气勃勃的动作"[2]。中国古代书家也是如此，他们"使'字'也表现生命，成为反映生命的艺术"[3]。正因为此，中国书法对物象的书写在本质上又是超越物象的，书法艺术的审美意象创造，不是"象"而是"意"，构成了其灵魂所在。

从汉字书体演变的历程看，中国书法艺术经历了一个由尚象向重意的转变过程。早期汉字，无论是甲骨文、金文，都是以"象形"为基础，重视对生活中的具体事物进行摹写。这种状况到了汉代，随着小篆和隶书的兴起和走向高峰有了改变。裘锡圭认为："从商代文字到小篆，汉字的象形程度在不断降低，但是象形的原则始终没有真正抛弃"，而到了隶书，则"不再顾及象形原则"。[4] 这里说的"不再顾及"，笔者的理解是隶变之后的

[1] 蔡邕：《笔论》，载叶朗主编《中国历代美学文库·秦汉卷》，高等教育出版社2003年版，第513页。

[2] 宗白华：《美学与意境》，人民出版社1987年版，第330页。

[3] 宗白华：《美学与意境》，人民出版社1987年版，第330页。

[4] 裘锡圭：《文字学概要》，商务印书馆1988年版，第82页。

文字的象形意味大大减少，但并不是根本抛弃象形的原则。这种转变，改变了汉字与事物直接对应的象形关系，在表意上获得了更大的自由，于是，汉代也成为创立字体最多的时代，如飞白、草书、行书等，它们都指向“意”的表达自由。中国书论中的“晋人尚韵，唐人尚法，宋人尚意，元明尚态”之说，其实都是指向“意”的表达的。王羲之为晋代书家之翘首，他论书就极其重视“意”。“夫欲书者，先乾研墨，凝神静思，预想字形大小、偃仰、平直、振动，令筋脉相连，意在笔前，然后作字”[1]，“须得书意转深。点画之间皆有意，自有言所不尽。得其妙者，事事皆然”[2]，“若作一纸之书，须字字意别，勿使相同”[3]，“意”在王羲之那里成为论书法的基本原则，也是其评价书法作品最重要的标准。在王羲之看来，书法艺术正是因为有了蕴含于点画之间的“意”的表达，才具有了非言语能够表达的书写自由。唐代书法尚法，其实“法”与“意”并不矛盾。唐代书家既是法度、规则的维护者，又是“意”的崇拜者。唐代书论大家张怀瓘的理论就典型地体现了这一点。他提出“探文墨之妙有，索万物之元精，以筋骨立形，以神情润色，虽迹在尘壤，而志出云霄，灵变无常，务于飞动”[4]，将书法艺术引向了“意”的层

[1] 王羲之：《题卫夫人〈笔阵图〉后》，载叶朗主编《中国历代美学文库·魏晋南北朝卷》（上），高等教育出版社 2003 年版，第 335 页。

[2] 王羲之：《晋王右军自论书》，载张彦远辑录、范祥雍点校《法书要录》，上海古籍出版社 2013 年版，第 4 页。

[3] 王羲之：《书论》，载叶朗主编《中国历代美学文库·魏晋南北朝卷》（上），高等教育出版社 2003 年版，第 347 页。

[4] 张怀瓘：《文字论》，载叶朗主编《中国历代美学文库·隋唐五代卷》（上），高等教育出版社 2003 年版，第 483 页。

面。他言“意”主要包含两层意思：一是书法意象具有只可意会不可言传的特点，如《文字论》中提出的书法艺术“可以心契，非可宣言”[1]的观点，《书议》中提出的“非有独闻之听，独见之明，不可议无声之音，无形之相”[2]的观点，就典型地体现了这一点。二是突出书法意象之美的精神气韵，如前文所说的“探文墨之妙有，索万物之元精，以筋骨立形，以神情润色，虽迹在尘壤，而志出云霄，灵变无常，务于飞动”，就是如此。“尚意”更是宋代书家的普遍追求，无论是黄庭坚的“书画当观韵”、米芾的“真趣”说、董逌的“笔意”论，都是将“意”摆在了最重要的位置。对“意”的推重，最典型的代表是苏轼。苏轼的诗论、画论都很重视“意”，于书论则更为突出，如说“我书意造本无法，点画信手烦推求”[3]，称赞张旭的草书“颓然天放，略有点画处，而意态自足”[4]，“书”在苏轼那里完全成为自然天放、随意挥洒的意趣表现，比如，他书写的号称“天下第三行书”的《黄州寒食帖》，其运笔就是随性而出，随情而变，恣肆跌宕，天放自然，很好地表现了书者因乌台诗案贬谪黄州之后的生活处境和心理变化。叶秀山用“有人在思”来说明中国书法艺术的意义。他说：“书法艺术的价值不在于写‘什么’，而就在那

[1] 张怀瓘：《文字论》，载叶朗主编《中国历代美学文库·隋唐五代卷》（上），高等教育出版社 2003 年版，第 483 页。

[2] 张怀瓘：《书议》，载陈思编纂《书苑菁华》，北京图书馆出版社 2003 年版，第 202 页。

[3] 苏轼：《石苍舒醉墨堂》，载叶朗主编《中国历代美学文库·宋辽金卷》（上），高等教育出版社 2003 年版，第 325 页。

[4] 苏轼：《书唐氏六家书后》，载叶朗主编《中国历代美学文库·宋辽金卷》（上），高等教育出版社 2003 年版，第 323 页。

个‘写’，‘写’在‘是’‘在’度中，不在‘什么’的度中。”[1]一件成功的书法艺术品，它不是记载了、书写了什么内容，也不是让人们简单地欣赏其笔法技巧的美，而是使人们从中看到宇宙人生，看到艺术家自身存在的价值，看到艺术家的胸襟、气度和人格。孙过庭曰：“情动形言，取会风骚之意；阳舒阴惨，本乎天地之心。”书法是“本乎天地之心”的艺术，它的字势结构和点画形态，从本质上说，不是一个抽象的符号，而是活生生的感性生命的存在。它的存在，也不在于再现客观事物的美，而是“同自然之妙有”（孙过庭），以大千世界为观照对象，遗其形迹，取其神质，从根本上表现人们对宇宙人生的感悟和思考。所以书法艺术在本质上是一种写意的艺术，也是一种最能体现艺术家主观情趣、心境、风度和个性气质的艺术。

中国书论家重视“意”，但“意”是不可能脱离“象”的，必须以“象”为载体，对此，中国艺术家有明确的认识，于是锻造出意象范畴。意象观念表现在书法理论中，早在东汉蔡邕那里就开始了。他提出“纵横有可象者，方得谓之书矣”[2]的观点，此中“象”是取法自然物象的意思，也可以看成是“意象”的雏形。后来传为卫夫人所作的《笔阵图》中的“然心存委曲，每为一字，各象其形，斯造妙矣，书道毕矣”[3]，张怀瓘《六体书

[1] 叶秀山：《当代学者自选文库·叶秀山卷》，安徽教育出版社1999年版，第424页。

[2] 蔡邕：《笔论》，载叶朗主编《中国历代美学文库·秦汉卷》，高等教育出版社2003年版，第513页。

[3] 卫铄：《笔阵图》，载叶朗主编《中国历代美学文库·魏晋南北朝卷》（上），高等教育出版社2003年版，第191页。

论》中所说的“形见曰象，书者，法象也”[1] 等，都发展了蔡邕的观点，将“意象”看成是书法艺术的本质特征。元代著名学者、书法家杜本则明确用“意象”一词论书，其《论书》曰：“夫兵无常势，字无常体：若坐，若行，若飞，若动，若往，若来，若卧，若起，若日月垂象，若水火成形。倘悟其机，则纵横皆成意象矣。”[2] 对“意象”本体特征做出精当阐释的还有清代的刘熙载。他在《艺概·书概》中说：“圣人作《易》，立象以尽意。意，先天，书之本也；象，后天，书之用也。”[3] 他是从《周易》中引发出“意”“象”与“先天”“后天”相联系的观点的，认为正如“易道”有先天后天之分一样，书艺创造也有先天后天之分，即“意”在先，“象”在后。“意”是指书法家主体创作的情意，它是根本，是第一位的；“象”则是主体情意落实到方寸之间的笔墨表达，它是“意”的载体，是“书之用”，是第二位的。这一观点与传统的“意在笔先”的书论观点也是一致的，它强调“意”对于“象”的优先性，强调落笔成象之前主观情意的重要性，完全符合中国书法艺术的特点，也可以看成是由重象转向重意的中国书艺美历程的真实写照。

谈到书法艺术的审美意象创造时，还必须注意到书法艺术与绘画艺术的不同特点。中国古代有“书画同源”说，如何良俊所

---

[1] 张怀瓘：《六体书论》，载陈思编纂《书苑菁华》，北京图书馆出版社 2003 年版，第 445 页。

[2] 杜本：《论书》，载季伏昆编著《中国书论辑要》，江苏美术出版社 1988 年版，第 13 页。

[3] 刘熙载：《艺概》卷五，上海古籍出版社 1978 年版，第 133 页。

言“夫书画本同出一源，盖画即六书之一，所谓象形者是也”[1]，即它们都是从“象形”这一起点发端的，都具有图画性的特点，特别是早期汉字甲骨文、金文、篆书等。“同源”即强调书法与绘画的相通，对此，晚清书论家周星莲有高度的总结概括：

> 字画本自同工，字贵写，画亦贵写。以书法透入于画，而画无不妙，以画法参入于书，而书无不神。故曰：善书者必善画；善画者必善书。自来书画兼擅者，有若米襄阳，有若倪云林，有若赵松雪，有若沈石田，有若文衡山，有若董思白。其书其画类能运用一心，贯串道理，书中有画，画中有书。[2]

不过，书与画之间也存在着很大的差异。张彦远所谓“无以传其意，故有书。无以见其形，故有画”[3]，即指出了书与画在重形与重意方面的区分。对于书画的不同，郑樵《通志略·六书略》则说得更加明白：

> 书与画同出，画取形，书取象；画取多，书取少。凡象

[1] 何良俊：《四友斋画论》，载叶朗主编《中国历代美学文库·明代卷》（上），高等教育出版社 2003 年版，第 339 页。

[2] 周星莲：《临池管见》，载季伏昆编著《中国书论辑要》，江苏美术出版社 1988 年版，第 547 页。

[3] 张彦远：《历代名画记》，载叶朗主编《中国历代美学文库·隋唐五代卷》（下），高等教育出版社 2003 年版，第 304 页。

形者皆可画也，不可画则无其书矣。然书穷能变，故画虽取多而得算常少，书虽取少而得算常多。六书也者，皆象形之变也。[1]

郑樵看到了书与画的相通，即它们都是“象形之变”，以“象形”为基础，同时也意识到书与画之间所存在的深刻差异，即画的“象形”是取形，比较实，书的“象形”是取象，比较虚，所以书法艺术较之绘画艺术具有更多变化。虽然中国古代绘画理论中有“以形写神”“神似”“意似”之说，但“形似”在唐代以前的绘画理论中一直都是受到人们重视的，郑樵的“画取形”之说也是对这一观点的一种概括。而他强调“书取象”，则将书法艺术看成是一种超越“形似”，在本质上追求“意似”“神似”的艺术，这是符合书法艺术特点的。他用“画取多，书取少”来区别二者的不同，也是意在强调书法艺术较之绘画艺术来说，是更加简约、更加追求意似神似、更加具有形而上精神意味的艺术。

书法艺术追求写意神似的特点又决定了书法艺术的审美意象创造重视线的艺术表现力，书法艺术在本质上可以看成是线的艺术。金学智说：“中国书法是最典型的线条艺术，它一不靠色彩，二不靠光影，三不靠团块。它的一切，纯粹由线条组成，是一个线条的王国。”[2] 中国古代有“八法”（“永字八法”）之说。“八法”即书法之“用笔”，宗白华认为它构成了书法艺术的笔画

[1] 郑樵：《通志略·六书略》，上海古籍出版社1990年版，第112页。

[2] 金学智：《中国书法美学》（上），江苏文艺出版社1994年版，第431页。

之“势”。他说：“中国人用笔写象世界，从一笔入手，但一笔画不能摄万象，须要变动而成八法，才能尽笔画的‘势’，以反映物象里的‘势’。”[1] 中国书法艺术是重视“势”的艺术。康有为《广艺舟双楫·缀法》说：“古人论书以势为先。中郎曰《九势》，卫恒曰《书势》，羲之曰《笔势》。盖书，形学也。有形则有势。……张怀瓘曰：‘作书必先识势，则务迟涩，迟涩分矣。’”[2] 康有为可以说是从宏观视角揭示了中国书法艺术重视“势”的传统，而从微观上看，“永字八法”的每一笔都是一种“势”，“势”亦是线条不同的表现方式，其长短粗细、轻重徐疾、点画撇捺的流转变化，都构成了书法意象表现的“势”。中国书法意象的“势”和线条之美，不仅通过用笔，而且通过结体与章法表现出来。比如，王羲之的《兰亭序》，不仅每个字的结体优美，收放相宜，而且章法布白更是讲究，前后相管领、相接应，有主题，有变化，全篇中有十八个“之”字，每一个的结体都不同，“违而不犯，和而不同”，暗示着变化，流淌着线的韵律。可以说，书法艺术是用线条表现出来的笔画与结构，章法布白的“笔势”和“体势”构成了书法意象的美。这种美用宗白华的话说就是“从这一画之笔迹，流出万象之美，也就是人心内之美”[3]，中国书法艺术的美即人心之美与万象之美的统一。

中国书法意象的创造还有一个重要特点，那就是它具有综合

---

［1］ 宗白华：《美学与意境》，人民出版社 1987 年版，第 337 页。

［2］ 康有为：《广艺舟双楫·缀法》，载叶朗主编《中国历代美学文库·近代卷》（下），高等教育出版社 2003 年版，第 75 页。

［3］ 宗白华：《美学与意境》，人民出版社 1987 年版，第 337 页。

性，与各门艺术相通。对此，李泽厚有很明确的认识，他说：

> 书法的美本是独立的……不过，中国人的审美趣味却总是趋向综合，小说里有诗词，画面中配诗文，诗情又兼画意，戏曲更是如此：集歌、舞、音乐、文学于一炉……书法何不然？挂在厅室里的条幅一般不会是无意义的汉字组合，而总兼有一定的文学的内容或观念的意义。人们不唯观其字，而且赏其文，而后者交织甚至渗透在前者之中，使这“有意味的形式”一方面获得了更确定的观念意义，另方面又不失其形体结构势能动态的美。[1]

书法意象创造的综合性特征首先体现在书画关系上，中国古代的“书画同源”和“书画同体”说已说明了这一点。这种关系不仅仅表现为书法与绘画之间存在着某种相似，更重要的在于它揭示了书法用笔对绘画的影响和渗透，如李泽厚所言：“不是书法从绘画而是绘画要从书法中吸取经验、技巧和力量。运笔的轻重、疾涩、虚实、强弱、转折顿挫、节奏韵律……净化了的线条如同音乐旋律一般，它们竟成了中国各类造型艺术和表现艺术的魂灵。”[2] 中国人是“通过书法才学会线条和形体的基本概念的”[3]。作画首先要习书，“善书者往往善画，盖由其转腕用笔

[1] 李泽厚：《略论书法》，《中国书法》1986年第1期。

[2] 李泽厚：《美的历程》，文物出版社1981年版，第44页。

[3] 林语堂：《中国人》，郝志东、沈益洪译，浙江人民出版社1988年版，第257页。

之不滞也"[1]，将书法作为绘画的基础。[2] 中国音乐、舞蹈都是与书法相通的艺术。宗白华认为："中国音乐衰落，而书法却代替了它成为一种表达最高意境与情操的民族艺术。"[3] 中国书法因与音乐相通而成就一个时空一体、变化无穷的世界。大书法家张怀瓘用"无声之音"比拟书法，书法如音乐一样，也讲究节奏、旋律和韵律，所以带给人音乐美的享受。中国舞蹈亦可以从书法线条的表现中获得深刻的启示，"用飞舞的草情篆意谱出宇宙万形里的音乐和诗境"[4]。中国书法与中国文学的关系也是非常紧密的，金学智先生提出"书文互成与书法美的综合性"[5] 的观点，中国书法艺术的审美意象创造亦鲜明地体现了这一点，它既具有书法艺术由运笔而产生的线条流动的造型美，又具有语言文字的概念美和思想内涵，如日本书画理论家伊福部隆彦说："汉字书法的艺术特性，既具有由运笔而产生的点、线流动的造形美，同时又具有依据文字词句加以表达的象征性的概念美，两者之高度的协调产生书法美。"[6] 这种意象美的创造，还突出体

---

[1] 郭熙：《林泉高致集·画诀》，载叶朗主编《中国历代美学文库·宋辽金卷》（上），高等教育出版社 2003 年版，第 411 页。

[2] 在中国古人看来，绘画向书法学习，书法作为绘画的基础，不仅仅是出于艺术形式方面的考虑，也是绘画的人具有文化教养的体现。特别是文人画的兴起，它对笔墨趣味和线的强调，更加强化了书法与绘画的关系。绘画以书法为基础，更是绘画摆脱匠人气息，具有艺术品位和审美品位的体现。

[3] 宗白华：《美学散步》，上海人民出版社 1981 年版，第 138 页。

[4] 宗白华：《美学散步》，上海人民出版社 1981 年版，第 82 页。

[5] 金学智：《中国书法美学》（上），江苏文艺出版社 1994 年版，第 361 页。

[6] 伊福部隆彦：《书法与现代思潮》，载金学智《中国书法美学》（上），江苏文艺出版社 1994 年版，第 364 页。

现在中国书法与中国绘画一样具有画融诗心、诗入画景的特点上，如宗白华所说：

> 中国乐教失传，诗人不能弦歌，乃将心灵的情韵表现于书法、画法。书法尤为代替音乐的抽象艺术。在画幅上题诗写字，借书法以点醒画中的笔法，借诗句以衬出画中意境……中国画以书法为骨干，以诗境为灵魂，诗、书、画同属于一境层。[1]

第三节　中国音乐艺术的审美意象创造

音乐在中国艺术中占有非常重要的地位，有人还将音乐看成是中国艺术的核心。[2]“乐所由来者尚也”[3]，“音乐之所由来者远矣”[4]，《吕氏春秋》的这些话说明音乐在中国古代具有非常悠久的历史。不仅如此，音乐作为中国礼乐文化的代表，很早就在中国社会和国家政治生活中占据中心地位。日本人江文也在其著作中说中国古代以音乐代表国家，音乐的发达，远较西洋为早。徐复观认为这种说法是可以成立的。[5]清人俞正燮说：“通

---

[1] 宗白华：《美学与意境》，人民出版社 1987 年版，第 151—152 页。

[2] 韩林德：《境生象外：华夏审美学与艺术特征考察》，生活·读书·新知三联书店 1995 年版，第 200 页。

[3] 陈奇猷校释：《吕氏春秋校释》（上），学林出版社 1984 年版，第 284 页。

[4] 陈奇猷校释：《吕氏春秋校释》（上），学林出版社 1984 年版，第 255 页。

[5] 徐复观：《中国艺术精神》，春风文艺出版社 1987 年版，第 2—3 页。

检三代以上书，乐之外无所谓学。”[1] 这里所说的“乐”，即指以音乐为中心的“乐”，它涵盖的内容很广，不仅诗、舞、乐一体，各种造型美术（绘画、雕镂、建筑等）都被赋予“乐”的功能，甚至仪仗、田猎、肴馔等也可以包含在内，[2] 并延伸到社会政治和伦理领域，在中国古代社会政治生活中发挥了极其重要的作用。

由于音乐在中国社会生活和艺术中占有重要地位，所以不仅历代统治者重视音乐，而且关于音乐美学和艺术理论的文献也非常丰富，其中重要的部分就是关于音乐意象的理论。早在春秋时期，《左传·襄公二十九年》所记载的“季札观乐”的文字中，就有着对音乐意象的描述与记载。比如，听乐工演奏《邶》《鄘》《卫》乐，季札曰“美哉渊乎！忧而不困者也”，想到的是殷商王畿之地的乐歌的幽深辽远；听乐工演奏《齐》乐，季札曰“美哉！泱泱乎，大风也哉！表东海者，其大公乎！国未可量也”，赞叹的是齐风的博大广阔，想到“大风”“东海”“大公”等宏大的形象。[3] 这些赞叹与想象是建立在对音乐意象的体验的基础上的。不过，从理论上认识到音乐意象的价值，则是从《乐记》开始的。《乐记》中有《乐象》篇，明确以“象”为音乐本体，将音乐之象看成是宇宙天地自然的模拟与反映。《乐记·乐象》曰：

---

[1] 俞正燮：《癸巳存稿》，辽宁教育出版社 2003 年版，第 65 页。

[2] 郭沫若：《公孙尼子与其音乐理论》，载人民音乐出版社编辑部编《〈乐记〉论辩》，人民音乐出版社 1983 年版，第 5—6 页。

[3] 左丘明传，杜预注，孔颖达正义：《春秋左传正义》卷三十九，载李学勤主编《十三经注疏》（标点本），北京大学出版社 1999 年版，第 1096—1098 页。

是故，清明象天，广大象地，终始象四时，周还象风雨，五色成文而不乱，八风从律而不奸，百度得数而有常，小大相成，终始相生，倡和清浊，迭相为经。故乐行而伦清，耳目聪明，血气和平，移风易俗，天下皆宁。[1]

从《乐记》的描述中，我们看见了音乐意象与天地万物的一致性，也看见了音乐与人的精神、与人的伦理关系的一致性。“天”“地”“四时”“风雨”都是音乐意象取象的源泉，“清明”“广大”“终始”“周还”的音乐形象无不成为宇宙天地运行秩序与人伦精神的象征。《乐记》对音乐意象的认识和理解还包含以下几点重要内容：一是确立了音乐意象与人心、与人的情感关系。“凡音之起，由人心生也。人心之动，物使之然也”（《乐记·乐本》），“夫乐者乐也，人情之所不能免也”（《乐记·乐化》），“乐者，音之所由生也；其本在人心之感于物也。是故其哀心感者，其声噍以杀；其乐心感者，其声啴以缓；其喜心感者，其声发以散；其怒心感者，其声粗以厉；其敬心感者，其声直以廉；其爱心感者，其声和以柔”（《乐记·乐本》）。《乐记》将“情”作为音乐的本体，从心物关系来理解音乐意象的创构，认为有什么样的情感就会产生什么样的音乐意象。二是意识到声律形式对于音乐意象创构的意义：“乐者，心之动也。声者，乐之象也。文采节奏，声之饰也。君子动其本，乐其象，然后治其

[1] 吉联抗译注，阴法鲁校订：《乐记·乐象》，音乐出版社1958年版，第28页。下文引用《乐记》均出自本书，不再注明。

饰。”（《乐记·乐象》）“本”是对“心”而言的，有了内心的感动，就要用音乐的形式表现出来，即所谓“乐其象，然后治其饰”，这里谈的是如何通过音乐形式表现人的心灵情感，形成音乐审美意象的问题。三是提出了“唯乐不可以为伪”（《乐记·乐象》）的观点，强调音乐意象表达情感的真挚性，它后来被孔颖达发展为“诗”之“言”可以“矫”而乐之“声”难“矫”的观点，即强调音乐比诗歌表现的情感更加真诚，更加发自内心。孔颖达的观点得到钱锺书的高度赞赏，他认为仅此就可以让孔颖达在中国美学史上有一席之地。[1]《乐记》的这些看法可以说奠定了中国音乐意象创构理论的基础，对后世音乐理论产生了深远的影响。

音乐是一种时间性意象，具有起伏、流动、变化不定的特点。对此，中国音乐理论有明确的认识。“故歌者，上如抗，下如队，曲如折，止如槁木，倨中矩，句中钩，累累乎端如贯珠。”（《乐记·师乙》）这一段话表明，中国古人很早就将音乐意象描绘为一个时间过程，认为在时间中流动变化的乐音，或高亢，或低沉，或曲折变化，或沉静静止，仿佛贯穿着的珍珠一样，每一声每一腔都字正腔圆，富于节奏和韵律感。汉代人对音乐意象的时间性特征亦有着明确的认识。马融《长笛赋》云：“尔乃听声类形，状似流水，又象飞鸿，泛滥溥漠，浩浩洋洋。长瞥远引，旋复回皇。”[2] 马融不否认音乐形象具有可视性（类形），但是

[1] 钱锺书：《管锥编》，第一册，中华书局 1979 年版，第 60—62 页。

[2] 马融：《长笛赋（并序）》，载叶朗主编《中国历代美学文库·秦汉卷》，高等教育出版社 2003 年版，第 474 页。

认为这种可视性的形象必须通过音乐性的时间性意象（听声）来体现。他所说的“流水”和“飞鸿”，就是具有很强时间性的意象隐喻。以“流水”比喻音乐节奏的流动性特征——“泛滥溥漠，浩浩洋洋”，以“飞鸿”比喻音乐节奏回环往复的变化——“长鬻远引，旋复回皇”，将静态的空间形象转化为一个动态的时间过程，让人们产生遐想，领略到音乐的美妙与无限。中国古代音乐理论有著名的“律历融通”说。所谓“律历融通”，是将乐律与历法统一起来，强调音乐运行规律与自然界时序流转节律有着内在的一致性。根据《吕氏春秋·十二纪》的描述，角、徵、商、羽的调式分别与春、夏、秋、冬四季相对应，太簇、夹钟、姑洗、中吕等十二律则分别与一年中的十二个月相对应。这种音乐节律与天地四时运行相一致、相统一的说法，在《礼记·月令》《史记·律书》《淮南子·时则训》《淮南子·天文训》等著作中都存在。这一说法亦是将音乐看成是一种时间艺术，是从时空一体的音律节奏变化中来体悟音乐对于宇宙自然和人类生活的意义的。对此，宗白华作了明确揭示：

> 四时的运行，生育万物，对我们展示着天地创造性的旋律的秘密。一切在此中生长流动，具有节奏与和谐。古人拿音乐里的五声配合四时五行，拿十二律分配于十二月，使我们一岁中的生活融化在音乐的节奏中，从容不迫而感到内部有意义有价值，充实而美。[1]

---

[1]《宗白华全集》，第二卷，安徽教育出版社1994年版，第404页。

“律历融通”体现的也是一种以“和”为美的音乐哲学观。《乐记》正是从这种哲学观出发，提出“大乐与天地同和，大礼与天地同节”（《乐记·乐论》），“乐者，天地之和也；礼者，天地之序也”（《乐记·乐论》）的观点，将音乐世界的和谐与天地万物、四时秩序、人类社会本有的和谐对应起来，高度重视音乐“和天地”“和上下”“和民性”的功能。与儒家一样，道家也将“和”看成是音乐所表现的理想境界，如庄子曰“礼以道行，乐以道和”[1]。但道家所主张的“和”与儒家不同，它不再是人和而是天和，不是人乐而是天乐。“与人和者，谓之人乐；与天和者，谓之天乐”[2]，“天和”“天乐”与“人和”“人乐”不同，它重视的不是用音乐去和人心、和礼乐，而是通过音乐体悟到天地运行之道，从对天地自然的体验中获取精神的自由。

对“和”的音乐意象世界，中国古人有很深的体验。《左传·襄公二十九年》记载的“季札观乐”是中国古代最早的观乐活动，季札用“乐而不淫”评《豳》乐，用“大而婉，险而易行”评《魏》乐，用“思而不贰，怨而不言”评《小雅》，用“曲而有直体”评《大雅》，赞美的就是音乐的“中和”之美。特别是对《颂》的评价，用了“直而不倨，曲而不屈，迩而不逼，远而不携，迁而不淫，复而不厌，哀而不愁，乐而不荒，用而不匮，广而不宣，施而不费，取而不贪，处而不底，行而不流”十

[1] 郭庆藩集释：《庄子集释·天下》，载《诸子集成》，第三册，中华书局 1954 年版，第 462 页。

[2] 郭庆藩集释：《庄子集释·天道》，载《诸子集成》，第三册，中华书局 1954 年版，第 206 页。

四对赞辞，更将这种美推向了极致。[1] 刘向《说苑》有一则孔子欣赏音乐的故事："孔子至齐郭门之外，遇一婴儿，挈一壶相与俱行。其视精，其心正，其行端。孔子谓御曰：'趣驱之、趣驱之！韶乐方作。'"[2] 从一个初生婴儿纯洁的目光里，孔子感受到其心正行端，感觉到韶乐将要升起，这便是孔子所体验到的音乐意象世界，这个世界是和谐纯净、充满人伦情味的。正是源于这种音乐体验，孔子提出"人而不仁，如礼何？人而不仁，如乐何?"（《论语・八佾》）的观点，将"乐"与"仁"统一起来，高度重视音乐对于人的心灵影响和人格培养的作用。《庄子・天运》有一则寓言，则展示了道家所崇尚的"天和"（天乐）的音乐意象世界：黄帝在广漠的原野上放奏《咸池》之乐，北门成初听时感到惊惧，再听时便觉得松弛，最后听得迷惑了，心神恍惚，不能把握自己，所以他向黄帝发问，为什么会出现这样的状态。黄帝的回答是：你产生这样的状态是很自然的事，因为我演奏的《咸池》之乐顺应了天地自然之理，体现了宇宙之道的"止之于有穷，流之于无止"的运行规律。[3] 这种音乐实际上也就是合于天的"天乐"，所以它能让你产生"混逐丛生，林乐而无形，布挥而不曳，幽昏而无声"[4] 的感受，让你摒弃人间的机

---

[1] 左丘明传，杜预注，孔颖达正义：《春秋左传正义》卷三十九，载李学勤主编《十三经注疏》(标点本)，北京大学出版社 1999 年版，第 1098—1103 页。

[2] 刘向撰，向宗鲁校证：《说苑校证》，中华书局 1987 年版，第 499 页。

[3] 郭庆藩集释：《庄子集释・天运》，载《诸子集成》，第三册，中华书局 1954 年版，第 224 页。

[4] 郭庆藩集释：《庄子集释・天运》，载《诸子集成》，第三册，中华书局 1954 年版，第 224 页。

心，消除人与天地万物的限隔，进入不能自已和忘我的状态。

与对音乐“和”之美的追求相关，中国音乐理论还推重雅乐和清音，这一推重亦可以看成是中国古代音乐意象美创造的重要方面。“雅”这一范畴最早见于孔子的《论语·述而》：“诗书执礼，皆雅言也。”“雅”体现的是儒家雅正中和的审美理想。孔子是“雅乐”的坚定维护者，因为卫国“新声”（俗乐）太盛，所以他要回到鲁国整理诗乐（正乐），使“《雅》《颂》各得其所”[1]。“雅”也被后世儒家音乐理论奉为圭臬，如南宋词学理论家张炎所说：“古之乐章、乐府、乐歌、乐曲，皆出于雅正。”[2]“清”这一概念最早见于《老子》第三十九章：“天得一以清，地得一以宁。”“清”作为一个音乐审美范畴出现在魏晋时期，与当时玄学的兴起和清玄之美的风气追求有着密切关系，体现的主要是道玄的审美趣味。《世说新语》用“清虚”“清远”“清恬”“清和”“清畅”等词语来评点和赞美人物，阮籍《清思赋》所描绘的那个“微妙无形，寂寞无听，然后乃可以睹窈窕而淑清”[3]的完美声音和形象，谢灵运《夜宿石门》“鸟鸣识夜栖，木落知风发。异音同至听，殊响俱清越”诗句所呈现的山水清音的意象世界，便是这种趣味的典型体现。

“雅乐”“清音”的音乐意象世界在琴乐中得到了充分体现。琴乐在中国古人的眼中是一种理想的音乐，古人对琴的历史记载

[1] 司马迁：《史记》卷四十七，中华书局1959年版，第1936页。

[2] 张炎：《词源》卷下，载唐圭璋编《词话丛编》，第一册，中华书局1986年版，第255页。

[3] 阮籍：《清思赋》，载叶朗主编《中国历代美学文库·魏晋南北朝卷》（上），高等教育出版社2003年版，第42页。

也很久远，可以上溯到伏羲、神农时代。蔡邕《琴操》认为琴为伏羲所制："昔伏羲氏之作琴，所以御邪辟，防心淫，修身理性，反其天真也。"[1] 刘安《淮南子·泰族训》认为琴始为神农所作："神农之初作琴也，以归神；及其淫也，反其天心。"[2] 桓谭《新论》亦认为琴为神农所制，取"上观法于天，下取法于地"的《周易》之道，所以能"通神明之德，合天地之和"。[3] 蔡邕还将伏羲所创制的琴的长度设置为三尺六寸六分，以象三百六十日，宽度设置为六寸，以象六合，认为其"前广后狭，象尊卑也。上圆下方，法天地也。五弦宫也，象五行也"[4]，以体现儒家的自然、社会和道德伦理秩序。这些追溯自然不可信，但是它们说明从一开始琴就不单是一种音乐乐器，而且具有重要的人文精神价值。"君子以钟鼓道志，以琴瑟乐心"[5]，荀子所说的"乐心"，正道出了"琴瑟"不同于"钟鼓"的情感表达特点，也道出了琴对于中国文人精神生活的重要性。依笔者看，这种重要性主要体现在以下两个方面。

一是适应了儒家礼乐文化建设的需要，反映了儒家雅正中和的审美理想。琴乐自诞生之日起，就被赋予浓厚的礼乐教化意

[1] 蔡邕撰，吉联抗辑：《琴操》（两种），人民音乐出版社 1990 年版，第 21 页。

[2] 高诱注：《淮南子》卷二十，载《诸子集成》，第七册，中华书局 1954 年版，第 352 页。

[3] 桓谭：《新论·琴道》，载叶朗主编《中国历代美学文库·秦汉卷》，高等教育出版社 2003 年版，第 318 页。

[4] 蔡邕撰，吉联抗辑：《琴操》（两种），人民音乐出版社 1990 年版，第 21 页。

[5] 王先谦集解：《荀子集解》，载《诸子集成》，第二册，中华书局 1954 年版，第 254 页。

义。“舜弹五弦之琴，歌《南风》之诗而天下治”[1]，体现了儒家对琴的礼乐教化功能的认知与肯定。《左传·昭公元年》云“君子之近琴瑟，以仪节也，非以慆心也”[2]，看重的依然是琴的礼乐教化功能。琴声具有“大小得中，而声音和，大声不喧哗而流漫，小声不湮灭而不闻”[3]的声音特征，正应和了儒家提倡的中和典雅的雅乐审美观，所以在《诗经》《尚书》等中国早期儒家经典中有大量关于“琴瑟和乐”意象的描述，如《诗经·关雎》中的“窈窕淑女，琴瑟友之”，《诗经·小雅·鹿鸣》中的“我有嘉宾，鼓瑟鼓琴。鼓瑟鼓琴，和乐且湛”，《诗经·小雅·常棣》中的“妻子好合，如鼓瑟琴”，《尚书·益稷》中的“搏拊琴瑟以咏。祖考来格”，等等。中国古代还有大量关于“琴德最优”和“雅琴”的表述，如桓谭说“八音广播，琴德最优”[4]，应劭说“雅琴者，乐之统也，与八音并行，然君子所常御者，琴最亲密，不离于身”[5]，均说明作为儒家雅乐审美观代表的琴乐在中国音乐史上所具有的崇高地位。

二是体现了道家冲和自然、微妙虚远的音乐审美理想。先秦

---

[1] 司马迁：《史记·乐书》，载张大可注释《史记全本新注》（二），三秦出版社1990年版，第733页。

[2] 左丘明传，杜预注，孔颖达正义：《春秋左传正义》卷四十一，载李学勤主编《十三经注疏》（标点本），北京大学出版社1999年版，第1165页。

[3] 应劭撰，王利器校注：《风俗通义校注》卷六《声音·琴》，中华书局1981年版，第293页。

[4] 桓谭：《新论·琴道》，载叶朗主编《中国历代美学文库·秦汉卷》，高等教育出版社2003年版，第318页。

[5] 应劭撰，王利器校注：《风俗通义校注》卷六《声音·琴》，中华书局1981年版，第293页。

两汉的琴乐主要受儒家文化影响，重视琴的礼乐教化功能。这种情况到了魏晋时期有了很大改变。魏晋是儒家思想统治松弛的时代，玄学的兴起使音乐剥离了儒家的思想轨道，与道家发生密切关系，琴从传统礼乐文化的社会生活进入个人的心灵世界，成为排解人的情怀、安顿人的心灵的工具。嵇康可以看成是这方面的代表性人物。他写有《琴赋》，自述平生向往的是“浊酒一杯，弹琴一曲”（《与山巨源绝交书》）的生活境界。“处穷独而不闷者，莫近于音声也”（《琴赋》），“弹琴咏诗，聊以忘忧”（《兄秀才公穆入军赠诗・其十六》），与儒家对雅正琴乐推重的社会性考虑不同，嵇康流连琴音的目的，常常是为了排泄个人内心的孤怀与苦闷，所以他以老庄思想为指导，追求冲淡平和、清幽虚远的音乐境界。“目送归鸿，手挥五弦。俯仰自得，游心太玄”（《兄秀才公穆入军赠诗・其十四》），“遗物弃鄙累，逍遥游太和。结友集灵岳，弹琴登清歌”（《答二郭三首・其二》）之类的诗文，就是这种境界的写照。这种清和、冲淡、玄远的音乐审美理想，在唐宋以后的文人意识中得到更充分的体现。“独坐幽篁里，弹琴复长啸。深林人不知，明月来相照”（王维《竹里馆》），“江上调玉琴，一弦清一心。泠泠七弦遍，万木澄幽阴”（常建《江上琴兴》），这些诗展现了一种清幽和融的琴乐境界，中国琴乐最重视的就是这种境界。古琴名曲《平沙落雁》表现的就是这样的境界：“在这首曲子中，长江的浩淼、秋色的高爽、云天的空阔、群雁的飞跃，都在于表现人心境中的怡然、和悦、从容和适意。"[1]《溪山琴况》作为中国古代琴乐的总结性著作，推重的亦是清幽平和的音乐审美境界。"弹琴不清，不如弹筝"[2]，"故清者，大雅之原本，而为声音之主宰"[3]，"试一听之，则澄然秋潭，皎然寒月，湱然山涛，幽然谷应。始知弦上有此一种清况，真令人心骨俱冷，体气欲仙矣"[4]，唯有"清"，才能得音乐之真谛，将人心与琴心、艺术与自然统一起来。

不管是雅乐还是清音，都说明中国音乐是一种以"心"为本体，表现人的心灵律动的艺术。对此，中国古人有充分的认识。早在《乐记》中就提出了"乐者，心之动也"（《乐记·乐象》）的观点，将"心"作为音乐意象创造的根本。《吕氏春秋》亦将心灵作为音乐产生的根据："凡音者，产乎人心者也。感于心则荡乎音，音成于外而化乎内，是故闻其声而知其风，察其风而知其志。"[5] 中国古代还有"非象之象"（吕温《乐出虚赋》）和"声无形象，默识者希也"（《乐书要录·论历八相生意》）之说，也是强调音乐具有超越具体的感官形象，诉诸心灵的特征。对于音乐是心灵的艺术，嵇康的认识更为系统。他提出"声无哀乐论"，将声音与情感分割开来，表面上看是否定音乐表现情感，实际上是强调"心"对于音乐的本体意义。在他看来，"哀乐自

[1] 叶朗主编：《中国美学通史·清代卷》，江苏人民出版社 2014 年版，第 332 页。

[2] 徐上瀛：《溪山琴况》，载叶朗主编《中国历代美学文库·明代卷》（下），高等教育出版社 2003 年版，第 267 页。

[3] 徐上瀛：《溪山琴况》，载叶朗主编《中国历代美学文库·明代卷》（下），高等教育出版社 2003 年版，第 267—268 页。

[4] 徐上瀛：《溪山琴况》，载叶朗主编《中国历代美学文库·明代卷》（下），高等教育出版社 2003 年版，第 268 页。

[5] 陈奇猷校释：《吕氏春秋校释》（上），学林出版社 1984 年版，第 335 页。

以事会先遘于心，但因和声以自显发”[1]，也就是说，哀乐源于人的本心，是人心本有的情感状态，只是以音乐形式（和声）表现出来，一个人心中的哀乐之情与何种音乐形式结合具有很大的偶然性，所以他提出“乐之为体以心为主”[2]的观点，将音乐视为天地自然之德的显现，强调以“心”来感应天地万物，而不是将音乐与人的主观好恶之情简单对应起来。这实际上是强调“心”之本体对于音乐的重要性。嵇康还提出“音声无常”和“和声无象”的观点，[3]也不是为了否定音乐中的象，而是要指出音乐意象的特殊性，它是一种“心象”。“心象”的世界是变化无常、流动不居的，它所体现的是音乐与天地造化的相互感应和紧密不可分的关系。音乐家只有进入这个心象世界中，才能创造出完美伟大的音乐作品。

中国古代的音乐实践也说明了这一点。“潜不解音声，而蓄素琴一张，无弦，每有酒适，辄抚弄以寄其意。”[4]其实，解不解音律并不是问题的关键，关键在于陶渊明懂得音乐是一种诉诸心灵的艺术的道理，所以他能在性不解音律的情况下做到抚琴以“寄其意”，“取其意不取象，听以心不听之身”（宋祁《无弦琴赋》），真正把握中国古代音乐审美的精髓。“伯牙鼓琴，钟子期

---

[1] 嵇康：《声无哀乐论》，载叶朗主编《中国历代美学文库·魏晋南北朝卷》（上），高等教育出版社 2003 年版，第 115 页。

[2] 嵇康：《声无哀乐论》，载叶朗主编《中国历代美学文库·魏晋南北朝卷》（上），高等教育出版社 2003 年版，第 119 页。

[3] 嵇康：《声无哀乐论》，载叶朗主编《中国历代美学文库·魏晋南北朝卷》（上），高等教育出版社 2003 年版，第 114 页。

[4] 沈约：《陶潜传》，载袁行霈《陶渊明集笺注》（下），中华书局 2022 年版，第 599 页。

听之，方鼓琴而志在太山，钟子期曰：‘善哉乎鼓琴，巍巍乎若太山。’少选之间，而志在流水，钟子期又曰：‘善哉乎鼓琴，汤汤乎若流水。’”[1] 这个著名的音乐故事，除了古人所赋予的知音难觅的意涵外，更重要的是它说明了音乐与人的精神人格、心灵情感的关系。如宗白华所说：“‘志在高山，志在流水’时，作曲家不是模拟流水的声响和高山的形状，而是创造旋律来表达高山流水唤起的情操和深刻的思想。”[2] 音乐是情感的艺术，如何将音乐的情感转化成可听、可视的音乐意象，西方音乐理论提出了具象化、模拟说的音乐理论。比如，英国音乐理论家戴里克·柯克说，音乐可以用三种方式来表现物质对象：第一，对能发出某些固定音高的声音的事物，如杜鹃、牧羊人的笛子或猎人的号角进行直接的模仿；第二，对某些发出无固定音高的声音的事物进行近似的模仿，如雷鸣、小溪的潺潺流水声；第三，对纯由视觉辨别的物质对象用音乐来暗示或象征，如闪光、云彩或山峦等。[3] 这种具象化的音乐模仿理论对于中国音乐来说是没有市场的。中国音乐虽然也出现了像《百鸟朝凤》《空山鸟语》那样模仿自然声音的作品，但从总体上说对这种模仿功能是不重视的。明代音乐家徐上瀛的《溪山琴况》曰：“纡回曲折，疏而实密，抑扬起伏，断而复联。此皆以音之精义而应乎意之深微也。其有得之弦外者，与山相映发，而巍巍影现；与水相涵濡，而洋

[1] 陈奇猷校释：《吕氏春秋校释》（上），学林出版社1984年版，第740页。

[2] 宗白华：《美学与意境》，人民出版社1987年版，第368页。

[3] 戴里克·柯克：《音乐语言》，茅于润译，人民音乐出版社1981年版，第9—10页。

洋徜恍。”[1] 中国古人所创造的就是这样一个“以音之精义而应乎意之深微”、不可言传、有着弦外之音的音乐意象世界，它看重的不是眼前可视可听的这个“象”，而是“象”后面所隐含的深远无限的“意”，是体现了艺术家的情感、心灵、人格精神的“意”的世界。伯牙鼓琴的故事把我们引向的正是这样一个世界。

伯牙学鼓琴于成连先生，三年而成。至于精神寂寞，情志专一，尚未能也。成连云：“吾师子春在海中，能移人情。”乃与伯牙延望，无人。至蓬莱山，留伯牙曰：“吾将迎吾师。”刺船而去，旬时不返，但闻海上水汩汲澌澌之声。山林窅冥，群鸟悲号，怆然叹曰：“先生将移我情。”乃援琴而歌之。曲终，成连刺船而还。伯牙遂为天下妙手。[2]

这也是一个著名的音乐故事，故事的主角依然是伯牙与琴，故事的主题是谈古琴音乐中的“移情”作用。伯牙为什么能“移情”？不是来自成连先生的教诲，也不是来自虚拟的那个今在海中的老师方子春的启悟，而是来自大自然。“吾将迎吾师”中的那个老师就是大自然。从“水汩汲澌澌之声。山林窅冥，群鸟悲号”的大自然的声音中，伯牙领悟到老师的用意：“先生将移我情。”于是援琴而歌，让琴声在山风海浪和天地间飞扬。这个故

[1] 徐上瀛：《溪山琴况》，载叶朗主编《中国历代美学文库·明代卷》（下），高等教育出版社2003年版，第267页。

[2] 吴兢：《乐府古题要解》卷下《水仙操》，载丁福保辑《历代诗话续编》（上），中华书局1983年版，第57页。

事所说的“移情”还有一层意思，那就是音乐意象的生成不仅来自天地自然，更来自艺术家伟大的人格与心灵。如宗白华评价这个故事时所说：“‘移情’就是移易情感，改造精神，在整个人格的改造基础上才能完成艺术的造就，全凭技巧的学习还是不成的。”[1] 没有伟大的人格与心灵，没有心灵对于大自然的感应与超越，也就没有音乐的意象世界和伟大的音乐作品的生成。或许正因为此，宗白华才将音乐与“道”的体验联系起来，认为“‘道’的生命和‘艺’的生命，游刃于虚，莫不中音”，“音乐的节奏是它们的本体”，“一切艺术趋向音乐的状态”。[2]

第四节　中国戏曲艺术的审美意象创造

戏曲这一戏剧类型是中国古代独有的，它是音乐、舞蹈、文学与舞台表现的有机融合，其审美意象形态的表现尤其丰富。它不像西方戏剧那样以演员与角色为中心，也不像西方戏剧艺术那样重视矛盾冲突的再现和人物性格的塑造，而是以舞台形象的美和所达到的艺术品位和艺术境界为中心，以程式化、虚拟化的舞台表演，以抒情写意性来实现审美意象的创造。将审美意象作为中心来阐释中国戏曲艺术的本体特征，不仅能深化对戏曲艺术美学特性的认识，也能深刻地感悟中国艺术的魅力和精髓。

关于戏曲，王国维有一经典定义：“戏曲者，谓以歌舞演故

[1] 宗白华：《美学与意境》，人民出版社 1987 年版，第 368 页。
[2] 宗白华：《美学与意境》，人民出版社 1987 年版，第 217 页。

事也。”[1] 这一定义明确说明戏曲艺术是一种集歌舞与文学性为一体的综合性艺术。在戏曲艺术的综合性中，文学因素占据重要地位。戏曲艺术中的文学性主要是指戏曲艺术的故事性和唱词，一部好戏必须有好的故事和好的文字表述，对这一点，古往今来许多戏曲理论家都有清楚的认识，如王骥德的“用事”说——“曲之佳处，不在用事，亦不在不用事”[2]，吕天成所说的“凡南剧，第一要事佳”[3]，李渔所提出的“结构第一”和“一人一事”的戏曲法则，[4] 王国维所说的戏曲“必合言语、动作、歌唱，以演一故事，而后戏剧之意义始全”[5]，吴梅所提出的“首论事实，次论文字，次论音律”[6] 的戏曲评论三原则等。有的人将戏曲艺术的故事性与戏曲审美意象的创构紧密联系起来，认为：

> 编事为剧乃戏曲的一般法则，此间有双重蕴涵：一是若无事件，既无戏曲；二是事件的展示必须借助具体的戏曲动

---

[1] 王国维：《戏曲考原》，载《王国维戏曲论文集》，中国戏剧出版社1984年版，第163页。

[2] 王骥德：《曲律》卷三《论用事第二十一》，载中国戏曲研究院编《中国古典戏曲论著集成》，第四集，中国戏剧出版社1959年版，第127页。

[3] 吕天成：《曲品》卷下，载中国戏曲研究院编《中国古典戏曲论著集成》，第六集，中国戏剧出版社1959年版，第223页。

[4] 李渔：《闲情偶寄》，载中国戏曲研究院编《中国古典戏曲论著集成》，第七集，中国戏剧出版社1959年版，第7页、14页。

[5] 王国维：《宋元戏曲考》，载《王国维戏曲论文集》，中国戏剧出版社1984年版，第29页。

[6] 吴梅：《瞿安读曲记·长生殿》，载王卫民编《吴梅戏曲论文集》，中国戏剧出版社1983年版，第456页。

> 作直接呈现，构成流动的审美意象。诚如明人孟称舜所言："迨夫曲之危妙，极古今之好丑、贵贱、离合、死生、因事以造型，随物而赋象中。""事象"的展示才是戏曲动作的主要依据和艺术目标。戏曲必须要展示故事，舍"故事"因素而仅有"歌舞"表演必不足以称戏曲，也谈不上戏曲意象创构。[1]

> 戏曲意象正是一种"事象"，是在各种社会人生故事与其演述及交流方式的整合中所呈现的一种具有独特时空品格和艺术旨趣的审美意象。[2]

戏曲是以歌舞演故事，所以"事象"正是戏曲艺术审美意象创造的中心，离开了故事性，就谈不上戏曲艺术的美和戏曲艺术的审美意象创造。除了故事性之外，语言文字（唱词）的文学性表现对于戏曲艺术审美意象的生成也很重要。比如，《西厢记》《牡丹亭》一类戏曲，它不仅有好的故事，而且有非常美的唱词。王实甫的《西厢记》中，莺莺出场唱的第一支曲子——"〔赏花时〕可正是人值残春蒲郡东，门掩重关萧寺中。花落水流红，闲愁万种，无语怨东风"——就写得非常美，整个剧情就是在这样美的意境中展开的，直到《长亭送别》中"碧云天，黄花地，西风紧，北雁南飞。晓来谁染霜林醉？总是离人泪"的唱词，将意

［1］ 朱志荣主编：《中国审美意识通史·清代卷》，人民出版社2017年版，第231页。
［2］ 施旭升：《戏曲审美意象论——中国戏曲艺术本体阐释》，《艺术百家》1996年第1期。

境美推向顶点。汤显祖的《牡丹亭》也是如此，剧中许多唱词，如《惊梦》中的〔步步娇〕“袅晴丝吹来闲庭院，摇漾春如线”，〔皂罗袍〕“原来姹紫嫣红开遍，似这般都付与断井颓垣”等，都写得非常美，对于整个戏的审美意象生成十分重要。

但是，戏曲艺术不同于一般综合艺术的关键还是在于舞台表演。王国维谓“戏曲者，谓以歌舞演故事也”，一个“演”字道出了戏曲艺术的本质。戏曲审美意象的形成关键还是靠场上的表演，正是在舞台表演中完满的戏曲意象才得以生成，戏曲艺术的魅力才得以产生。中国戏曲艺术大师都深谙此理。梅兰芳说：“中国戏曲是一种综合性的艺术，包含着剧本、音乐、化装、服装、道具、布景等等因素。这些都要通过演员的表演，才能成为一出完整的好戏。”[1] 程砚秋也认为戏曲艺术的综合性是通过演员的表演体现出来的，“（演员）表演本身，就包括着歌、舞、白、武打和表情等各个方面”[2]。对于中国戏曲艺术来说，故事性、文字性等文学因素虽然重要，但相比演员表演，它们都退居到次要地位。与西方戏剧艺术相比，中国戏曲艺术更是以演员为中心的艺术，演员的表演对于戏曲审美意象的生成具有关键性的作用。秋文谈到戏曲艺术与西方话剧艺术的差异时说，相比较话剧艺术，戏曲艺术中的演员显然占有更重要的位置。他说：

清朝大戏剧家李笠翁就曾呼吁编剧要为演出服务，而不主张只编光供文学欣赏的案头剧。黑格尔曾经指出有两种演

[1] 中国戏剧家协会编：《梅兰芳文集》，中国戏剧出版社 1962 年版，第 48 页。
[2] 中国戏曲研究院编：《程砚秋文集》，中国戏剧出版社 1959 年版，第 108 页。

员艺术，一种是演员适应剧作家，一种是剧作家“适应演员的自然禀赋、技巧能力和艺术”，中国戏曲演员和剧作家的关系，本质上是属于后一种的。[1]

李渔批评金圣叹评《西厢记》云：“圣叹所评，乃文人把玩之《西厢》，非优人搬弄之《西厢》也。文字之三昧，圣叹已得之；优人搬弄之三昧，圣叹犹有待焉。”[2] 即批评金圣叹只是从文学性未能从戏剧表演的角度评论《西厢记》。剧作家适应演员，这是中国戏曲艺术的重要特点，它对于戏曲审美意象的生成非常重要。

关于这一点，叶朗论述得很充分，他明确将京剧看成是以“二度创作”即以演员表演为中心的艺术，他说：

对于京剧意象世界的生成来说，决定性的不是第一度创作（剧作家的创作），而是第二度创作（演员的表演）。换句话说，在京剧艺术的剧本和表演这对矛盾中，矛盾的主要方面是表演而不是剧本。尽管剧本和表演作为矛盾的双方是互相依赖、缺一不可的，但是就京剧舞台意象的构成来说，剧作家的剧本所提供的故事情节，往往只构成一个框架，一种背景，而意蕴主要不在这里，意蕴主要在于（浓缩在）演员

[1] 秋文：《中国戏曲艺术的美学问题》，载上海文艺出版社编《戏剧美学论集》，上海文艺出版社 1983 年版，第 45—46 页。

[2] 李渔：《闲情偶寄》，载中国戏曲研究院编《中国古典戏曲论著集成》，第七集，中国戏剧出版社 1959 年版，第 70 页。

的情景交融的唱、念、做、打之中。就像俗话说的，“戏”在演员身上。[1]

又说：

西方的戏剧也要依赖演员。演员不同，演出的风格、水平和效果也不同。但是无论如何，舞台的意象世界是由剧本决定的。不论是哪个演员演哈姆莱特，舞台上的意象世界都是莎士比亚的世界。中国的话剧也是如此。《雷雨》《日出》《北京人》的意象世界始终是曹禺的世界。而京剧则不同。京剧舞台上的《贵妃醉酒》《霸王别姬》《宇宙锋》的意象世界乃是梅兰芳的世界。[2]

叶朗的这一看法并不是否定剧本的作用，而是认为，与西方戏剧和话剧相比较，剧本对于戏曲艺术的作用的确要小很多，戏曲意象生成的关键不是剧本而是演员的表演。中国戏曲有一套完整的程式，它不仅成为戏曲意象呈现的关键，也深刻影响到戏曲观众审美心理的形成。中国戏曲欣赏有“听戏”“看角”之说，这说明中国观众清楚意识到戏曲审美意象生成的特殊性，戏曲的“戏”（舞台意象）是演出来的。“听戏”与戏曲的“曲”的品性

---

[1] 叶朗：《胸中之竹——走向现代之中国美学》，安徽教育出版社 1998 年版，第 188 页。

[2] 叶朗：《胸中之竹——走向现代之中国美学》，安徽教育出版社 1998 年版，第 188—189 页。

即歌舞化表演分不开，中国古代戏曲表演讲究声情并茂，演员的唱腔、吐字、念白、身段、舞姿都很讲究，听众必须对此有深刻了解，否则就谈不上戏曲欣赏。“看角”即如此，主要不是看演员所饰演的人物和事件，而是看他如何表演，每一个表演大师的风格都不一样，所以京剧才有那么多的流派，每一个流派都有自己的代表作，如提起“梅派”，人们自然会想起《霸王别姬》《贵妃醉酒》《天女散花》《洛神》一类作品；提起“程派”，人们自然会想起《文姬归汉》《荒山泪》《窦娥冤》一类作品。戏剧表演大师的表演往往形成为观众所认同的规范性审美意象，形成最强烈的审美效应。

戏曲艺术以演员为中心，这种表演是诗化的、抒情写意的，是以舞台审美意象的塑造为目的的。西方戏剧理论将冲突作为戏剧的本质和中心，中国古代戏曲要搬演故事，塑造人物，自然也不能忽视戏剧冲突的重要性。但是相比西方戏剧来说，由于中国戏曲将演员表演放在中心地位，所以意象呈现的因素大大强化，塑造戏曲意象更成为舞台表现的目的。戏曲对故事的搬演，常常也不是以表现戏剧冲突、获取戏剧悬念为目的，而是重在意象的创构和呈现，展示舞台形象的美和诗意。这样的例子很多，如《西厢记》中的“长亭送别”、《牡丹亭》中的“游园惊梦”，以及折子戏《十八相送》《林冲夜奔》《贵妃醉酒》等，这些戏都处于戏剧冲突的焦点，对于表现人物命运和性格非常重要，但剧作家和表演者常常并不有意去渲染这种冲突，而是借助唱词和人物表演，营造出一种氛围，将舞台形象的美和诗意淋漓尽致地表现出来。黄佐临比较布莱希特、斯坦尼斯拉夫斯基、梅兰芳的戏剧观，提出写实的戏剧观和写意的戏剧观的区分，认为中国戏曲属于写意的戏剧。[1] 张庚更明确将写意作为中国戏曲艺术的根本特征，他说："中国戏曲还从剧作到演出到欣赏，形成了自己一整套美学体系。如果用一个概括性的词语来表达，那就是'写意'。"[2] 单用"写意"二字来概括戏曲艺术的本质未必准确，因为戏曲艺术是以创造审美意象为目的的，戏曲艺术的本体是审美意象而不是"意"。不过，说中国戏曲艺术是写意的，将写意作为中国戏曲艺术的基本美学特征则是没有问题的。这种写意性，既可以从戏曲文本的层面上来理解，中国戏曲史上许多重要的作品，如《梧桐雨》《汉宫秋》《西厢记》《牡丹亭》等，其文字表达都充满了抒情写意性，更可以从戏曲表演的层面上来理解。中国舞台上一般不设逼真的布景，而是随着演员的表演不断变换，显示出舞台空间与时间的广阔性：移步喻换景；马鞭喻骑马；在舞台上跑一个圆场，不仅表示走了几十里、几百里，也表示度过了几天、几十天。伴随着虚拟化的人物动作，瞬息之间，高山可以转化为平地，平地可以转化为高山，一马平川可以转化为浩荡江河。船翁的一支桨和乘船人的摇曳舞姿也可以让观众神游江上，如京剧《打渔杀家》、川剧《秋江》中，一支桨就代表了一条船，人物上船、下船，船在水中遇到风浪，颠簸前行，都是通过演员的表演来实现的。这些都典型地体现了中国戏曲艺术虚拟性的特征，也形成了中国戏曲艺术强烈的写意性。中国戏曲

---

[1] 黄佐临：《漫谈"戏剧观"》，载上海文艺出版社编《戏剧美学论集》，上海文艺出版社 1983 年版，第 17—25 页。

[2] 张庚：《戏曲艺术的成就及其在中国文化史上的地位》，《中国戏剧》1992 年第 1 期。

艺术的写意性还特别通过演员传神写意的表演体现出来。叶朗对梅兰芳表演的《贵妃醉酒》的分析可以说很好地诠释了这一点。他说：

> 这个剧在观众面前敞开了一个有意蕴的感性世界。这种意蕴，不仅有一般宫怨的题材所包含的对于古代宫廷妇女的悲剧命运的感叹，而且在这感叹中还有深一层的人生悲剧的意味。但是，《贵妃醉酒》的这种意蕴，《贵妃醉酒》的这个感性世界，主要不是这个剧的故事情节构成的，而是由梅兰芳的表演所呈现出来的。这个剧的故事情节，正如梅先生所说的，是太简单了："唐明皇与杨贵妃约好在百花亭摆宴，临时唐明皇爽了约，改往梅妃宫里去了。贵妃只能独自痛饮一回，由于她内心的抑郁不欢，竟喝得酩酊大醉，说了许多酒话，做出许多醉态。夜深酒阑，才带着怨恨的心情，由宫女们搀扶回宫。"剧情很简单。但是梅兰芳的表演却很复杂。剧情只给了一个框架，这出戏的生命完全是梅兰芳的表演所给予的。没有那些歌唱和舞蹈的表演，没有两次卧鱼、三次衔杯，就没有这个剧的意象世界，这个剧也就没有看头了。[1]

叶朗所举的这个例子也说明中国戏曲艺术是以追求舞台形象美为目的的。夏写时谈到中国与西方演剧观的差异时，曾以元代

[1] 叶朗：《胸中之竹——走向现代之中国美学》，安徽教育出版社 1998 年版，第 189—190 页。

胡紫山的《黄氏诗卷序》中提出的表演“九美”为例，强调中国古代的戏曲表演不像西方戏剧那样以演员与角色的关系为中心，而是以舞台形象塑造的美和所达到的艺术品位、艺术境界为中心。“九美”具体内容如下：一、“资质浓粹，光彩动人”；二、“举止闲雅，无尘俗态”；三、“心思聪慧，洞达事物之情状”；四、“语言辨利，字句真明”；五、“歌喉清和圆转，累累然如贯珠”；六、“分付顾盼，使人解悟”；七、“一唱一说，轻重疾徐，中节度合；虽记诵闲熟，非如老僧之诵经”；八、“发明古人喜怒哀乐、忧悲愉佚、言行功业，使观听者如在目前，谛听忘倦，惟恐不得闻”；九、“温故知新，关键词藻，时出新奇，使人不能测度为之限量”，它涉及演员表演的品貌、风度、素养，说、唱、表演的能力和戏曲对观众的感染力诸多方面。[1] 中国戏曲艺术的程式美和虚拟化表演与“九美”的原理是相通的，它们都意在呈现一个虚拟化的、传神的、充满美感和诗意的艺术空间。王国维“以歌舞演故事”的戏曲定义，强调的亦是戏曲艺术以一套高度程式化、风格化的语言将戏曲舞台表演诗化、美化，而中国戏曲艺术审美意象正生成在这样一个诗化、美化的艺术空间中。中国戏曲艺术讲求“四功五法”（唱、做、念、打为“四功”，手、眼、身、法、步为“五法”），将舞台表演的动作程式化，其目的亦在于将舞台形象美化、诗意化。戏曲表演的云手、云步、旋风步、鹰展翅、双飞燕、金鸡独立、趟马、卧鱼、倒提柳、兰花指等，都能被演员用优美的身段和神态体现出来，使舞台意象生

[1] 夏写时：《论中国演剧观的形成——兼论中西演剧观的主要差异》，载夏写时、陆润棠编《比较戏剧论文集》，中国戏剧出版社 1988 年版，第 39—40 页。

成充满美和诗意。戏曲表演将舞台背景和人物动作表演虚拟化，是以塑造舞台审美意象为目的的。我们不否认虚拟化的表演与生活的联系，但更应该看到的是它对生活形态的超越和诗化、美化。戏曲表演的虚拟动作——开门关门、上楼下楼、骑马行舟等，离不开对生活动作的摹拟与提炼，但更重要的是若不把这些动作加以提炼、诗化、舞蹈化，形成一套特有的艺术语汇，就不能表现舞台意象世界的美，也得不到观众的认可。叶朗谈到京剧欣赏时认为它有一个重要特点，“是观众常常把演员表演的技巧美和形式美从舞台整体意象世界中分离出来欣赏，一句唱腔，一个特技，都可以博得观众的掌声”[1]。这的确是戏曲审美意象创造和欣赏的一个重要特点，它强调演员表演与剧本的分离，强调演员表演的技巧美、形式美与戏曲故事情节的分离，这不是说不要剧本，不要故事情节，而是说观众对于戏曲艺术形式美和技巧美的欣赏常常超出了故事情节和文学剧本的需要。戏曲观众正是通过对戏曲艺术形式美和技巧美的欣赏进入戏曲体味的更深层面，熟知各种歌舞程式和虚拟表演的意义，对不同流派和风格的大师表演深有会心，“在十分熟稔剧情的基础上对戏曲产生‘好戏不厌百回看，屡演不衰滋味鲜’的迷恋”[2]，构筑起一个美的、充满情趣和意蕴的意象世界。

[1] 叶朗：《胸中之竹——走向现代之中国美学》，安徽教育出版社 1998 年版，第 195 页。

[2] 朱志荣主编：《中国审美意识通史·清代卷》，人民出版社 2017 年版，第 235 页。

第五节　中国水墨山水画和园林艺术的意境美创造

不管是水墨山水画还是园林艺术，都是非常具有中国美学意味的艺术。水墨山水画是纯用笔墨不用设色的山水画体，是以最自然、最本色的东西创造出一个以形求神、抒情写意的世界。园林艺术则是集诗、画、建筑、山水、花木等多种元素于一体，创造出一个富有诗情画意、韵味无穷的艺术世界。这两种艺术都典型地体现了中国古人与天地相始终的生命意识，体现了中国古人“肇自然之性，成造化之功”（王维）的宇宙意识和人生情怀。它们还有一个共同特点，那就是重视意境美的创造，也可以说是对意象美的追求突出地指向了意境美的层次。[1] 所以我们将它们放在一起讨论。

一、中国水墨山水画的意境美创造

中国古代绘画主要分为人物、山水、花鸟三大类型，水墨山水画是中国画的一个重要分支，它的形成与发展，与中国山水画和文人画的发展有着密切关系。

山水画的萌芽，学术界一般认为是在晋宋六朝时期。晋人顾恺

[1] 按我们对“意境”的理解，它属于“意象”的一个特殊类型，可以看成是产生于意象又超越意象的艺术创造。“意境”的妙谛不在“象内”而在“象外”，在“象外之象、景外之景、味外之味”的审美虚空世界的创造。它是以主客一体、情景交融、虚实相生的艺术形象来表现宇宙人生的丰富意蕴，从而激发出人们无限丰富的想象和情思。本节正是基于这一理解对水墨山水画和园林艺术的意境美进行阐释。

之《魏晋胜流画赞》中有“凡画，人最难，次山水，次狗马”[1]的表述，可见早在东晋时代，山水就进入了画家的视野。不过，这一时期的山水画，不仅水平低，而且主要作为人事环境的背景和符号存在，很难称得上是具有独立审美意义的山水画。从现存的顾恺之《洛神赋卷图》摹本中，我们可以揣摩到这样的信息。关于这一点，顾恺之的《画云台山记》和张彦远的《论画山水树石》中均有明确表述，如后者云：“魏晋已降，名迹在人间者，皆见之矣。其画山水，则群峰之势，若钿饰犀栉，或水不容泛，或人大于山。率皆附以树石，映带其地。列植之状，则若伸臂布指。”[2]南北朝宗炳的《画山水序》和王微的《叙画》都可以看成是中国画论史上重要的山水画论文献，它们提出了在自然山水之间如何实现“澄怀观道”“澄怀味象”、如何通过山水“畅神”得山水之趣灵的问题，强调山水画与实用性地形图的区分，强调山水画的创作与欣赏不再是服务于道德伦理的实用性需要，而是“望秋云神飞扬，临春风思浩荡”，以山川形胜感动人的心灵。这些看法可以说深化了人们对于山水画审美功能的认识，对后世产生了很大影响。他们也创作过一些以山水为题材的绘画作品，如宗炳的《秋山图》等，但是并没有流传下来，山水画发展到怎样的水平，还是不得而知。隋唐是山水画发展的重要时期。展子虔、李思训的山水画，对青绿山水画的发展作出了很大的贡献。

---

[1] 顾恺之：《魏晋胜流画赞》，载叶朗主编《中国历代美学文库·魏晋南北朝卷》（上），高等教育出版社 2003 年版，第 362 页。

[2] 张彦远：《论画山水树石》，载俞剑华编著《中国画论类编》（上），人民美术出版社 1986 年版，第 603 页。

吴道子是人物画大师，其被誉为“吴带当风”的线条表现力以及在山水画线条中所表现出来的恣意豪放的风格，对山水画的变革产生了很大影响。张彦远评价吴道子画云：“每画，落笔便去，多使琰与张藏布色，浓澹无不得其所。”[1]“这种重线条而不重色彩的基本倾向扩展到山水领域，对后世起了重要影响。”[2]另一位人物则是王维。王维在画坛上受到尊崇，是在北宋文人画兴起以后。王维山水画的特点是以“破墨”为主要画法，张彦远《历代名画记》说王维画的特点是“破墨山水，笔迹劲爽”[3]，“破墨”即用比较浓的墨（水墨）来渲染画面。中国画在唐代之前重视设色，画山水用勾线，王维开水墨之风气，“始用（水墨）渲淡，一变钩斫之法”[4]，并提出“夫画道之中，水墨最为上。肇自然之性，成造化之功”[5]的观点，对后世水墨山水画的创作产生很大影响。另外，王维的山水画多平远构图，富有诗意，也对文人山水画的兴起产生了重要影响。五代也是山水画发展的重要时期，在这一时期，从汉到唐一直占主导地位的人物画走向式微，山水题材的绘画走向兴盛，荆浩、关仝、范宽等人的画多是大山大树的全景式的水墨山水画。董源、巨然等在山水画上追

[1] 张彦远：《历代名画记》，载叶朗主编《中国历代美学文库·隋唐五代卷》（下），高等教育出版社2003年版，第371页。

[2] 李泽厚：《美的历程》，文物出版社1981年版，第166页。

[3] 张彦远：《历代名画记》，载叶朗主编《中国历代美学文库·隋唐五代卷》（下），高等教育出版社2003年版，第376页。

[4] 董其昌：《画旨》卷上，载叶朗主编《中国历代美学文库·明代卷》（中），高等教育出版社2003年版，第207页。

[5] 王维：《山水诀》，载叶朗主编《中国历代美学文库·隋唐五代卷》（上），高等教育出版社2003年版，第386页。

求平淡天真的笔墨趣味——“峰峦出没，云雾显晦，不装巧趣，皆得天真”[1]，“岚气清润，布景得天真”[2]——更是为文人山水画的发展提供了直接的艺术规范。可以说，水墨（文人）山水画的基本理念和规范在隋唐五代就已基本形成，但是文人画的兴盛与高峰却是出现在宋元时期。

李泽厚用“宋元山水意境”来概括宋元山水画的美，笔者觉得非常到位。不过，他特别推崇元代绘画，认为其中包含着三个重要因素：一是文学趣味的异常突出，二是对笔墨的突出强调，三是水墨画压倒青绿山水，[3] 这一判断则不太准确。应该说这三个要素宋元山水画都具备，只是到了元代绘画达到高峰。早在唐代，王维的水墨山水画就体现了诗画兼通的审美情趣，而这一点到了宋代更为人们普遍推重。欧阳修、苏轼、黄庭坚等人都将绘画与在中国文化中地位很高的诗联系起来，认为二者有着精神的一致性。“萧条淡泊，此难画之意；画者得之，览者未必识也。故飞走迟速，意浅之物易见，而闲和严静，趣远之心难形”[4]，欧阳修所说的“萧条淡泊”之意，“闲和严静，趣远之心”，既是对中国绘画也是对山水画提出的最高要求，而这正是来自他的诗学主张。苏轼提出“诗中有画，画中有诗”和“古来画师非俗

[1] 米芾：《画史》，载叶朗主编《中国历代美学文库·宋辽金卷》（上），高等教育出版社 2003 年版，第 500 页。

[2] 米芾：《画史》，载叶朗主编《中国历代美学文库·宋辽金卷》（上），高等教育出版社 2003 年版，第 500 页。

[3] 李泽厚：《美的历程》，文物出版社 1981 年版，第 180—182 页。

[4] 欧阳修：《鉴画》，载叶朗主编《中国历代美学文库·宋辽金卷》（上），高等教育出版社 2003 年版，第 106 页。

士，妙想实与诗同出”[1]的观点，亦是将绘画提升到与诗一样的崇高地位。正是对绘画的诗意和文学性的要求，使得宋元山水画摆脱了以前山水绘画那种形似与写实的风格，转向对笔墨趣味和神似写意风格的追求，其代表人物有北宋的苏轼、米芾、文同、晁补之，南宋的马远、夏圭和元代四大家（黄公望、王蒙、倪瓒、吴镇）等。李泽厚说“对笔墨的突出强调。这是中国绘画艺术又一次创造性的发展”，它说明“绘画的美不仅在于描绘自然，而且在于或更在于描画本身的线条、色彩亦即所谓笔墨本身”。[2]宋元山水画追求的就是笔墨趣味表现的意境美，这种美不是以工笔花鸟画，也不是以青绿山水画，而是以水墨山水画为代表的。并不是说设色山水画（如青绿山水）不美，但与水墨山水相比，设色山水舍去了中国绘画最本质的东西，那就是艺术家与自然的接近。水墨是最朴素的颜色，它可以超越各种颜色，作为各种颜色的母色。张彦远谈到以水墨作画时说：

> 夫阴阳陶蒸，万象错布，玄化亡言，神工独运。草木敷荣，不待丹碌之采；云雪飘飏，不待铅粉而白。山不待空青而翠，凤不待五色而绛。是故运墨而五色具，谓之得意。意在五色，则物象乖矣。[3]

---

[1] 苏轼：《次韵吴传正枯木歌》，载曾枣庄、舒大刚主编《苏东坡全集》，第二册，中华书局 2021 年版，第 659 页。

[2] 李泽厚：《美的历程》，文物出版社 1981 年版，第 181 页。

[3] 张彦远：《历代名画记》，载叶朗主编《中国历代美学文库・隋唐五代卷》（下），高等教育出版社 2003 年版，第 313 页。

在张彦远看来，墨即玄色——最本真的颜色，它象征着天地万象，以水墨在白纸或素绢上作画，便能将阴阳变化、天地风云揽入胸中，便能“得意”。“得意”即得自然之精神，如朱良志所说：“以水墨代青绿，就能超越形相，直接展现无言而独运的自然，此所谓‘得意’，即得自然之生命。”[1] 中国山水画为什么以水墨为代表，用徐复观的话说，“这是和山水画得以成立的玄学思想背景，及由此种背景所形成的性格，密切关连在一起”[2]。水墨山水画最典型地体现了老庄之学的山水悟道精神，体现了中国古代艺术家亲近自然的精神，所以它能超越五色，“肇自然之性，成造化之功”，以最纯净的姿态呈现出中国画的笔墨趣味与意境美。

中国水墨山水画的笔墨趣味与意境美表现大体可以从以下几方面来理解。首先是“淡”的意境。董其昌论及文人画和南宗北宗之分时，特别提出了“淡”的标准。“淡”不仅是论诗、论文、论书，也是论文人山水画的最高标准。什么是“淡”？他的解释是“质任自然，是之谓淡”[3]，“淡”就是一任自然，就是天真、不用意，不饰雕琢。它构成了水墨山水画意境表现的基础。这一标准最早见于宋代诗论。梅尧臣作为宋代诗风的开拓者，他提出的标准就是平淡——“作诗无古今，惟造平淡难”，而后平淡成为诗论、画论、书论的普遍标准。欧阳修的“萧条淡泊，此难画之意”，苏轼的“萧散简远，妙在笔墨之外”，黄庭坚的“平淡而

[1] 朱良志：《中国艺术的生命精神》，安徽教育出版社 1995 年版，第 191—192 页。
[2] 徐复观：《中国艺术精神》，春风文艺出版社 1987 年版，第 222 页。
[3] 董其昌：《容台集》文集卷一，崇祯三年董庭刻本。

山高水深”，范温的“行于简易闲谈之中而有深远无穷之味”，等等，都是以“淡”为宗。董源、巨然等在山水画上所追求的平淡天真的笔墨趣味，沈括称为“淡墨轻岚为一体”[1]，“尤工秋岚远景，多写江南真山，不为奇峭之笔”[2]。“淡”就是用疏淡自然的笔墨表现出令人悠然神远的艺术意境，如沈括评价董源、巨然的画所说的那样：“其用笔甚草草，近视之几不类物象；远观则景物粲然，幽情远思，如睹异境。如源画《落照图》，近视无功；远观村落杳然深远，悉是晚景，近峰之顶，宛有反照之色，此妙处也。”[3] 它为文人山水画的发展提供了艺术规范。元代大画家黄公望的旷世名作《富春山居图》亦是“淡”的意境美的典范。它表现的是画家最熟悉的景色，即杭州以西富春一带的山水：坡岸水色、峰峦冈阜、飞瀑清泉、山村小桥、渔舟人影以及散落着林居亭台的河岸，在一幅长约七百公分的山水长卷中自然呈现，看不见画家的精心构撰，只有其自由兴趣徜徉其间，却又是那样让人神往和意趣悠然。“淡”也可以说典型地体现了以庄子为代表的道家的美学趣味。水墨是最朴素的颜色，“用墨无他，惟在洁净。洁净自能活泼”[4]。水墨即淡之化境、自然之化境，如前人评论王维诗画所说的那样，“以淳古澹泊之音，写山林闲

[1] 沈括：《图画歌》，载叶朗主编《中国历代美学文库·宋辽金卷》（上），高等教育出版社 2003 年版，第 253 页。

[2] 沈括：《梦溪笔谈》，载叶朗主编《中国历代美学文库·宋辽金卷》（上），高等教育出版社 2003 年版，第 271 页。

[3] 沈括：《梦溪笔谈》，载叶朗主编《中国历代美学文库·宋辽金卷》（上），高等教育出版社 2003 年版，第 271 页。

[4] 方薰：《山静居画论》，载俞剑华编著《中国画论类编》（上），人民美术出版社 1986 年版，第 235 页。

适之趣，如辋川诸诗，真一片水墨不着色画”[1]。中国山水画家“以水墨为上”，追求“淡”的意境风格表现，亦包含着中国山水画家对宇宙人生的最朴素理解，“平淡而山高水深”（黄庭坚），“至平、至淡、至无意，而实有所不能不尽者”（恽向），“淡”不仅表现了画家与宇宙天地的生命相通，更传达出艺术家的主观情绪与心境，正是在简淡水墨世界中大道之美得到了观照，所以“淡”与“简”相联系，代表着一种很高的艺术境界。就像我们从倪云林山水画中所见到的那样：

> 几棵小树，一个茅亭，远抹平坡，半枝风竹，这里没有人物，没有动态，然而在这些极其普遍常见的简单景色中，通过精炼的笔墨，却传达出闲适无奈、淡淡哀愁和一种地老天荒式的寂寞和沉默。[2]

其次是“逸”，“逸”也是水墨山水画所表现出来的一种意境。“逸”本来是指人的一种生活态度与精神境界。《论语·微子》将伯夷、叔齐等人称为“逸民”，按何晏《集解》的解释，“逸民者，节行超逸也”[3]，“逸”代表着一种高洁的人格与节操。庄子的哲学也可以说是“逸”的哲学，它要摆脱一切世俗行为的羁绊，向往一种超逸的精神境界。“逸”由人的生活态度与

---

[1] 胡震亨：《唐音癸签》卷五，上海古籍出版社 1981 年版，第 47 页。

[2] 李泽厚：《美的历程》，文物出版社 1981 年版，第 183 页。

[3] 刘宝楠正义：《论语正义》，载《诸子集成》，第一册，中华书局 1954 年版，第 395 页。

精神境界转向书画领域，最早见于南齐谢赫的《古画品录》，该书中有“高逸”“横逸”一类品评书画的话语。不过，真正将“逸”作为品评书画的最高标准则是从北宋黄休复开始的。他在《益州名画录》中将画分为“逸”“神”“妙”“能”四品，“逸”则处于最高品级。他所谓的“逸”即“笔简形具，得之自然，莫可楷模，出于意表”[1] 之意，亦可以看成是一种师法自然、不拘一格的艺术创造。黄休复所提出的“逸”的评画标准得到了后人广泛的赞同，如邓椿《画继》云：

> 自昔鉴赏家分品有三，曰神、曰妙、曰能。独唐朱景真撰《唐贤画录》，三品之外，更增逸品。其后黄休复作《益州名画记》，乃以逸为先，而神、妙、能次之。景真虽云，逸格不拘常法，用表贤愚，然逸之高，岂得附于三品之末，未若休复首推之为当也。[2]

“逸”可以看成是艺术家超然自得、高风绝尘的精神个性表现，在艺术形式方面，不仅不拘常法，而且追求笔墨趣味的变化，有一种“洗尽尘滓，独存孤迥”（恽格《南田画跋》）的超迈与纯净。它不为笔墨所限，又不露笔墨之痕，所以水墨山水画成为最好的表现形式，如清代恽格所言：“千树万树，无一笔是

---

［1］黄休复：《益州名画录》，载叶朗主编《中国历代美学文库·宋辽金卷》（上），高等教育出版社 2003 年版，第 8 页。

［2］邓椿：《画继》卷九，载邓椿、庄肃《画继　画继补遗》，人民美术出版社 1963 年版，第 114 页。

树；千山万山，无一笔是山；千笔万笔，无一笔是笔。有处恰是无，无处恰是有，所以为逸。”[1] “逸”的意境风格亦是画家主观心境、气度人格最完美的表现，它在倪云林的画中得到完美的体现。比如，他的代表作《幽涧寒松图》《容膝斋图》等，画面上常常只有几株枯树或寒松当风而立，另外就是一个茅亭，或几个土丘，远处是平缓并不显眼的山坡，树枝的枝叶稀疏，但是很有性格，在一片空寂、荒寒的境界中显示出孤傲与不屈。这些画所表现出来的东西，即倪云林所说的“逸笔草草，不求形似，聊以自娱”[2]，“以中每爱余画竹，余之竹聊以写胸中逸气耳，岂复较其似与非，叶之繁与疏，枝之斜与直哉”[3]，它是中国古代士子文人精神气节和胸襟人格的写照。

再次是“远”，它也是中国水墨山水画要着力表现的一种意境。如陈传席所说：“山水画自其诞生以来，对‘远’的要求，向‘远’的发展即成为一项重要任务。”[4] 早在魏晋时期，顾恺之《画云台山记》中“西去山，别详其远近”[5] 之说，宗炳《画山水序》中“竖划三寸，当千仞之高。横墨数尺，体百里之

---

[1] 恽寿平：《南田画跋》，载叶朗主编《中国历代美学文库·清代卷》（中），高等教育出版社 2003 年版，第 116 页。

[2] 倪瓒：《云林论画·答张藻仲书》，载叶朗主编《中国历代美学文库·元代卷》，高等教育出版社 2003 年版，第 424 页。

[3] 倪瓒：《云林论画·跋画竹》，载叶朗主编《中国历代美学文库·元代卷》，高等教育出版社 2003 年版，第 423 页。

[4] 陈传席：《中国山水画史》，江苏美术出版社 1988 年版，第 230 页。

[5] 顾恺之：《画云台山记》，载叶朗主编《中国历代美学文库·魏晋南北朝卷》（上），高等教育出版社 2003 年版，第 365 页。

迥”[1]之说，就是在论“远”。唐朝张彦远《历代名画记》则有“咫尺千里”[2]，“工画山水……平远极目”[3]之说，亦是以“远”为宗。正是在前人理论的基础上，北宋山水理论大家郭熙明确提出“远”的概念，认为看山水要“远望之以取其势”，并以“远”来概括山水画的意境。他说：

> 山有三远：自山下而仰山颠，谓之高远；自山前而窥山后，谓之深远；自近山而望远山，谓之平远。高远之色清明，深远之色重晦，平远之色有明有晦。高远之势突兀，深远之意重叠，平远之意冲融而缥缥缈缈。其人物之在三远也：高远者明了，深远者细碎，平远者冲澹。[4]

郭熙的“三远”说很好地概括了水墨山水画的意境表现。对此，徐复观论述道：“郭熙所提出的三远，乃山水画发展成熟后所作的总结。因为作者对于山水，是以远势得之；见之于作品时，主要是把握此种远的意境。而远势中山水的颜色，都是各种颜色浑同在一起的玄色；而这种玄色，正与山水画得以成立的玄学相冥合，于是以水墨为山水画的正色，由此而得以成立了。我

---

[1] 宗炳：《画山水序》，载叶朗主编《中国历代美学文库·魏晋南北朝卷》（上），高等教育出版社2003年版，第392页。

[2] 张彦远：《历代名画记》，载叶朗主编《中国历代美学文库·隋唐五代卷》（下），高等教育出版社2003年版，第364页。

[3] 张彦远：《历代名画记》，载叶朗主编《中国历代美学文库·隋唐五代卷》（下），高等教育出版社2003年版，第378页。

[4] 郭熙：《林泉高致集·山水训》，载叶朗主编《中国历代美学文库·宋辽金卷》（上），高等教育出版社2003年版，第406页。

们可以说，山水画中能表现出远的意境，是山水画得以出现，及它逐渐能成为中国绘画中的主干的原因。”[1] 山水画审美重“远”，包含着十分深刻的内涵。“远”与“玄”同义，亦通向道。老子言道曰“大曰逝，逝曰远，远曰反”（《老子》第二十五章），庄子以“游无穷”“远游”精神来闻道体道，均说明“远”通向道。魏晋人物品藻中，用远韵、玄韵一类话语品评人物，亦是为了求道。中国山水画追求“远”，“以玄对山水”，正是为了体道观道。“远”，在中国山水画家那里，亦是一个可以表现无限宇宙的空间视象。唯有“远”，才能突破有限画面空间的限制，进入一个无限深邃的宇宙世界。宗白华先生说，中国山水画言“远”，是以“动的节奏引起我们跃入空间感觉”，“引起吾人游于一个‘静而与阴同德，动而与阳同波’的宇宙”，[2] 表现为一种类似音乐审美的境界。这种山水、音乐、宇宙感同在的“远”的空间画面展现，正从根本上体现了山水画内在的生命节奏，呈现出一个韵味深远的艺术境界。

山水画言“远”，又特标“平远”之境。“平远”不同于高远，自山下而仰山巅；也不同于深远，自山前而窥山后；而是一种平视，自近前向邈远层层推去，所谓“极人目之旷望也”。所以郭熙强调“平远”给人以“冲融”“冲澹”的感觉。韩拙在郭熙“平远”之说的基础上提出“阔远、迷远、幽远”三远说：“有山根边岸水波亘望而遥，谓之阔远。有野霞暝漠，野水隔而

[1] 徐复观：《中国艺术精神》，春风文艺出版社 1987 年版，第 303 页。
[2] 宗白华：《美学散步》，上海人民出版社 1981 年版，第 92 页。

仿佛不见者，谓之迷远。景物至绝而微茫缥缈者，谓之幽远。”[1] 而这种冲融、冲澹、旷阔遥山、烟雾暝漠、微茫缥缈的平远之妙，按徐复观先生的说法，“正是人的精神得到自由解脱时的状态，正是庄子、魏晋玄学所追求的人生状态”，它较之高远、深远，“更适合于艺术家的心灵的要求”。[2] “平远”也最能体现中国古代画家那种与天地相始终的生命安顿意识，对此，朱良志有精彩的阐释：

平远之境为中国画界所重，最为重要的是给人的性灵提供一个安顿之所，从而成为画家最适宜的性灵之居。在三远中，深远、高远之作并不多见，就是因为它们所体现的境界易于对人的心灵构成一种压迫。深远之作虽能合于中国画家的玄妙之思，但是过于神秘而晦暗的形式易于和主体产生一定的距离，主客之间在深远的境界中反而处于分离的状态中。高远之作自下而上，这种视点处理易于表现大自然的高峻嶙峋、怪异奇特，主客之间的冲突厮杀是此境的基本特点，高远之作易于产生壮美感。而中国画家在绘画表现时尽量避免这种冲突，高远虽为画中胜境，但自我性灵居之实难，难以避免一种痛苦的体验过程。而平远之境平灭一切冲突，主体和眼前的对象之间处于一片和融的关系之中，我在不知不觉之中没入了对象，进入到一种“无我之境”，淡岚

---

[1] 韩拙：《山水纯全集》，载俞剑华编著《中国画论类编》（下），人民美术出版社 1986 年版，第 662 页。

[2] 徐复观：《中国艺术精神》，春风文艺出版社 1987 年版，第 304 页。

轻施，遥山远水，牵引着自己的性灵作超越之游。[1]

“平远较之高远与深远，更能表现山水画得以成立的精神性格”[2]，成为中国水墨山水画意境美的典型体现。

二、中国园林艺术的意境美创造

园林作为一种充分体现中国美学和艺术精神特点的艺术，其最大特点就是重视艺术意境的创造。对于这一点，不少美学家有明确的认识。宗白华认为，园林是处理空间的艺术，而这种处理，最早从老子的“凿户牖以为室，当其无，有室之用”（《老子》第十一章）的哲学思想中就可以窥见。正是在老子“有无虚实”的哲学思想的启发下，中国园林艺术追求空间意境的美，讲究可行、可游、可居，特别是可望。有了“望”，园林建筑中的一切元素，走廊、窗子、楼、台、亭、阁，都可以上升到一个新的境界，使人们获得丰富的美的感受。[3] 叶朗在宗白华的观点的启发下，强调中国园林艺术的最大特点就是重视艺术意境的创造。他说：“中国古典美学的意境说，在园林艺术、园林美学中得到了独特的体现。在一定意义上可以说，‘意境’的内涵，在园林艺术中的显现，比较在其他艺术门类中的显现，要更为清晰，从而也更容易把握。”[4] 陈从周亦认为，园林艺术之妙，就

［1］朱良志：《曲院风荷：中国艺术论十讲》，安徽教育出版社2003年版，第192—193页。

［2］徐复观：《中国艺术精神》，春风文艺出版社1987年版，第303页。

［3］宗白华：《美学散步》，上海人民出版社1981年版，第54—55页。

［4］叶朗：《中国美学史大纲》，上海人民出版社1985年版，第441—442页。

是追求一种“综合意境”的美感效果。[1]“中国园林是由建筑、山水、花木等组合而成的一个综合艺术品，富有诗情画意。叠山理水要造成‘虽由人作，宛自天开’的境界。”[2]

中国园林是一种集建筑、自然山水草木、诗、画、书法、雕刻等因素于一体的综合艺术，也是通过声、色、香、味、触等多种感官交融，将人们引向一个可以唤起无限联想、想象的诗意空间。综合意境的创造成为园林意境美的最重要特征。这一点，陈从周先生关于园林的系列论文有很好的论述。他说：“中国园林如画如诗，是集建筑、书画、文学、园艺等艺术的精华，在世界造园艺术中独树一帜。”[3]又说：“诗有诗境，词有词境，曲有曲境，画有画境，音乐有音乐境，而造园之高明者，运文学绘画音乐诸境，能以山水花木，池馆亭台组合出之，人临其境，有诗有画，各臻其妙。”[4]对于中国园林艺术的综合意境的创造，金学智的论述更为系统。他认为，中国园林在深层的意义上有一种同化其他艺术的内在精神，“特别是融进了诗、画、盆景、音乐的思维特征和审美韵味。这种艺术的多元渗透和同化，极大地丰富了园林的景观意象，极大地深化了园林的审美意蕴，使之具有诗情画意、小中见大、节奏韵律等引人入胜、耐人寻味的诸种意境品格”[5]。

建筑是中国园林的主体，没有亭台楼阁、堂榭轩斋一类的建

---

[1] 司马玉常选编：《陈从周天趣美文》，广东人民出版社 1999 年版，第 134 页。

[2] 陈从周：《惟有园林》，百花文艺出版社 1997 年版，第 2 页。

[3] 陈从周：《惟有园林》，百花文艺出版社 1997 年版，第 165 页。

[4] 司马玉常选编：《陈从周天趣美文》，广东人民出版社 1999 年版，第 134—135 页。

[5] 金学智：《中国园林美学》，江苏文艺出版社 1990 年版，第 521 页。

筑就不能称为中国园林。为什么建筑成为中国园林的主体，陈从周的解释是：

> 一个园林里有建筑物，它就有了生活。有生活才有情感，有了情感，它才有诗情画意。“芳草有情，斜阳无语，雁横南浦，人倚西楼。”这里最关键是后面那句，“人倚西楼”。有楼就有人，有人就有情。有了人，景就同情发生关系。所以中国园林以建筑为主，是有它的道理的。[1]

中国园林中的建筑是和山水花木一类景观紧密融合在一起的，它只有进入园林艺术的系统中，“如花间隐榭、水边安亭”，“利用长廊云墙、曲桥漏窗等，构成各种画面”，[2] 与山水景观融为一体，才能充分体现园林建筑的美。中国园林还特别重视花木的点缀，“岸边的垂柳、山中的青藤、墙角的绿筠、溪边的小梅，都别具风味。春天看柳，夏日观莲，秋天赏桂，冬日寻梅，一一得其时宜”[3]，所寻求的依然是以建筑为主体、融诗画于一体的艺术创造。陈从周说：

> 中国园林的树木栽植，不仅为了绿化，且要具有画意。窗外花树一角，即折枝尺幅；山间古树三五，幽篁一丛，乃模拟枯木竹石图。重姿态，不讲品种，和盆栽一样，能“入

[1] 陈从周：《惟有园林》，百花文艺出版社 1997 年版，第 152 页。
[2] 陈从周：《惟有园林》，百花文艺出版社 1997 年版，第 167 页。
[3] 朱良志：《曲院风荷：中国艺术论十讲》，安徽教育出版社 2003 年版，第 5 页。

画”。拙政园的枫杨、网师园的古柏，都是一园之胜，左右大局，如果这些饶有画意的古木去了，一园景色顿减。[1]

园林是集山水诗画、亭台楼阁、听觉视觉为一体的艺术创造，苏州拙政园便是一个很好的例子：“滉漾渺弥，望若湖泊”的水池构成了园的主体，形成了开阔的画面，将人的视觉无限地延展开来。池边环以花草林木，其中有桃，有竹，有柳，有松，有荷，有梅，有芭蕉，有山茶杜鹃，构成了园内以花木胜的四季景观变化，也构成了人们品赏四季美景的心境与心情。远香堂为园内的主体建筑，位于山池之间，为全园赏景的中心，有“四面有山皆入画”的画境。主体建筑之外，还有天泉亭、涵青亭、听雨轩、留听阁、小飞虹、倒影楼等三十处景点，每一处又各有胜意。比如，听雨轩、留听阁等景点，就紧紧抓住“听”这一特点形成一种诗情画意。听雨轩在嘉实亭之东，用曲廊与周围建筑相衔接，轩前有一泓清水，水中有荷花，池边有翠竹，池边一角还有芭蕉，每当下雨，雨打芭蕉，一种悠然自得的赏雨心境自然产生。留听阁也是赏秋荷听雨的绝佳处，其意取于李商隐的诗句“留得残荷听雨声”，每逢秋雨连绵，人行池边，便会品味到古人所传递出来的那份诗情画意。

中国园林艺术是综合艺术，追求一种综合意境的美感效果，但这种追求是以自然美和崇尚自然为基础的。与西方园林艺术不同，它不是以几何性、规则性的方式来进行园林的布局与构造，

[1] 陈从周：《惟有园林》，百花文艺出版社 1997 年版，第 2 页。

不是将对称、均衡和秩序作为园林形式美的基本规律，追求一种人为的文化与审美情趣，而是顺应自然，将与自然相契合作为造园的基本原则，不落人工斧凿痕迹，布局灵活，变化有致，天成自然。中国园林这种崇尚自然的意境美创造，可以用计成《园冶》中的八个字“虽由人作，宛自天开”来概括和体现。这八个字并不否定人的创造，而是要求不落人工斧凿痕迹，由人工返归自然，将自然天成作为园林艺术的最高理想。《红楼梦》第十七回借贾宝玉之口，用“天然图画”四字道出大观园建造之天机，这亦是中国古代“有自然之理，得自然之趣”的园林建造理想的体现。中国园林讲究“叠山理水”，“叠山”是说园林中的山石构造，“理水”是说园林中的水系处理，叠山理水紧密相连，目的是用巧夺天工的手段来妙肖自然，让人工之景融汇于自然之中。比如，假山的构造，它虽是由人工模仿大自然的真山堆起来的，是一种人为的布局与安排，却同样要遵循“有自然之理，得自然之趣”的原则。计成的《园冶》谈到润州（今江苏镇江）的假山时说：

环润皆佳山水，润之好事者，取石巧者置竹木间为假山。予偶观之，为发一笑，或问曰：“何笑?”予曰：“世所闻有真斯有假，胡不假真山形，而假迎勾芒者之拳磊乎?”或曰：“君能之乎?”遂偶为成“壁”，睹观者俱称：“俨然佳山也!”遂播闻于远近。[1]

[1] 计成：《园冶》，载叶朗主编《中国历代美学文库·明代卷》（下），高等教育出版社2003年版，第250页。

对于镇江园林某些好事者所叠的假山，计成提出了批评，这是因为他们堆砌的假山违反了自然的形态，不是真正意义上的假山。真正意义上的假山必须效法自然，得自然之趣，不露人工痕迹，随着山石花木的变化表现出不同季节之美，如陈从周所描写的扬州个园中的假山那样：

> 湖石山是夏山，山下池水流入洞谷，其洞如屋，曲折幽邃，山石形态多变化，是夏日纳凉的好地方。秋山是一座黄石山，山的主面向西，每当夕阳西下，一抹红霞，映照在山上，不但山势显露，并且色彩倍觉斑斓，而山的本身又拔地数丈，峻峭凌云，宛如一幅秋山图，是秋日登高的理想所在。[1]

中国园林还追求“野致”“野趣”之美。陈从周引童寯的话说：“‘拙政园‘薛苔蔽路，而山池天然，丹青淡剥，反觉逸趣横生’。”[2]“薛苔”即“青苔”，“逸趣”即“野趣”，“薛苔蔽路，而山池天然，丹青淡剥”就是一种“野趣”，它没有任何人工修饰的痕迹。“野”就是不露人工痕迹、回归自然的意思。中国园林以自然山水为蓝本，采用叠山理水的手法造境，“园基不拘方

[1] 陈从周：《惟有园林》，百花文艺出版社 1997 年版，第 182 页。
[2] 陈从周：《惟有园林》，百花文艺出版社 1997 年版，第 17 页。

向，地势自有高低。涉门成趣，得景随形。或傍山林，欲通河沼”[1]，水随山转，山因水活，虽片山寸石，一泓清水，却能做到风花雪月，光景常新，追求的就是这样一种野趣，一种自然天成的状态。

中国园林艺术的意境创造，除了上面说到的综合意境和追求自然天成之美之外，最重要的在于它体现了中国艺术意境创造最本质的东西，那就是“境生于象外”，以有限的空间来表现无限的宇宙人生意蕴。宗白华说，园林是处理空间的艺术，但这种空间绝不是园林中人们可见可感、可游可望的实体性空间，而是一个有象外之象、景外之景，由有限通向无限，可以给人们带来丰富的人生意蕴与体验的大空间。这种空间美感和意境美的创造，在别的艺术形式，如中国的诗、书、画、音乐、舞蹈中都有体现，但是在园林艺术中表现得最为充分。“占尽风情向小园”（林逋），“江山无限景，都在一亭中”（张宣），“惟有此亭无一物，坐观万景得天全”（苏轼），“山楼凭远，纵目皆然；竹坞寻幽，醉心即是。轩楹高爽，窗户虚邻；纳千顷之汪洋，收四时之烂漫”[2]，园林艺术的本质就是“大中见小，小中见大，虚中有实，实中有虚，或藏或露，或浅或深”[3]，或隐或现，或曲或直，于亭台楼阁、山水花木、诗书乐画的有机组合中创造出一个

[1] 计成：《园冶》，载叶朗主编《中国历代美学文库·明代卷》（下），高等教育出版社2003年版，第253页。

[2] 计成：《园冶》，载叶朗主编《中国历代美学文库·明代卷》（下），高等教育出版社2003年版，第252页。

[3] 沈复：《浮生六记·闲情记趣》，载叶朗主编《中国历代美学文库·清代卷》（下），高等教育出版社2003年版，第269页。

具有无穷意味的艺术空间。具体说来，这种空间美感和意境美的创造，按照叶朗先生的看法，又主要体现在两个方面，即“景”的运用和楼、台、亭、阁的审美价值。

首先看“景”的运用。关于这一点，宗白华先生有很深入的论述。他说，玉泉山的塔好像是颐和园的一部分，这是“借景”；苏州留园的冠云楼可以远借虎丘山景，也是“借景”。颐和园的长廊，把一片风景隔成两个，一边是近于自然的广大湖山，一边是近于人工的楼台亭阁，游人可以两边眺望，丰富了美的印象，这是“分景”。颐和园中的谐趣园自成院落，另辟一个空间，另是一种趣味，这种大园林中的小园林，叫作“隔景”。“无论是借景、对景，还是隔景、分景，都是通过布置空间、组织空间、创造空间、扩大空间的种种手法，丰富美的感受，创造了艺术意境。”[1]“景”的运用可以说丰富了园林的自然空间，也扩大了欣赏者的心理空间，它对于意境美的创造是非常重要的。

在诸多的“景”的手法中，古人又特别重视“隔景”和“借景”。“隔景”是中国艺术空间最常见的表现手法，在诗词中也有运用，如宗白华曾指出“中国画堂的帘幕是造成深静的词境的重要因素，所以词中常爱提到”[2]，其原因在于词人们都懂得“隔”字在美感上的重要。金学智认为，园林艺术更离不开一个“隔”字，“园林中一切具有遮蔽功能的实物，都有其‘帘幕’的作用，都能使园林的意境空间景深化”[3]。“隔景”就是通过设

---

[1] 宗白华：《美学散步》，上海人民出版社 1981 年版，第 56—57 页。

[2] 宗白华：《美学散步》，上海人民出版社 1981 年版，第 22 页。

[3] 金学智：《中国园林美学》，江苏文艺出版社 1990 年版，第 440 页。

置景物以为遮蔽以使园林空间得到拓展并变得丰富和富于变化的表现手法。柳宗元在《永州龙兴寺东丘记》中提出“游之适，大率有二：旷如也，奥如也，如斯而已”[1]的观点，这一观点虽然是谈山水审美，但对于中国园林艺术批评也有着很大影响。中国园林艺术要求的就是“旷如”和“奥如”空间的统一。“隔”造成了“奥如”的效果，使空间变得曲折幽闭，但目的却是走向开阔高远。如《红楼梦》第十七回所描写的那样：“遂命开门，只见一带翠嶂挡在前面。众清客都道：‘好山，好山！’贾政道：‘非此一山，一进来园中所有之景悉入目中，则有何趣?’众人道：‘极是。’”[2]中国古人都懂得造园的道理，那就是从“奥”到“旷”，由幽闭曲隐到高远开阔。在“隔景”的设置中，花木山石、蹊径桥岸、廊室亭台都是重要的手段，其目的都是试图通过空间景物的设置造成一种“曲径通幽”和“山重水复疑无路，柳暗花明又一村”的艺术效果。“隔景”很好地体现了园林意境创造的藏与露、隐与显的辩证关系。“借景”更是中国园林打破空间界域，使空间变得丰富和具有不可穷尽性质的手段，也是园林意境创造的重要方法之一。计成《园冶》卷三专列《借景》一节，其云：“夫借景，林园之最要者也。如远借、邻借、仰借、俯借、应时而借。然物情所逗，目寄心期，似意在笔先，庶几描写之尽哉。”[3]计成所说的各种“借景”手法在中国园林中都有

[1] 柳宗元：《永州龙兴寺东丘记》，载叶朗主编《中国历代美学文库·隋唐五代卷》（下），高等教育出版社2003年版，第190页。

[2] 曹雪芹、高鹗：《红楼梦》，人民文学出版社1982年版，第226页。

[3] 计成：《园冶》，载叶朗主编《中国历代美学文库·明代卷》（下），高等教育出版社2003年版，第261页。

着丰富的运用。如“远借”，颐和园的手法处理表现得最为理想。无论是远处的玉泉山，还是更远处的西山，都被很自然地纳入万寿山和昆明湖的湖光山色和亭楼轩阁之中。“进了万寿山的谐趣园，再往后走，顺着溪水朝西看，游人可能产生错觉，以为自己是置身于不受万寿山公园限制的自然环境之中，觉得园内的溪水，参天的松树，和园外远远的西山好像很自然地结合在一起，好像自己置身在比花园浑然而广阔的天地之中。”[1] 关于“邻借”，请看从扬州瘦西湖钓鱼台两圆拱门眺望五亭桥和白塔的例子：“从钓鱼台两圆拱门远眺，白塔与五亭桥正分别逗入两园门中，构成了极空灵的一幅画图。每一个到过瘦西湖的，在有意无意之中见到这种情景，感到有但可意味不可言传的妙境。”[2] “借景”还有计成所说的“应时而借”，可以借春，借夏，借秋，借冬，借日月，借雨雾等。扬州个园中的假山——春山、夏山、秋山、冬山，是借春夏秋冬的四季变化；扬州瘦西湖的“白塔晴云”、杭州西湖的“平湖秋月”“三潭印月”是借日月；嘉兴的烟雨楼、苏州拙政园的“荷风四面”、避暑山庄的“四面云山”“云容水态”是借烟雨风云。“借景”亦如计成所说是“构园无格，借景有因”，“因借无由，触情俱是”，[3] 是因地制宜，是巧借，看一景，不在于一景，入一亭，不在此一亭，心随景走，景随心流，在山形水势花木和园林建筑的空间变幻中营造出富有诗情画

[1] 王朝闻：《王朝闻文艺论集》，第二集，上海文艺出版社 1979 年版，第 235 页作者自注。

[2] 陈从周：《惟有园林》，百花文艺出版社 1997 年版，第 19 页。

[3] 计成：《园冶》，载叶朗主编《中国历代美学文库·明代卷》（下），高等教育出版社 2003 年版，第 260—261 页。

意的艺术意境来，它不仅大大地拓展了人们的视觉空间，也使人们沉醉在时间美景的变幻之中，因境生情，获得言之不尽的审美愉悦与感受。

其次看楼、台、亭、阁的审美价值。叶朗说："中国古典园林中的建筑，楼、台、亭、阁，也要服从于创造艺术意境的要求，要有助于扩大空间，要有助于丰富游览者的美的感受。"[1]又说："园林中一切楼、台、亭、阁的建筑，都是为了使游览者可以'仰观''俯察'，可以'远望'，从而丰富游览者对于空间的美的感受。"[2]有许多例子可以说明这一点。如宗白华所举的例子：颐和园有个匾额，叫"山色湖光共一楼"。这是说，这个楼把一个大空间的景致都吸收进来了。苏轼诗"赖有高楼能聚远，一时收拾与闲人"就是这个意思。颐和园还有个亭子叫"画中游"。"画中游"，并不是说这亭子本身就是画，而是说，这亭子外面的大空间好像一幅大画，你进了亭子，也就进入这幅大画之中了。所以明人计成说："轩楹高爽，窗户虚邻；纳千顷之汪洋，收四时之烂漫。"[3]其实，不仅是楼、台、亭、阁，中国园林建筑中的一景一物都是为扩大空间、创造意境服务的。宗白华曾谈到园林建筑中的窗子的作用。他说：

有了窗子，内外就发生交流。窗外的竹子或青山，经过窗子的框框望去，就是一幅画。颐和园乐寿堂差不多四边都

[1] 叶朗：《中国美学史大纲》，上海人民出版社 1985 年版，第 445 页。
[2] 叶朗：《中国美学史大纲》，上海人民出版社 1985 年版，第 445 页。
[3] 宗白华：《美学散步》，上海人民出版社 1981 年版，第 55—56 页。

是窗子，周围粉墙列着许多小窗，面向湖景，每个窗子都等于一幅小画（李渔所谓“尺幅窗，无心画”）。而且同一个窗子，从不同的角度看出去，景色都不相同。这样，画的境界就无限地增多了。[1]

宗白华关于窗子的言论使我们想到李渔关于窗子的论述：“同一物也，同一事也，此窗未设以前，仅作事物观，一有此窗，则不烦指点，人人俱作图画观矣。”[2] 没有窗子，园林居室中的一切景物都只能作事物观，仅仅是一个外在于人的心灵的客观事物而已；有了窗子，园林居室中的一切都变成了美的图画，艺术家要表现的空间也无限拓展了。由“作事物观”到“作画图观”，即由物理空间到心理空间，由有限空间到无限空间。中国园林中的建筑，无论是亭台楼阁、桥廊门窗，还是叠山理水的山石花木，都体现了中国人的哲学观与宇宙观，是中国古人“壶纳天地”、浩然与宇宙同归、追求心灵自由的人生意识的体现。它不仅要表现“虽由人作，宛自天开”（计成），“风中雨中有声，日中月中有影”（郑板桥）的自然胜景，更要表现“天供闲日月，人借好园林”（白居易），“众鸟欣有托，吾亦爱吾庐”（陶渊明）的人格精神气象，这就是中国园林艺术创造的空间和所表现的意境美。

---

[1] 宗白华：《美学散步》，上海人民出版社 1981 年版，第 55 页。

[2] 李渔著，张明芳校注：《闲情偶寄·居室部》，山西古籍出版社 2007 年版，第 155—156 页。

第五章 意象美学的现代价值

前文中我们从中国古代意象理论的演进、中国现当代美学家对意象美学研究的推进、中华美学意象范畴的本体阐释、中国古代艺术的审美意象创造四个方面探讨了中华美学意象理论的价值。这一探讨实际上也反映了20世纪80年代以来意象理论研究的一个趋势，那就是从意象范畴的阐释转向意象审美的本体论思考，转向意象美学的总体性建构，重点放在中国传统美学与艺术实践方面，意在说明“意象”作为中国传统美学的核心范畴对于中国美学理论体系建构的重要性。但是，意象美学的研究毕竟不只是面对传统，它也应该深刻反映当代美学与艺术实践。学术界有一种观点，即认为意象美学研究的特点是立足中国本土，在发掘中国传统美学思想价值方面取得了突出的成就，而对于其能否充分吸收西方现代美学成果，反映当代美学和艺术实践，建立具有现代意义美学体系却颇多质疑，认为其存在着重大的缺陷。事实上，从王国维、朱光潜、宗白华等人开始一直到当代的叶朗、张世英、汪裕雄等人，意象论美学走的就是中西融合的道路，不仅重视传统，也重视以现代视角来阐释意象美学问题，重视联系中国当代美学和艺术实践，为中国当代美学研究注入新的美学观念与理论资源，其现代价值是毋庸置疑的，它主要体现在三个方面：一、意象美学寻求中西美学的对话与融合，反映了百年来中国美学发展的趋势；二、意象美学连接传统与现代，具有阐释当代艺术和审美现象的能力；三、意象美学重视美的精神价值，有助于人们的精神境界和审美层次的提升。下面就这些问题具体谈谈。

第一节 从百年来中国美学发展进程看意象美学的价值

一百多年来中国美学发展有一个重要特点，即它受到西方美学的强势影响，从某种意义上也可以说，它是在西方美学影响下建构起来的。美学这门学科产生于西方，20 世纪初中国美学的代表人物蔡元培虽然意识到中国美学的萌芽很早，“中国的《乐记》《考工记》《梓人篇》，已经有极精的理论。后来如《文心雕龙》，各种诗话，各种评论书画古董的书，都是与美学有关”[1]，但同时认为中国没有人能综合各方面的理论，所以至今还没有建设美学。[2] 正是基于这样的认识，在很长时间内，中国现代美学所作的工作就是对西方美学的接受与认同，以西方的美学体系为基础来建设中国的美学体系。以王国维、梁启超、蔡元培等人为代表的第一代中国现代美学家，基本都是从西方美学思想观念出发来理解美学的。他们将审美看成是无功利的，看成是情感趣味和直觉、生命意志的体现，并以此为基础建立他们所认可的美学话语体系。这种情况到了以朱光潜、宗白华为代表的第二代中国现代美学家那里也没有得到根本改变。宗白华可以说是最具有中国美学意识的美学家，他将中国传统的美学问题与传统形而上学联系起来，注意从中西美学比较的角度来阐释中国艺术。但即使是宗白华，其受西方美学的影响也是很大的，也没有建立一套属于中国美学自身的话语体系。20 世纪 50 年代，中国美学界发生了

[1] 蔡元培：《蔡元培美学文选》，北京大学出版社 1983 年版，第 122 页。

[2] 蔡元培：《蔡元培美学文选》，北京大学出版社 1983 年版，第 122 页。

一场美学大讨论，中心问题是关于“美的本质”的讨论，出现了“美是主观的”“美是客观的”“美是主客观的统一”“美是客观性与社会性的统一”四派理论观点。在这四派观点中，以李泽厚为代表的实践论美学对中国现代美学的影响最大，它在后来不断地延伸与完善，提出了建立“主体性实践哲学”、“自然人化”、“人化自然”、“积淀”、“情本体”、“新感性”等一系列话语与命题，成为长时间影响中国美学理论话语的主流形态。但是，以李泽厚为代表的实践论美学也存在着根本性的缺陷，那就是它的理论话语主要来自西方，来自马克思的实践唯物论哲学和以康德、黑格尔等为代表的德国古典哲学。

20 世纪 80 年代以后，这样的状况有了一定程度的改变，人们开始将眼光转向中国美学，在中国美学史的撰写方面，出现了以叶朗的《中国美学史大纲》，李泽厚、刘纲纪的《中国美学史》，敏泽的《中国美学思想史》等为代表的反映中国美学史研究实绩的理论成果。但这并不意味着，中国现代美学的研究就将眼光从西方转向了中国美学自身。这不仅是因为在中国美学史的研究中，以西方美学的概念和话语来阐释中国美学思想仍是普遍存在的倾向，更在于在美学学科和美学基础理论建设方面，人们并没有从中国美学自身的问题出发提出多少带有原创性的理论话语和命题，人们所熟悉和认同的仍然是来自西方的东西。20 世纪 80 年代以后，中国美学界表现出对创建新的美学理论派别的热情，出现了名目繁多的美学流派：后实践美学、实践存在论美学、超越美学、生命美学、生态美学、环境美学、生活美学、身体美学、认知美学、体验美学、否定美学、怀疑论美学、人生论美学、别现代美学等。这些美学派别呈现了中国当代美学研究的繁荣景象，但这只是表面现象，若仔细探讨则不难发现，这些以“美学”命名的流派，大多数只是表达了对某种美学现象和对象的关注，并没有提出多少有价值的理论命题与观点，很难称得上是真正具有创新意识的理论派别。在这些理论派别中，后实践美学、实践存在论美学、生命美学等，是比较重视美的哲学本体论建构的美学，它们不再像传统的实践美学那样将实践、劳动生产作为美的本体，而是强调存在、生存、生命等在审美活动中的本体地位。但是，这些美学理论派别依然没有提出真正属于中国美学自身的理论问题，它们的学术思想的主要资源依然来自西方，依然是从西方美学思想和观念出发来理解美学的。

意识到中国现代美学发展进程中所面临的这些问题，我们再来审视意象美学的理论建构和研究，便不难理解其在中国美学发展进程中的价值和意义。叶朗谈到他为什么会提出“美在意象”命题，从意象美学角度思考美学基本理论问题时，反复强调一个观点，即“美在意象”观点并非自己首先提出，而是从朱光潜、宗白华开始的许多北大学者在美学理论的核心区域逐步形成的一种共识。[1] 为什么会形成这样的共识？一个重要原因在于，从“意象”角度切入对美和艺术本体问题的思考，可能会提出真正属于中国美学自身的问题。意象美学能受到中国美学家的关注，实际上也反映了中国当代美学发展的一种趋势，那就是人们在学习和接受西方美学思想的过程中，逐渐意识到仅仅用西方美学阐

[1] 彭锋：《美在意象——叶朗教授访谈录》，《文艺研究》2010 年第 4 期。

释中国美学的方法论之弊，从而转向重视中国传统美学自身，坚持以中国美学为本位的立场，注意从中国传统美学思想中吸取养分，并以此为基础，寻求中西美学的对话与融合，以建立具有现代意义的美学思想体系。

这一点，从王国维提出“境界”（意境）说就可以明确看出。对于王国维的“境界”说，人们已谈论很多。关于它是属于中国传统美学，还是来自对于西方美学观念的接受，存在着种种争论。但有一点不容否认，那就是王国维提出“境界”说，针对的主要对象是中国诗词审美，是从中国诗词审美出发提出的一个美学问题，它属于中国美学自身存在的而非西方美学的问题。“境界”说虽然可以看成是运用西方美学观念阐释中国传统美学的一种尝试，但是它的基本理论语汇、观念表达和思想性质并没有超出中国传统美学范围，其突出表现就是运用意象理论资源，如通过对意象创造的情景关系、物我关系的理解来阐释“意境”的美学内涵。当然，在王国维的“境界”说中，意象美学问题还是一个隐性存在的问题，王国维并没有做到自觉地以中国传统意象美学理论为基础来阐释中国美学问题。这种情况到了朱光潜和宗白华那里有了改变。朱光潜的美学，在许多人眼中是充分西方化的，而他本人则不这样看。朱光潜晚年在答香港中文大学校刊编者的提问时十分肯定地说：“我的美学观点，是在中国儒家传统思想的基础上，再吸收西方的美学观念而形成的。”[1] 他还明确说自己美学上的发展是以王国维的《人间词话》为基础的。正是

[1]《朱光潜全集》，第十卷，安徽教育出版社1993年版，第653页。

出于对中国本土文化和美学的自信，他对于中国传统的意象美学思想表现出强烈的关注，“意象”也开始作为美和艺术的本体范畴进入他的理论视野。在《诗论》中，他明确以“意象”为核心探讨诗境创造；在《谈美》中，他明确指出“美感的世界纯粹是意象世界”[1]；在《谈文学》中，他将文艺看成是“根据现实世界而铸成另一超现实的意象世界”[2]。在 20 世纪 50 年代的大讨论中，他没有直接使用“意象”这个词，而是用“物的形象”来替代，强调美（审美对象）不是“物”（物甲）而是“物的形象”（物乙），是客观事物与主观意识情趣相融合的形象，实际上还是以“意象”为中心谈美和美感的创造。朱光潜的意象理论深受西方美感经验论的影响。他在《谈美》《诗论》等著作中反复描述意象是美感心理活动的出发点和统摄因素，将美感世界（意象）看成是直觉、想象、移情一类的心理事实。但他从哲学本体谈意象，将意象看成是心物统一、情景交融的心灵创造等，还是主要受到中国传统哲学美学思想的影响。朱光潜的意象论亦反映了中国美学家融合中西美学资源的努力。宗白华的意象论美学思想与中国传统哲学思想和艺术实践的关联更为紧密。他的意象论美学以“意境”为中心，其哲学思想基础是以《周易》为代表的中国古代的时空一体、创生万物的生命哲学观，他提出艺术境界主于美，强调“意境”是情景交融、虚实相生的艺术创造，也主要与中国传统哲学美学思想相关。“意境”范畴在宗白华那里具有美和艺术的本体意义，意境创造就是美和艺术的创造，但它突出指

---

[1]《朱光潜全集》，第二卷，安徽教育出版社 1987 年版，第 6 页。
[2]《朱光潜全集》，第四卷，安徽教育出版社 1988 年版，第 161 页。

向的是中国艺术境界的创造，是关于中国的艺术和审美经验而非西方的艺术和审美经验的阐释。宗白华的意境理论还充分凸显了他的文化自信，即他认为通过这种理论的研究可以探寻中国心灵的幽情壮采，[1] 可以让中国文化的美丽精神与西方文化的美丽精神结合起来，创造出更高更灿烂的新精神文化。

王国维、朱光潜、宗白华所开创的以“意象”（意境）为中心的阐释思路，到了20世纪80年代以后在中国美学研究中有了进一步发展。叶朗认为：

> 从80年代开始，中国美学研究开始回到主航道上来。近代以来，中国美学的发展走的是一条中西融合的道路，而立足点是中国文化和中国美学，这是中国美学发展的主航道。在这条主航道上，离我们最近的是朱光潜美学和宗白华美学。我们必须从他们接着讲。[2]

20世纪80年代以后的意象美学从某种意义上说，就是接着朱光潜美学、宗白华美学讲的，但它又超出朱光潜美学和宗白华美学的范围。它不再只是将“意象”作为阐释中国美学和艺术经验的重要范畴，而是试图以中国传统的意象美学理论为立足点，融合现代西方美学的理论资源与话语，建立具有现代意义的中国美学理论体系。比如，汪裕雄受到朱光潜哲学美学思想的启发，

---

[1] 宗白华：《美学与意境》，人民出版社1987年版，第209页。

[2] 叶朗：《从“美在意象”谈美学基本理论的核心区如何具有中国色彩》，《文艺研究》2019年第8期。

自觉地将哲学思辨与心理学的美感经验分析的方法结合起来，其意象理论研究融入了大量的西方近现代哲学、心理学的理论成果，并结合中国传统美学中的虚静、发愤抒情等理论，对审美心理的表层结构与深层结构进行了深入的分析。叶朗承继朱光潜、宗白华的美学思想，将“意象”作为艺术和美的本体，认为“意象”不仅体现了中国传统美学的理论和话语特点，也与西方现代美学的精神有着深层的呼应。[1]

从 20 世纪 80 年代后期开始，西方现象学美学成为意象美学的关注对象。现象学强调的是“面向事情本身”，是一种关于人的意识与存在的本源性的研究，它所提出的种种观念，如“意向性”“悬置”“本质直观”“生活世界”“灿烂的感性”“显现真实”等，与中国传统意象美学观念存在着深层的呼应，所以成为人们关注的对象。在叶朗看来，中国美学将意象世界看成是“于天地之外，别构一种灵奇”，“总非人间所有”的情与景交融的世界，肯定意象世界是人的创造，是被构成的，它不能离开审美活动。这一观点与现象学的意向性理论是相通的，它说明审美活动是“我”与世界的沟通，说明审美对象（意象世界）的产生离不开人的意识活动中的意向性行为，离不开意向性构成的生成机制，也说明“世界万物由于人的意识而被照亮，被唤醒，从而构成一个充满意蕴的意象世界。意象世界是不能脱离审美活动而存在的。美只能存在于美感活动中”[2]。

---

[1] 叶朗：《从“美在意象”谈美学基本理论的核心区如何具有中国色彩》，《文艺研究》2019 年第 8 期。

[2] 叶朗：《美学原理》，北京大学出版社 2009 年版，第 73 页。

张世英亦认为中国古典诗在意象创造方面，即从显现中写出隐蔽和运用无穷的想象力方面，已完全超越了西方传统艺术哲学的“典型性”所确立的方向，所以它完全可以与海德格尔所代表的西方艺术哲学新方向——“显隐说”互相辉映，所以弘扬中国传统美学的意象之美，首先就要发掘、展示出传统“意象说”的现当代意义。[1]

杨春时重视中国传统美学中的意象理论研究，也在于他认识到，以情感性、个体性为特征的中华审美现象学的理论建构是以“意象”论为中心的，它超越了以胡塞尔为代表的纯意识现象学，走向审美主义，并可以与西方审美现象学对话，从而成为现代美学的重要思想资源。[2]

张祥龙则是从现象学美学所强调的“美（美感）”是一种原发的超越主客二分的“居中”式的生活体验，是不断涌动发生的境域，具有非对象化、非现成化的思想中，发现了现象学美学与中国传统意象美学思想的相通，认为谈“意象”和谈“现象本身是美的”一样，都是在人与世界本源性关系的意义上谈审美，都是将审美看成是生成的、创造的，而不是一种实体性对象的存在。[3]

彭锋注意到德国新现象学代表人物格诺特·波梅的“气氛”美学和马丁·泽尔的“显现”美学的意义，并尝试着将它们与中国的“意象”“意境”美学概念联系起来，以把握艺术作品的本

[1] 张世英：《当代美学应升华境界之美》，《人民日报》2015 年 2 月 2 日。

[2] 杨春时：《中华美学概论》，人民出版社 2018 年版，第 143—183 页。

[3] 张祥龙：《从现象学到孔夫子》，商务印书馆 2001 年版，第 368—402 页。

体论特征。[1]

有的学者还从身体现象学角度切入，对身体意向与中国审美意象之间的关系予以解读，认为中国当代学人对中国古代审美意象研究的最大误区就是将“意”望文生义地视为“意识”之“意”，对“意”进行一种“意识化”的解读，而没有意识到像梅洛-庞蒂身体现象学所指出的那样，不仅意识具有“意向”，身体同样具有“意向”，并且这种“身体意向”作为一种“最初的意向性”，比起“意识意向”更为根本。[2]

这些研究成果说明，立足于中国美学传统的意象美学和意象范畴的阐释，不仅属于中国传统哲学美学领域，而且也可以与西方现代哲学观念对话，它对于破除传统的主客二分的理论思维模式，破除长期以来在中国美学界形成的认识论美学和以物质生产实践为出发点解释美的理论框架，形成中国美学新的阐释路径与方向，具有重要的意义。

第二节　意象美学对当代艺术和审美现象的阐释

意象美学的研究虽然取得了突出的成果，但同时也面临着许多质疑，其中最为突出的就是对于意象美学的现代性和普适性的质疑。对于意象美学在立足于中国美学传统，阐发中国美学的思

[1] 彭锋：《意境与气氛——关于艺术本体论的跨文化研究》，《北京大学学报》（哲学社会科学版）2014 年第 4 期。

[2] 张再林：《“身体意向”：审美意象的真正所指——中国审美意象之身体现象学解读》，《烟台大学学报》（哲学社会科学版）2013 年第 4 期。

想观念方面所取得的成就，学术界普遍是认可的，但是对于意象美学的现代价值，对于意象美学能否进入当代人的理论视野，具有阐释当代艺术和审美现象的能力，却存在着许多质疑的声音。

学术界有一种观点，在全球化时代，“以西释中”是中国美学的必然选择。所以，当人们将眼光投向中国传统美学，以中国传统美学的话语命题为基础建构美学理论体系、阐释美学问题时，马上就会产生质疑，认为它否定了中西美学之间的共同性，只看到去西方化和再中国化，即如何从中国固有传统中重新建构一套话语体系以反抗西方话语霸权的重要性，完全没有考虑到真理的客观性和普遍性。持这种观点的人认为：

> 当面对全球化时代西方美学强势话语的时候，我们的当务之急，不是提出不同于西方的原创性理论，而是相反，我们需要做的是立足于当今中国本土语境，对中外审美文化现象所面临的共同问题尝试进行综合性阐述，试图寻找跨越东西方的共同美学规律。[1]

他们还认为，如果选择以“中国美学”的方式建构美学理论势必带来两个后果：一是陷入“中国中心主义”，无视美学研究的普遍性，使美学研究变得无意义；二是将美学研究变成美学史

---

[1] 代迅：《去西方化与再中国化：全球化时代中国美学研究的问题与方法》，《社会科学战线》2008 年第 2 期。

研究。[1] 以这样的眼光看待美学研究，意象美学自然被排斥在中国美学的现代性进程之外。因为对于持这一观点的人来说，意象理论只是建构现代美学的材料，它无法做到立于时代高度，了解世界美学研究的现状，积极与西方现代美学对话。[2] 在他们看来，相对于西方美学完整自足的话语体系来说，中国古代美学的概念范畴由于缺乏理论的系统性，又无法有效地解释当代美学现象与艺术实践，自然难以进入现代美学的话语体系中，难居中国美学主流，像意象、意境这样的概念范畴也不例外。所以他们声称：

> 我们需要建立与当今时代相适应的概念范畴系统。由于全球艺术与文化的互动性日趋增强，共同面临的问题日益增多，援引西方美学的既有概念范畴如“环境美学”“身体美学”“日常生活审美化”等，来阐述中国当下的文艺生活与审美文化是必然的选择。[3]

有的学者虽不否定意象和意境一类范畴的研究价值，但他们不愿意从中国传统美学意义上来阐释和理解，而是将它们看成是

---

[1] 郭勇健：《驳“美是意象”说——与朱志荣先生商榷》，《社会科学战线》2019 年第 4 期。

[2] 郭勇健：《驳“美是意象”说——与朱志荣先生商榷》，《社会科学战线》2019 年第 4 期。

[3] 代迅：《两种西化与两种西方美学——中国美学西化的运作机制》，《江海学刊》2014 年第 1 期。

德国美学的中国变体；[1] 或者认为它们之所以在现代风行，是因为“适时地满足了现代中国人在全球时代重新体验古典性文化韵味的特殊需要”，它们“与其说是属于中国古典美学的，不如说是专属于中国现代美学的”；[2] 或者从本文结构意义上来理解意象、意境一类范畴的现代含义，而否定将其作为一种审美经验的阐释而带入现代美学诗学中。[3]

也有一些学者，他们虽然重视意象美学的研究，却对意象论美学的普适性、自洽性、合理性以及解释现代艺术的能力提出过质疑。比如简圣宇就认为，意象理论主要适用于中国古典诗、水墨书画、园林等艺术形式，而对于西方现代艺术，如蒙克《呐喊》那样的表现主义艺术以及嘻哈艺术、涂鸦艺术、跨媒介的数字艺术，是缺乏阐释能力的。[4] 冀志强在质疑朱志荣的“美是意象”观点时，亦认为它把审美活动精英化了。用意象的美来解释中国古典诗词是有效的，而对于解释日常生活的审美——比如对于解释对花丛的观看，对于解释现代艺术则未必可行。对花的观看可以是自然纯粹形式的观赏，不必然产生意象。而西方现代绘画在印象派开启之后，就逐渐从具象走向抽象，抛弃色彩，抛

[1] 罗钢：《意境说是德国美学的中国变体》，《南京大学学报》（哲学·人文科学·社会科学）2011 年第 5 期。

[2] 王一川：《通向中国现代性诗学》，《北京师范大学学报》（人文社会科学版）2001 年第 3 期。

[3] 蒋寅：《古典诗学的现代诠释》，中华书局 2003 年版，第 24 页。

[4] 简圣宇：《当代语境中的“意象创构论”——与朱志荣教授商榷》，《东岳论丛》2019 年第 1 期。

弃构图，自然也就抛弃了意象。[1] 还有人从根本上质疑意象美学存在的合理性，比如刘勇刚《对意象美学的批判》指出“意象美学的世界过于精致，过于士大夫化，对当代寒士、对社会底层缺乏深刻的体察”，甚至指责意象美学是一种刻意粉饰生活的美学：

> 在现代性无限展开的时代，一边在创造美，一边在撕裂美，我们如果刻意粉饰生活，在日常生活无限“审美化”，即是遮蔽存在的本真面貌，必然带来审美的低俗化和感性的异化。本来不和谐，硬要装出一副妩媚的样子，说“我很和谐”，这是不折不扣的伪和谐。……在文化实力化、产业化的时代，刻意构筑所谓精致圆融的审美世界，这就是一种不折不扣的粉饰。[2]

即使是意象美学的某些重要代表人物，他们在意象美学是现代的还是传统的归属问题上，也存在过犹疑。比如，朱志荣早期的意象研究常常将“意象”作为一个体现中国古代表意文学基本精神的范畴，认为“中国古代的文学作品是以意象为核心的。这是中国文学的表意性特征及其自觉意识的推动所决定的”[3]。只是在后来朱志荣才越来越将“意象”看成是一个具有普遍意义的

---

[1] 冀志强：《“美是意象”说的理论问题——与叶朗先生、朱志荣教授等学者商榷》，《山东社会科学》2020 年第 2 期。

[2] 刘勇刚：《对意象美学的批判》，《粤海风》2012 年第 1 期。

[3] 朱志荣：《中国文学导论》，文化艺术出版社 2009 年版，第 10 页。

哲学美学范畴，认为它不仅适宜于解释中国艺术与审美经验，而且也具有现代性和世界性的美学价值。

对于意象美学研究的这些质疑，有的是对于意象美学的误解，有的是意象美学研究本身存在的问题。笔者认为，要把握意象美学的现代价值，必须对以下三个问题有正确的理解。首先是对于美学这门学科的合法性与合理性的理解。质疑意象美学的现代价值的人们认为，美学作为一门学科首先出现在西方并建立了完整自足的一整套话语体系，具有理论的先进性。而在一个全球化的时代，美学研究必须坚持真理的客观性与人类普遍主义的立场，那么，不是民族化和本土化的研究，而是“以西释中”将成为中国美学的必然选择。而实际的情况则是，西方美学并不具有“以西释中”论者所赋予的那种理论先进性和放之四海而皆准的真理性，它只是西方社会和历史发展到一定阶段的产物，是西方人对自身的审美和艺术经验的总结，也是西方人对自身的文化和审美观念的认同与选择。西方的美学，如美国美学家托马斯·芒罗所说，“它长期以来的基础是选择了希腊、罗马和少数几个西方国家的艺术和思想”，这样的选择对于美学学科的建设是有意义的，但其缺陷也是非常明显的，因为“它过分依赖从对美的思辨哲学假定中进行演绎推理或高度专业化的语言学分析”，“没能充分重视不同民族的阶段丰富多样的艺术风格和价值，从而发展出经验的广泛的手段来”。[1] 宗白华也曾谈到中西美学的一个极大区别，即西方美学基本属于哲学理论的组成部分，它“是从古

[1] 托马斯·芒罗：《东方美学》，欧建平译，中国人民大学出版社 1990 年版，第 4—5 页。

希腊传下来的，基本上是一个理性主义的传统，注重规则、规律”[1]，而中国美学则非常重视艺术实践，是艺术实践和审美经验的总结。既然如此，我们为什么要排斥中国传统美学，不让它进入现代美学的体系建构中，形成有着中国特色的话语体系呢？各个民族、各个国家有着自己不同的审美理想和追求，有着不同的审美经验和态度，从而也就有着不同的美学。从美学产生和发展的历史看，美学从来就不是以单数而是以复数的形式存在的，有西方的美学，也有东方的美学；有古希腊、古罗马、中世纪的美学，也有中国的、日本的、印度的和伊斯兰的美学。它们都在世界美学史上拥有一席之地。怀着这样的心态，我们再来审视重视中国传统美学思想的意象美学研究，自然会得出新的认知和感受，自然不会轻易否定中国当代美学家在借鉴和运用中国传统的意象美学思想，建构中国现代美学体系方面所做出的努力。

其次是对于美学的传统与现代性关系的理解。什么是具有现代意义的中国美学？立足于中国美学传统进行理论建构是否具有现代性？要对这两个问题做出解答，笔者觉得首先要理解现代或者现代性的内涵。对于什么是“现代性”，学术界存在着不同的理解。虽然不少人将“现代性”作为一个时间、历史时期的概念看待，认为它指的是现代工业化社会所具有的一些特征，如追求自由、崇尚理性、世俗化、工业化、城市化、知识科学化、教育普及化等，但也有理论家如福柯将“现代性”理解为“一种态度”而不是一个时间、一个历史时期的概念。他说：

[1]《宗白华全集》，第三卷，安徽教育出版社1994年版，第593页。

> 我说的态度是指对于现时性的一种关系方式：一些人所作的自愿选择，一种思考和感觉的方式，一种行动、行为的方式。它既标志着属性也表现为一种使命，当然，它也有一点像希腊人叫作 êthos（气质）的东西。[1]

按照马泰·卡林内斯库的看法，亦存在着两种不同的现代性：一个是发生在 19 世纪前半期的某个时刻，作为西方文明史一个阶段的现代性；一个是作为美学概念的现代性。前一种现代性“大体上延续了现代观念史早期阶段的那些杰出传统。进步的学说，相信科学技术造福人类的可能性，对时间的关切，对理性的崇拜，在抽象人文主义框架中得到界定的自由理想，还有实用主义和崇拜行动与成功的定向”[2]。后一种现代性则体现了现代派美学的基本趣味，它是 19 世纪以来浪漫主义和先锋派文学的思想观念的体现，具有反资本主义、对抗社会、追求感官现时性和审美自律等特征。我们所谈的中国现代美学或者说具有现代意义的中国美学，显然也不是一个时间、历史时期意义上的概念。中国美学的现代化进程是在西方思想和美学影响下发生的，但是由于中西文化的不平等性，由于中国社会的现代化进程一直处于对西方列强的反抗与斗争中，像西方思想家所说的作为西方文明的一个阶段的现代性在中国并没有真正出现。中国社会没有真正

[1] 米歇尔·福柯：《何为启蒙》，载杜小真编选《福柯集》，上海远东出版社 1998 年版，第 534 页。

[2] 马泰·卡林内斯库：《现代性的五副面孔》，顾爱彬、李瑞华译，商务印书馆 2002 年版，第 48 页。

形成19世纪以来以现代性为标志的西方社会的那些特征，也没有在思想观念上真正对西方予以认同。西方现代派所确立的一系列的反资本主义、对抗社会、追求感官现时性、追求艺术自主和审美自律的价值原则并没有在中国得以实现。相反，社会性和功利性的审美原则一直在中国现代美学的进程中占有主导地位。所以，以西方社会和文化发展的阶段性原则来看待中国社会和审美艺术的现代性，显然是行不通的，它不仅不能解释中国社会，也不能解释中国美学的现代化进程。

既然如此，对于具有现代意义的中国美学的考察，其重心就不能放在与西方现代性进程的类比上，将其看成是受到西方现代性进程影响的结果，用西方美学的标准来评判，而是应该从中国美学自身特征出发，从中国现代美学家自身的选择与需要出发，在此基础上，形成对中国美学的现代性的理解。日本美学家今道友信谈到东西方艺术时，曾提出“逆现象”的观点，认为东西方艺术的区别在于西方的再现传统和东方的表现传统，但是到了现代，两种艺术传统发生了逆转，西方开始追求表现，东方则出现了再现现象。[1] 他的这一看法表明，在审美和艺术领域，并不存在着现代趣味与古代趣味的简单对立，传统的艺术和审美也可以具有现代的艺术和审美的特征；反之，现代的艺术和审美也可以吸取传统的艺术和审美的养分，具有传统的艺术和审美的特征。学术界常把审美的无功利性和艺术自律作为西方现代美学的标志，说王国维以此为基础开启了中国现代美学的进程。其实，

[1] 今道友信：《美的相位与艺术》，周浙平、王永丽译，中国文联出版公司1988年版，第147—153页。

在中国传统美学中，审美的无功利性和艺术自律之类的思想观念也是存在的。从老子提出“涤除玄鉴”到庄子的“心斋”“坐忘”论都突出强调了“审美观照和审美创造的主体必须超脱利害观念”，[1] 它与西方现代美学的审美无功利性思想是非常接近的。更重要的是，与对于美学这门学科的理解一样，可以从复数而不是单数的意义上来理解现代性。不同的民族、不同的文化，各有自己的传统，在走向现代化的历程中有着各自不同的选择，因此也有着各自不同的现代性。从这一意义上说，传统美学思想养分的吸取、传统美学向现代美学的转化具有特别重要的意义。正是意识到这一点，中国现当代美学家才回归本土的美学传统，重视意象美学的研究。那些将“意境”（意象）理论排斥在现代美学视野外，或者因为王国维等人从现代立场上解释“意境”就将其归结为现代美学范围而认为其与古典“意境”论无关的人们，他们都忽视了这样一个事实，那就是在人文学科的世界里，“传统不仅停留在和某个过去时代，或者和某种作品产生共鸣这种密切联系上，还是一种栖息在人们心灵深处的精神”[2]，它不是经历了某一历史阶段就可以消失的东西，而是可以走向现代，在现代世界获得认同与发展的东西。日本设计界的一代宗师田中一光谈到日本本土设计为什么能引领日本设计方向时，说了一句发人深省的话：“虽然传统的东西向现代转化是很自然的事，但是在日

[1] 叶朗：《中国美学史大纲》，上海人民出版社 1985 年版，第 119 页。

[2] 田中一光：《在设计中行走》，王庆、孙亦凡译，机械工业出版社 2017 年版，第 14—15 页。

本却是传统文化反过来将现代文化吸收了。”[1] 对于意象美学研究的现代价值也应该这样认识。我们不能只停留在传统意象美学思想如何被现代美学思想吸收、改造和转化上，还应该立足于中国美学传统，用中国传统的意象美学理论来吸收现代人的理论资源，对它进行创造性的阐释和重构，以照亮现代人的思维和理论进程，而不是以“古典”与“现代”简单二分与对立的思维模式将意象美学排斥在现代人的理论视野之外。

再次是对于意象美学阐释现代艺术和审美的能力的理解。意象美学的理论资源主要来源于中国古典美学，因此意象美学对于阐释中国传统艺术和审美无疑是充分有效的，但并不意味着它就失去了阐释现代艺术和审美的能力。否定意象美学具有阐释现代艺术和审美的能力的人们无非是从以下两个方面来认识的：一是意象美学主要表现的是古典主义的趣味，它适合解释那些静态的、具有古典美的艺术作品，如古典诗词、书画、园林、戏曲一类艺术，而对于那些具有现代趣味、体现现代人生活观念和节奏的艺术，如现代抽象艺术、网络艺术、图像艺术、跨媒介的数字艺术等，则失去了解释的能力。二是将意象美学与高雅、精英化的审美趣味联系起来，认为在现代社会中，大众消费和通俗化的审美已成为潮流，像意象、意境之类的范畴面对这样的审美潮流与对象，已失去了解释的能力。上述观点看到了不同历史时期的审美趣味的转变，也意识到意象、意境一类来自传统美学的范畴与理念在解释现代艺术和审美方面面对的挑战，但是因此而否定

[1] 田中一光：《设计的觉醒》，朱锷等译，广西师范大学出版社 2009 年版，第 51 页。

意象美学具有阐释现代艺术和审美的能力，则是不能成立的。因为我们所说的“意象”（意境）并不是作为艺术发展史上某一阶段、某一类型的美学范畴，而是作为美和艺术本体存在的美学范畴。它对于艺术和审美现象的解释具有普遍性，现代艺术、现代人的审美方式也不能排除在外。

对于这一点，意象美学的代表人物有着明确的认识。张世英对西方现代艺术和后现代艺术一直有着强烈的关注，他认为西方现代艺术重视感官美，主张“为艺术而艺术”；后现代艺术提出艺术要为生活服务，艺术里面要有思想，但常常又将艺术的感性美、形式美丢掉，将艺术等同于生活。[1] 意象美学则不然，它既不脱离感性美（象），又追求感性美背后隐含的更深层次的东西。“美在意象”就是说，美在象之外，你能体会到形象背后的“意”，那就叫“美”，这样就克服了西方现代艺术和后现代艺术的弱点，即艺术不能局限于感性、现实的东西（象），而是要回归到超现实的“意”，要看到感性艺术形式后面所隐含的意境和思想，为现代艺术的发展提供了新的方向。[2] 叶朗虽然对以波普艺术、观念艺术为代表的一些西方当代艺术家违反意象美学的原则，使其作品的意蕴虚无化的创作倾向提出严厉批评，但没有否定21世纪的现代艺术可以将西方艺术的某些积极尝试与中国传统的意象美学智慧结合起来，比如运用高科技手段，“尝试创造一种营造诗意环境氛围（‘境’）的艺术”，使之超越旧的艺术门类的界限，引发多种感觉器官的美感的交会兴发，使艺术更加

[1] 张世英：《艺术生活化、生活艺术化》，《中国文艺评论》2015年第2期。

[2] 张世英：《意象之美的哲学本体论基础》，《中国文艺评论》2017年第9期。

趋近于完整的生命体验。[1] 叶朗的这一主张，使笔者想起以互联网技术为支撑的数字多媒体艺术。对于这一类艺术，一些人只看到它是以抽象的、非物质的、冷冰冰的数字技术为基础，其表现手段主要为电脑图像，在创作、承载、传播、接受方式上与传统艺术不同，就认为它无法像传统艺术那样创造有血有肉、有情感、有生命的审美意象，这其实是一种误解。因为，对于数字多媒体艺术来说，虽然它是以数码的方式来呈现、保存、传播与处理，由计算机来控制，但像声音、画面、文本、图像这些传统艺术所具有的因素，数字多媒体艺术依然具有，依然需要借助这些媒介因素来表达艺术家的思想情感，依然有一个意象生成和意象经营的问题。而且，数字多媒体艺术较之传统艺术可以更加充分借助现代科技手段，在意象创造中也一定会为人们提供新的审美体验。

我们不否认"意象"作为传统美学的核心范畴进入现代美学和艺术中有一个理论转化的过程，简单用传统诗画、园林、书法那一套艺术程式与标准来衡量现代艺术的确存在着不相容纳的问题。不过，作为美和艺术的本体存在，意象美、意象所确定的标准，在古今艺术中都是相通的。"我见青山多妩媚，料青山见我应如是"，意象所呈现的是一个有情感、有意蕴的感性诗意世界，意象世界使人们超越表层的、物质的、感性的美，进入理性、精神的层面，让人的心灵受到感动，让人的灵魂经受洗礼。所以，在当代美学与艺术实践中，传承中国传统意象美学精神，寻求意

---

[1] 叶朗：《对我国艺术当代发展的两点思考》，《文艺研究》2013 年第 11 期。

象美学的现代表达方式非常重要。一些艺术家和美学家对此已有自觉的意识。比如，著名戏剧家王晓鹰提出话剧的“中国意象现代表达”的主张，强调戏剧不只是对现实生活的外部模仿，也不只是形式展现和技艺炫耀，更不只是廉价煽情和嬉戏耍闹，戏剧的本质是诗！戏剧演出中蕴含的诗情、诗意、诗性思想、诗化意象，永远是最温暖、最有美感，也最有震撼力和启发性的艺术魅力所在。[1] 当代著名戏剧导演林兆华谈到《野人》的创作时说：

> 《野人》这个戏不用一件实的布景、道具，空空的舞台是个极自由的空间，背景似国画泼墨的味道。人体、光、表演组成动与静的景物及人物的心境变化，给人一种万物在虚空中流动的感觉。也就是说，人体造型构成的景物与表演是融为一体的。虚实、动静、有限、无限的关系是值得研究的大课题。[2]

这些话说明，林兆华对中国传统意象美学的精神有很深刻的领悟。正是出于这种领悟，他在《樱桃园》《风月无边》《赵氏孤儿》等优秀戏剧作品的创作中，自觉地传承中国意象美学精神，打破传统戏剧与现代戏剧的界限，也打破不同艺术形式之间的界限，创造出具有诗情画意和空灵美感的舞台艺术形象。

这样的意识在中国电影的创作与理论中也得到了鲜明的体现。有论者谈到中国电影艺术的发展时，认为它有一种影视意象

---

[1] 王晓鹰：《话剧的“中国意象现代表达”》，《戏剧文学》2018 年第 5 期。

[2] 林克欢编：《林兆华导演艺术》，北方文艺出版社 1992 年版，第 282 页。

本体意识的觉醒。[1] 的确，从 20 世纪三四十年代以《小城之春》《一江春水向东流》为代表的优秀电影和费穆、郑君里、蔡楚生等重视意象、意境的电影理论，到 20 世纪 50—80 年代水华、谢铁骊、谢晋、吴贻弓等人的作品，再到第五代电影导演（以张艺谋等人为代表）的作品，都非常重视从传统的诗词书画的艺术与理论中吸取营养，传达出中国传统意象美学的诗情画意，这也构成了中国电影与以好莱坞为代表的西方电影的重要不同之处。在中国当代油画创作中也体现了对意象美的追求，一些人提倡意象油画和写意油画，也是因为这一类油画虽未完全背离西方油画的写实传统，却开始与中国传统绘画的写意手法相结合，表现出象与意合、情与景融、以形传神的意象美学特征。对意象美的追求还体现在一些具有前卫意识的艺术创作中。比如，2011 年第五十四届威尼斯国际艺术双年展上的中国馆，以“弥漫”为主题，选择以白酒、绿茶、中药、焚香、荷花的气味为题材创作作品，在威尼斯创造出一个富有诗意的世外桃源的东方境界，引起国际艺术界的强烈反响。这次展览，按彭锋教授的解读，就是以今天的方式营造传统的意境（意象）美，中国传统美学中的意境（意象）理论是它直接的理论支撑。[2] 类似的例子还有很多，如 2008 年北京奥运会的开、闭幕式的文艺表演，2016 年 G20 杭州峰会“印象西湖”的都市山水实景演出，2016 年 7 月起在全国巡演的“意象·净土”民族管弦原创作品音乐会，央视历届春晚播放的优秀舞蹈

---

[1] 潘秀通、潘源：《“意象”美学：中国影视美学体系再认识》，《上海大学学报》（社会科学版）2006 年第 3 期。

[2] 彭锋：《意境论的重生》，《人民日报》2015 年 5 月 12 日。

作品《只此青绿》《小城雨巷》《敦煌·飞天》《千手观音》等，都充满传统意象和意境美学的元素，它和现代视听艺术结合，带给人们极其强烈和震撼的艺术感受。这一切都说明，传统意象美学在当代美学领域中并没有过时，它仍然对人们的精神和艺术创造有着重要的引领作用。

第三节　意象美学对人们的精神境界和审美层次的提升

对于意象美学持批评态度的人，常常指责意象美学的精神化、贵族化、高雅化的倾向，认为在一个世俗化，文化实力化、产业化的时代，不能像意象美学那样去刻意粉饰生活，回避生活中的残酷与真实，将艺术和审美导向虚假的和谐和审美乌托邦。这一批评，恰恰指出了意象美学不同于许多美学派别的方面，那就是它更重视审美的精神价值，更重视审美如何超越物质化、功利化、感官享乐的追求，提升人的精神境界和心灵层次。

今道友信谈到东方美学的特征时认为，“在那里所见到的，是充满诗的意象的思索体系，是美的理念，是精神的美和艺术”[1]。他还认为，不但是日本美学，就连中国美学，都洋溢着这种意象。它“是想象力突破了概念的僵化的思考和固定化，是想象力带来了动的想念的更为自由的漫游；它向人类启示了宇宙

[1] 今道友信：《东方的美学》，蒋寅等译，生活·读书·新知三联书店 1991 年版，第 275 页。

的神韵，启示了艺术的秘密”[1]，也启示了存在的秘密和超越者的美。在这里，今道友信明确将意象与精神美联系起来。不过，他的侧重点还是在意象思维不同于西方概念化思维、重视想象力的一面，而中国古代意象美学对于精神美的弘扬则更具有哲学本体的意义。意象美学诞生在中国古代天人合一、物我同一的哲学背景下，是中国古代诗性文化精神的体现，是人与天地万物交融一体，重视主体情感心灵体验，重视审美对于人的自我局限性、功利性超越的哲学美学。“皆灵想之所独辟，总非人间所有”（恽南田），意象审美的要义是以“象”显“意”、以“象”体“道”，是从在场走向不在场，它所创造的世界不同于现实，它不是让人们满足于眼前、当下的东西，而是超越现实，走向高远的人生境界与审美追求，对于精神美的追求自然构成其核心内容。

对于中国古代意象审美的精神内涵，中国当代美学家有深刻的体悟。宗白华在《中国艺术意境之诞生》中说：

> 什么是意境？人与世界接触，因关系的层次不同，可有五种境界：（1）为满足生理的物质的需要，而有功利境界；（2）因人群共存互爱的关系，而有伦理境界；（3）因人群组合互制的关系，而有政治境界；（4）因穷研物理，追求智慧，而有学术境界；（5）因欲返本归真，冥合天人，而有宗教境界。功利境界主于利，伦理境界主于爱，政治境界主于权，学术境界主于真，宗教境界主于神。但介乎后二者的中

[1] 今道友信：《东方的美学》，蒋寅等译，生活·读书·新知三联书店 1991 年版，第 275 页。

间，以宇宙人生的具体为对象，赏玩它的色相、秩序、节奏、和谐，借以窥见自我的最深心灵的反映；化实景而为虚境，创形象以为象征，使人类最高的心灵具体化、肉身化，这就是“艺术境界”。艺术境界主于美。

所以一切美的光是来自心灵的源泉：没有心灵的映射，是无所谓美的。[1]

朱光潜在《诗论》中说：

诗的境界是情景的契合。宇宙中事事物物常在变动生展中，无绝对相同的情趣，亦无绝对相同的景象。情景相生，所以诗的境界是由创造来的，生生不息的。……精神的方面就是情景契合的意境，时时刻刻都在“创化”中。创造永不会是复演，欣赏也永不会是复演。真正的诗的境界是无限的，永远新鲜的。[2]

这些话可以说道出了中国古代意境（意象）审美的精髓，那就是重视心灵的美，重视美和艺术创造的精神价值。这些话也说明，对于意象美精神价值的重视，早就包含在宗白华、朱光潜的意象理论中，他们将意象看成是情景相生的产物，强调意象（诗的境界）是“由创造来的，生生不息的”，是心灵映射的结果，其实也就是强调意象创造与人的心灵、与人的精神的关系。但是

[1] 宗白华：《美学与意境》，人民出版社 1987 年版，第 209—210 页。
[2] 《朱光潜全集》，第三卷，安徽教育出版社 1987 年版，第 55—56 页。

这种重视在很长时间内被中国当代美学家所忽视。比如，20 世纪 50 年代美学大讨论中出现的、在中国当代美学中长期占主导地位的实践美学就是如此，我们可以以其代表人物李泽厚的观点来说明。虽然李泽厚反复强调他的美学是“有人美学”，是以人为中心的美学，并提出“人的文化—心理结构”“主体论实践哲学”“自然向人生成”“情本体”“新感性”“美是自由的形式”等一系列概念范畴，似乎也在强调人的精神和心理对于审美活动的重要性，但由于其体系存在着根本性的缺陷，则很难凸显精神和心灵在审美活动中的地位。他提出“工具本体”和“心理本体”的区分，认为不是“心理”而是“工具”，“是人类制造和使用工具的劳动生产，即实实在在的改造客观世界的物质活动”，才是美的真正根源。[1] 其实这消解了精神对于审美的重要性，把审美活动得以产生的物质生活基础与审美活动本身应该具有的精神内涵混淆起来。李泽厚还认为人的主观意志、情感、思想“只能在美的现象层即构成审美对象上起作用”，无法进入美的根源和本质的层次。[2] 这种脱离了“美的现象层”去寻找所谓“美的普遍必然性本质”的做法也是对审美活动中精神价值的消解，因为它忽视了美的世界是不断生成变化的，只有依赖于人的精神和心灵映射，才能充分凸显其意义的丰富性和无限性。李泽厚的美学还将美的社会性（群体性）与个体性对立起来，认为美的个体性只存在于美的现象层，而美的本质则是人类群体创造，这实际上也忽视了审美个体选择和精神追求对于审美活动的重要性。

---

[1] 李泽厚：《美学四讲》，生活·读书·新知三联书店 1989 年版，第 73 页。

[2] 李泽厚：《美学四讲》，生活·读书·新知三联书店 1989 年版，第 73 页。

正是意识到这一点，叶朗在回顾20世纪50年代美学讨论时指出其消极影响“就是使当时的中国美学脱离了美学的主航道。在那场讨论中，很多人都忽视人的心灵世界、精神世界，远离提升人生境界的价值追求”。他之所以提出“美在意象”理论，目的就是使中国美学回到美学的主航道上，“重视心的作用，重视精神的价值”。[1] 下面这段话可以说明确宣示了他的这一理论主张：

> 美感创造一个充满意蕴的感性世界，创造出意象世界，这个意象世界就是美，而认识则追求一个抽象的概念体系，那是灰色的、乏味的。这种当下直接显现或生成的意象世界是有时间性的、不可重复的，不仅不同的人创造出来的意象世界有差别，就连同一个人在不同时间创造出来的意象世界也不可能一样。重视心的作用，重视精神的价值，是这部著作（按，指《美在意象》一书）一以贯之的特点，讨论美学基本问题和前沿问题的新意都根基于此。这里的“心”并非被动的、反映论的“意识”或“主观”，而是具有巨大能动作用的意义生发机制。心的作用，如王阳明论岩中花树所揭示的，就是赋予与人无关的物质世界以各种各样的意义。这些意义之中也涵盖了“美”的判断，“离开人的意识的生成机制，天地万物就没有意义，就不能成为美”。比如，自然美的本质也是意象，离开了人心的“照亮”过程，自然界就

[1] 叶朗：《从“美在意象”谈美学基本理论的核心区如何具有中国色彩》，《文艺研究》2019年第8期。

> 无所谓美或不美。单单从观察、分析自然风景本身，或者抽象地谈论人与自然界的互动，都是无法认识自然美的。总之，“美在意象”的提法通过区分物理实在的“物”与作为事物的显现的“象”，通过对实体化、对象化的美的观念的消解，突出强调了意义的丰富性对于审美活动的价值，其实质是恢复创造性的“心”在审美活动中的主导地位，目的是提高人心对于事物意义的承载能力和创造能力。所以，在《美在意象》与作为美学大讨论产物的理论体系之间，真正的区别不是“在心”与“在物”，而是对意义生成机制的理解处于不同的层次上。[1]

与叶朗一样，意象美学的代表人物普遍重视意象美的精神价值。张世英认为：“要做一个‘真人’——一个有精神的人，我们就既要面对现实，有欲有求，又要超越现实，看到现实以外的高处远处。”“中国的意象之美可以说是表达了最高层次的美。低层次的感性美，要真正美的话，也要用意象美来解释。”[2] 意象之美就是让人们看到了现实之外的高处远处，也可以说，它使人们超越感性的、物欲的需求，最大程度地满足了人们的精神需求。朱志荣认为审美意象虽然依托于感性对象的物态，其价值却是精神性的，这种精神性就突出指向主体生命对现实的超越。陈望衡提出“美在境界”说，认为“美是一个动态的系列，其最低

[1] 叶朗：《从“美在意象”谈美学基本理论的核心区如何具有中国色彩》，《文艺研究》2019 年第 8 期。

[2] 张世英：《意象之美的哲学本体论基础》，《中国文艺评论》2017 年第 9 期。

的层次为情象，中间的层次为意象，最高的层次为境界”[1]。虽然他以“境界”置换了“意象”一词，但实际上并没有超出意象美学的范围，其目的在于突出意象审美的精神价值。

如果联系美学在当代社会所面临的危机，我们对意象美学重视美的精神性的这种理论品格就会有更清楚的认识。德国美学家韦尔施认为，当代社会的审美与传统社会的审美有一个很大的不同，那就是在当代社会我们的世界被过分审美化：从浅表审美化的现实装饰、文化基体的享乐主义、通过审美提高身价的消费与经济策略，到深层审美化的硬件和软件的位移，即运用新材料产生的生产过程的变化和通过传媒来建构的虚拟化现实，甚至进入更深层次的科学、真理和认知的审美化，等等，莫不如此。[2]对于这种过分审美化的进程，韦尔施表示了担忧，认为它加重了当代美学的危机。它“试图赋予我们的世界以美，到头来得到的却只是漂亮和虚华，最终，至少是在具有审美敏感的人那儿，引起的是冷漠和厌憎”[3]。在这样的背景下，许多人希望改变美学研究的方向，不再追求形而上的，富有精神、心灵意蕴的东西，而是应该更多关注日常生活、世俗、感官、享乐方面的东西，将美学研究变成文化研究或者具体的艺术理论和艺术经验的研究，或者产业化和技术工艺解读一类的东西。这显然是对于美学的极大误解。我们不否认美学研究必须面向日常生活，考察一定时代

[1] 陈望衡：《20世纪中国美学本体论问题》，湖南教育出版社2001年版，第489页。

[2] 参见沃尔夫冈·韦尔施《重构美学》第1编第1—2节，陆扬、张岩冰译，上海译文出版社2002年版。

[3] 沃尔夫冈·韦尔施：《重构美学》，陆扬、张岩冰译，上海译文出版社2002年版，第111页。

和社会流行的文化和艺术现象，但是它必须以精神和心灵为对象，在精神和心灵的引导下对人生有更高的旨趣和追求，而不是将审美降格为日常生活，把艺术变成文化产业，以欲望、身体一类因素来消解审美精神性的存在。这也是美学研究不同于文化研究，不同于艺术理论和艺术产业的研究而是属于哲学的原因。今天的中国美学已突破传统的认识论和实践论美学的理论框架，出现了众多的美学学派与主张：后实践美学以存在论补充实践论，建立起实践—存在论的美学理论；超越美学将审美生存作为核心，强调审美是对于现实的超越；生命美学将审美活动看成是生命的享受和提升；生态美学和环境美学关注当下社会所面临的生态问题，关注人与自然、人与环境的关系；生活美学要求审美超越艺术的领域，回归日常生活世界；身体美学批判意识、心灵对于审美活动的主宰，要求将审美的主体归还给身体。这些学派与主张各有各的角度，也各有各的理论价值。但是在凸显美学对于人们精神生活的影响，保持精神和心灵所达到的高度和深度方面，相比于诸多美学流派，意象美学显然提供了更值得重视的理论观点。

比如，叶朗的《美学原理》在梳理历史上种种关于艺术的本体的看法后，明确提出“艺术的本体是审美意象”[1]，“美学对艺术的研究，始终要指向一个中心，这就是审美意象”[2]的观点。为什么这样说？这是因为在他看来，艺术虽然是多层面的复合体，除了审美的层面，还有知识的层面、技术的层面、物质载体的层面、经济的层面、政治的层面等，但在本体的层面上，艺

[1] 叶朗：《美学原理》，北京大学出版社 2009 年版，第 235 页。
[2] 叶朗：《美学原理》，北京大学出版社 2009 年版，第 238 页。

术就是美。只有通过对艺术美的研究，才能真正理解人的精神所达到的高度。也正是因为此，叶朗对西方后现代主义的一些流派如波普艺术、观念艺术消除艺术与非艺术的区分的主张提出了批判，认为“摒弃艺术与非艺术的区分，就是摒弃一切关于意义的要求”，他把这称为“意蕴的虚无”。[1] 意蕴的虚无，当然不可能有意象的生成，因为它只是将“艺术”作为“物”而不是作为“象”来对待，并没有解决如何使“物”变成“象”，由物质性的东西转化为精神性产品的问题。叶朗在批评后现代主义消除艺术与非艺术的区分的主张时还特别提到了丹托的“艺术终结论”，认为它与黑格尔的艺术终结的主张有本质的区别，后者的“终结”是说“艺术对人的精神（心灵）来说，不再有过去那种必需的和崇高的位置了”[2]，而丹托的“艺术终结论”则是要消除艺术品和现成品的界限，使艺术不再成为精神性的艺术。

也是从“美在意象”理论所确立的精神高度，叶朗对学术界流行的“日常生活审美化”问题进行了反思。他认为“日常生活审美化”并不是人们通常所说的人生的艺术化、艺术与生活之间的界限的消失、高科技条件下社会生活的虚拟化等，而是“指在当代社会中，越来越多的人对于自己的生活环境和生活方式有一种自觉的审美的追求”，它是“对大审美经济时代或体验经济时代的一种描述”。[3] 这种体验和追求并不只是现代社会的产物，中国古人的生活中也有这样的体验，比如在品茶、饮酒、弹琴、

[1] 叶朗：《美学原理》，北京大学出版社 2009 年版，第 246 页。

[2] 叶朗：《美学原理》，北京大学出版社 2009 年版，第 276 页。

[3] 叶朗：《美学原理》，北京大学出版社 2009 年版，第 314 页。

熏香、赏月、赏花等日常生活中，中国古人常常都会营造出一种氛围。这种氛围是“精神的氛围，文化的氛围，审美的氛围”。“这种氛围，生成一种情景交融、物我同一的意象世界，也就是美学所说的美。这种氛围，有精神性内涵，往往沁入人的心灵的最深处。”[1]“日常生活审美化”也为现代人的审美提出了新的要求，那就是“技术美”、实用功利的领域（衣、食、住、行、用）在社会生活中占据越来越重要的地位。但这并不意味着把审美的、精神的东西降低到实用的、物质的层面，而是意味着“在物质的东西中增添一个精神的层面，在实用功利的东西中增添一个超功利的层面”。“从长远看，随着物质生活的高度发展、繁荣和富裕，精神的享受、审美的追求在人类生活中的比重将会越来越大。人们将迎来一个大审美经济的时代，即体验经济的时代。这个大审美经济的时代，也就是一个‘日常生活审美化’的时代。”[2]

上述观点也表明，意象美学对美的精神价值的肯定，是紧密联系当代艺术和审美实践，针对美学的一些前沿问题展开的，是回应时代的呼唤的，所以它的当代性和现实意义是不容置疑的。

意象美学对美的精神价值的重视，还突出体现在“美感的神圣性”命题的提出和对“人生境界”的提倡。“美感的神圣性”命题是张世英提出来的，他之所以提出这一命题，是因为他看到了在我们当前的社会现实中，人们普遍追求好看、好听的声色之美而忽视声色之美背后的心灵美的支撑，或者说，缺乏一种超越现实的高远的精神境界。“美感的神圣性”这一命题的提出，虽然可以追溯到

[1] 叶朗：《对我国艺术当代发展的两点思考》，《文艺研究》2013 年第 11 期。
[2] 叶朗：《美学原理》，北京大学出版社 2009 年版，第 317 页。

西方基督审美传统，与美源于对上帝的信仰、艺术之美体现神性等观点有着一定的关联，但根本的目的则是为了回归现实，解决现实生活中诗意、神圣性缺乏的问题。[1] 叶朗则在张世英观点的基础上，对“美感的神圣性”命题作了系统阐释，他认为：

> “美感的神圣性”，不是一般的追求耳目之娱和声色之美。美感的神圣性体验区别于其他美感体验的根本在于，它是人类至高的精神追求，它与生命意义的终极体验联系在一起。美感在其最高层次上，也就是在对宇宙无限整体的美的感受这个层次上，具有神圣性。这个层次的美感，是与宇宙神交，是一种庄严感、神秘感和神圣感，是一种谦卑感和敬畏感，是一种灵魂的狂喜。这是最深层的美感，也是最高的美感。

> “美感的神圣性”的体验就存在于现实人生之中，存在于日常生活之中，但这种体验只有在精神境界的不断超越和提升中才有可能实现。“美感的神圣性”的命题体现出一种至高的人生追求，一种崇高的人生境界，它远远高出一般的审美体验，它的产生需要一种心灵的提升。所以，“美感的神圣性”的命题并不是一个静态的命题，它是一种心灵的导向，精神的导向，它向人们揭示了一个心灵世界不断上升的道路。[2]

---

[1] 张世英：《美感的神圣性》，《北京大学学报》（哲学社会科学版）2015 年第 3 期。

[2] 叶朗、顾春芳：《人生终极意义的神圣体验》，《北京大学学报》（哲学社会科学版）2015 年第 3 期。

“人生境界”的问题是中国传统哲学家特别是宋明理学家十分重视的一个问题。在中国古代许多哲学家看来，追求高品位的人生境界对于一个人的一生非常重要。中国现代哲学家特别是现代新儒家的哲学家也非常重视“人生境界”的问题。冯友兰认为，人与动物的最大不同，就在于动物不了解它所生活的世界，而人对于自己所生活的世界有觉解。人不但有觉解，而且能了解其觉解，所以人所追求的是一种有意义、有价值的人生，也就是追求有境界的人生。觉解程度的不同决定了境界的高低，冯友兰将人生境界分为四个品位：自然境界、功利境界、道德境界和天地境界，处在天地境界中的人，对宇宙人生有最高的觉解，也能最大限度地实现其人生价值和意义。[1] 张世英、叶朗等人所提倡的“人生境界”理论正是在这样的哲学基础上发展起来的，境界高低反映了人对自己所生活的世界觉解程度的高低，觉解程度越高，人生境界就越高。这种觉解，不仅是个人主观的觉解，而且与宇宙万物存在着关联，是超越主客二分的“万物一体”的哲学观念的体现，是哲学与诗意相结合的人生态度的体现，所以它能超越现实功利的人生，将人和人的生活导向高远的人生追求。这也是意象美学要将审美活动对人生的意义最终归结为人生境界的提升的原因所在。关于这一点，叶朗有清楚的表述：

以“意象”作为核心的美学理论体系，并不仅仅是出于

[1] 参见冯友兰《新原人》，载《贞元六书》（下），华东师范大学出版社 1996 年版，第 538—543 页、553—558 页。

一种美学知识体系建设的需要，更重要的是突出审美与人生、审美与精神境界的提升和价值追求的密切联系。美的本体之所以是“意象”，审美活动之所以是意象活动，就是因为它可以照亮人生，照亮人与万物一体的生活世界。“美学研究的全部内容，最后归结起来，就是引导人们去努力提升自己的人生境界，使自己具有一种‘光风霁月’般的胸襟和气象，去追求一种更有意义、更有价值和更有情趣的人生。”[1]

张世英谈论“美感的神圣性”时说了一段让人深思的话：

我们讲美的神圣性，决不是要脱离现实性，脱离现实的生活。例如饮茶，就可以有单纯的现实境界，又可以同时有诗意的审美境界。一个没有审美境界的人，饮茶就是解渴而已。一个有诗意的人，饮茶一方面解渴，一方面还能品出茶的诗意来。既有现实性，又有神圣性；既有了低级欲求的满足，又有了审美的享受。我们的文化，为什么不大力提倡神圣的审美意识而只停留在、束缚在低级欲求的状态呢？[2]

这段话实际上也道出了我们今天要重视意象美的精神价值的原因。重视意象美的精神价值，并不是要将美学精神化、贵族

---

[1] 叶朗：《从“美在意象”谈美学基本理论的核心区如何具有中国色彩》，《文艺研究》2019 年第 8 期。

[2] 张世英：《美感的神圣性》，《北京大学学报》（哲学社会科学版）2015 年第 3 期。

化，不是否定美的多元化的存在，将美学导向纯粹的精神和心灵一极，也不是让美学脱离日常生活、脱离现实，走向虚无缥缈的乌托邦世界，而是要我们的美学保持更多的人生的情趣与感受，保持更高的心灵旨趣与追求。黑格尔在其《哲学史讲演录》的《开讲辞》中曾感叹他所处的那个时代片面追求物质之风和对日常生活中平凡的琐屑兴趣予以太大的重视，“因而使得人们没有自由的心情去理会那较高的内心生活和较纯洁的精神活动”[1]。黑格尔所针对的是 19 世纪初期人们的精神状况。在当代社会，这种片面追求物质的风气更加普遍和不可遏制，人们更加关注的是物质、技术和功利的东西，精神、心灵的东西越来越受到挤压和趋于贫乏。马尔库塞在 20 世纪中期曾警告过人们，发达的工业社会存在着把人变成单面人的危险，这种警告在今天愈来愈可能成为一种现实。正因为此，美学作为一门人文学科，更应该关注人的精神活动和心灵活动，这种关注虽不能最终克服和解决人们所面临的生存和精神危机，但它却可以使人们意识到精神与心灵生活的重要性，使人们在物质生活的需求之外，保持精神和心灵生活的丰富性，有着更高的精神追求和心灵旨趣。从这一意义上说，意象美学提出“美在意象”“美感的神圣性”“人生境界”一类命题，强调精神的价值和心灵的作用，体现了美学学科最本质的东西，对于具有现代意义的美学体系的建立意义深远。

---

[1] 黑格尔：《哲学史讲演录》，第一卷，商务印书馆 1959 年版，第 1 页。

结语

“说不完的《红楼梦》”“说不完的莎士比亚”，这是人们评价伟大的经典名著时常说的话。“意象”其实也是一个说不完的话题。有一位外国的文艺理论家将“意象”称为一个“灵活得令人困惑的术语”，[1] 他针对的是“意象”这一术语在西方文论中的运用。西方文论界和美学界关注“意象”是较晚近的事，而对于中国美学来说，“意象”从一开始就是备受关注的焦点所在，其内涵要广阔复杂得多。意象理论和意象问题虽然在中国美学史上占有极其重要的地位，但要说清楚什么是“意象”，说清楚意象理论对于中国美学的价值和意义，远不是笔者这本小书所能承担的。我们将“意象”作为中国美学的核心范畴提出来，论证意象理论对于中国美学的价值和意义，这种论证多是一种现象的描述，其中有一些个人的感悟与见解，但多非结论性的。对意象美学的思考刚刚起步，远说不上成熟。或许，面对中华美学的意象理论，最好的方法还是像现象学所主张的那样——朝向事情本身，你去看、去听、去体验，去直观大自然和艺术家所创造的美的意象世界，然后从中获取最本原的东西。或者像宗白华那样，以散步的态度对待，因为散步是自由自在、无拘无束的行动，它“可以偶尔在路旁折到一枝鲜花，也可以在路上拾起别人弃之不顾而自己感到兴趣的燕石。无论鲜花或燕石，不必珍视，也不必丢掉，放在桌上可以做散步后的回念”[2]。这样，你的理论探讨将少一分枯涩，多几分兴味。

[1] Roger Fowler, *A Dictionary of Modern Critical Terms*, London: Routledge & Kegan Paul Ltd London, 1987, p.92.

[2] 宗白华：《美学与意境》，人民出版社 1987 年版，第 285 页。

学术界对意象理论和意象美学的关注是一个基本事实，对这一事实进行描述或许是本书能够存在的理由。另外，对于意象美学所取得的成就及其理论价值，本书也进行了一些探讨，认为它主要体现在以下几个方面：第一，“意象”属于中国传统美学的核心范畴，它是中国古代主客一体、天人合一哲学精神的体现，意象理论进入现代美学领域，有助于破除西方传统的主客二分的思维方式，实现美学思维方式的转向；第二，从朱光潜、宗白华等人开始，就不仅重视传统，而且也以现代视角阐释意象美学问题，意象美学启示人们立足于中国本土，走中西美学融合的道路；第三，意象美学不仅是中国美学家理论智慧的结晶，也是中国人艺术实践经验的总结，中国古代不同艺术类型的审美意象创造都有着自己的特点，意象美学启示人们，美学研究应该紧密结合艺术实践展开；第四，也可以说是最重要的一点，意象美学的研究将美学问题从知识层面转向人生价值和精神层面，重视美的精神价值。宗白华在 20 世纪 40 年代写了一篇著名的文章《中国文化的美丽精神往那里去?》。美学家们对于“中国文化的美丽精神”有不同的理解，笔者个人认为那就是对美、对艺术、对人生的爱，就是不停留于感性、物质的需求而走向高远的人生境界与追求。以朱光潜、宗白华、叶朗、张世英等人为代表的意象论美学家肯定的就是这种精神。宗白华晚年谈论中国园林建筑艺术时说了这样一段话：

“窗含西岭千秋雪，门泊东吴万里船。”诗人从一个小房间通到千秋之雪、万里之船，也就是从一门一窗体会到无

> 限的空间、时间。这样的诗句多得很。像“凿翠开户牖”，“山川俯绣户，日月近雕梁”，“檐飞宛溪水，窗落敬亭云”，“山翠万重当槛出，水光千里抱城来”，都是小中见大，从小空间进到大空间，丰富了美的感受。外国的教堂无论多么雄伟，也总是有局限的。但我们看天坛的那个祭天的台，这个台面对着的不是屋顶，而是一片虚空的天穹，也就是以整个宇宙作为自己的庙宇。这是和西方很不相同的。[1]

宗白华谈的是中西建筑空间审美意趣的不同，也是谈中国人和西方人宇宙观、世界观的不同。“一片花飞减却春，风飘万点正愁人”（杜甫），春天的世界太美好了，哪怕面对的是“一片花飞”的凋残，诗人都会觉得这个世界不完美了，何况面临的还是“风飘万点”，无数花朵被风雨摧残的世界。中国人正是以这种“得夫天地之心以为心者”（朱熹）的心胸与眼光看待世界的，当他们看着那个祭天的台时，面对着的不是那个台的屋顶，而是一片天穹。这正是意象美学给我们的启示：在一个物质化、功利化十分严重的社会中，我们要学会寻觅美和诗意，学会仰望苍穹，走向高远的人生境界与追求。

---

[1] 宗白华：《美学与意境》，人民出版社 1987 年版，第 407—408 页。

参考文献

遍照金刚. 文镜秘府论. 北京：人民文学出版社，1975.

波尔蒂克编. 牛津文学术语词典. 上海：上海外语教育出版社，2000.

蔡元培. 蔡元培美学文选. 北京：北京大学出版社，1983.

陈伯海. 中国诗学之现代观. 上海：上海古籍出版社，2006.

陈伯海主编. 唐诗学文献集粹. 上海：上海古籍出版社，2016.

陈传席. 中国山水画史. 南京：江苏美术出版社，1988.

陈从周. 惟有园林. 天津：百花文艺出版社，1997.

陈良运. 中国诗学体系论. 北京：中国社会科学出版社，1992.

陈奇猷校释. 吕氏春秋校释. 上海：学林出版社，1984.

陈思编纂. 书苑菁华. 北京：北京图书馆出版社，2003.

陈望衡. 20 世纪中国美学本体论问题. 长沙：湖南教育出版社，2001.

陈望衡. 中国美学史. 北京：人民出版社，2005.

陈植锷. 诗歌意象论. 北京：中国社会科学出版社，1990.

程抱一. 中国诗画语言研究. 涂卫群译. 南京：江苏人民出版社，2006.

戴里克·柯克. 音乐语言. 茅于润译. 北京：人民音乐出版社，1981.

丁福保辑. 历代诗话续编. 北京：中华书局，1983.

杜夫海纳. 美学与哲学. 孙非译. 北京：中国社会科学出版社，1985.

杜夫海纳. 审美经验现象学. 韩树站译. 北京：文化艺术出版社，1992.

杜甫撰，仇兆鳌注. 杜诗详注. 北京：中华书局，2015.

方玉润撰，李先耕点校. 诗经原始. 北京：中华书局，1986.

干春松，孟彦弘编. 王国维学术经典集. 南昌：江西人民出版社，1997.

古风. 意境探微. 南昌：百花洲文艺出版社，2001.

顾祖钊. 艺术至境论. 天津：百花文艺出版社，1992.

郭绍虞主编．中国历代文论选：第三册．上海：上海古籍出版社，1980.

郭绍虞主编．中国历代文论选：第一、二册．上海：上海古籍出版社，1979.

韩林德．境生象外：华夏审美学与艺术特征考察．北京：生活·读书·新知三联书店，1995.

何文焕辑．历代诗话．北京：中华书局，1981.

黑格尔．哲学史讲演录：第一卷．北京：商务印书馆，1959.

胡经之．文艺美学：第 2 版．北京：北京大学出版社，1999.

胡晓明选编．唐诗二十讲．北京：华夏出版社，2009.

吉联抗译注，阴法鲁校订．乐记．北京：音乐出版社，1958.

季伏昆编著．中国书论辑要．南京：江苏美术出版社，1988.

蒋孔阳．德国古典美学．北京：商务印书馆，1980.

蒋孔阳．美学新论．北京：人民文学出版社，1993.

蒋寅．古典诗学的现代诠释．北京：中华书局，2003.

皎然著，李壮鹰校注．诗式校注．北京：人民文学出版社，2003.

今道友信．东方的美学．蒋寅等译．北京：生活·读书·新知三联书店，1991.

金学智．中国书法美学．南京：江苏文艺出版社，1994.

金学智．中国园林美学．南京：江苏文艺出版社，1990.

康德．判断力批判．宗白华译．北京：商务印书馆，1964.

克雷奇等．心理学纲要．周先庚等译．北京：文化教育出版社，1980.

况周颐，王国维．蕙风词话　人间词话．北京：人民文学出版社，1960.

雷·韦勒克，奥·沃伦．文学理论．刘象愚等译．北京：生活·读书·新知三联书店，1984.

黎靖德编，王星贤点校．朱子语类：六．北京：中华书局，1986.

李达三，罗钢主编．中外比较文学的里程碑．北京：人民文学出版社，1997.

李学勤主编．十三经注疏：标点本．北京：北京大学出版社，1999.

李泽厚. 美的历程. 北京：文物出版社，1981.

李泽厚. 美学四讲. 北京：生活·读书·新知三联书店，1989.

林语堂. 中国人. 郝志东，沈益洪译. 杭州：浙江人民出版社，1988.

刘若愚. 中国文学理论. 杜国清译. 南京：江苏教育出版社，2006.

刘向撰，向宗鲁校证. 说苑校证. 北京：中华书局，1987.

刘勰著，范文澜注. 文心雕龙注. 北京：人民文学出版社，1958.

刘义庆撰，刘孝标注. 世说新语. 上海：上海古籍出版社，1982.

鲁迅. 汉文学史纲要. 北京：人民文学出版社，1973.

鲁迅. 中国小说史略. 北京：人民文学出版社，1973.

罗吉·福勒主编. 现代西方文学批评术语词典. 袁德成译. 成都：四川人民出版社，1987.

马丁·泽尔. 显现美学. 杨震译. 北京：中国社会科学出版社，2016.

马泰·卡林内斯库. 现代性的五副面孔. 顾爱彬，李瑞华译. 北京：商务印书馆，2002.

毛宣国. 美学新探. 长沙：岳麓书社，2002.

敏泽. 中国美学思想史：第二卷. 济南：齐鲁书社，1989.

尼采. 悲剧的诞生. 周国平译. 北京：生活·读书·新知三联书店，1986.

倪梁康选编. 胡塞尔选集. 上海：上海三联书店，1997.

钱锺书. 管锥编：第一、二、三册. 北京：中华书局，1979.

钱锺书. 谈艺录. 北京：中华书局，1984.

裘锡圭. 文字学概要. 北京：商务印书馆，1988.

让-保罗·萨特. 想象心理学. 褚朔维译. 北京：光明日报出版社，1988.

荣格. 心理学与文学. 冯川，苏克译. 北京：生活·读书·新知三联书店，1987.

上海文艺出版社编. 戏剧美学论集. 上海：上海文艺出版社，1983.

司马迁. 史记. 北京：中华书局，1959.

苏珊·朗格. 艺术问题. 滕守尧，朱疆源译. 北京：中国社会科学出版社，1983.

孙周兴选编. 海德格尔选集. 上海：生活·读书·新知上海三联书店，1996.

唐圭璋编. 词话丛编：第一、二、五册. 北京：中华书局，1986.

唐兰. 中国文字学. 上海：上海古籍出版社，1979.

唐湜. 新意度集. 北京：生活·读书·新知三联书店，1990.

田中一光. 设计的觉醒. 朱锷等译. 桂林：广西师范大学出版社，2009.

田中一光. 在设计中行走. 王庆，孙亦凡译. 北京：机械工业出版社，2017.

托马斯·芒罗. 东方美学. 欧建平译. 北京：中国人民大学出版社，1990.

汪裕雄. 审美意象学. 北京：人民出版社，2013.

汪裕雄. 意象探源. 北京：人民出版社，2013.

王弼著，楼宇烈校释. 王弼集校释. 北京：中华书局，1980.

王夫之. 楚辞通释　古诗评选　唐诗评选　明诗评选：第二、三册. 长沙：岳麓书社，2011.

王夫之. 船山全书：第三册. 长沙：岳麓书社，1988.

王夫之. 船山全书：第十三册. 长沙：岳麓书社，1996.

王夫之等撰. 清诗话. 上海：上海古籍出版社，1999.

王国维. 王国维戏曲论文集. 北京：中国戏剧出版社，1984.

王守仁. 王阳明全集. 上海：上海古籍出版社，1992.

沃尔夫冈·韦尔施. 重构美学. 陆扬，张岩冰译. 上海：上海译文出版社，2002.

熊秉明. 看蒙娜丽莎看. 天津：百花文艺出版社，1997.

徐复观. 中国文学精神. 上海：上海书店出版社，2004.

徐复观. 中国艺术精神. 沈阳：春风文艺出版社，1987.

许慎撰，段玉裁注. 说文解字注. 上海：上海古籍出版社，1981.

严羽著，郭绍虞校释. 沧浪诗话校释. 北京：人民文学出版社，1961.

杨春时. 中华美学概论. 北京：人民出版社，2018.

杨春时. 作为第一哲学的美学：存在、现象与审美. 北京：人民出版社，2015.

杨匡汉，刘福春编. 中国现代诗论：上编. 广州：花城出版社，1985.

叶嘉莹. 王国维及其文学批评. 石家庄：河北教育出版社，1997.

叶嘉莹. 中国词学的现代观. 长沙：岳麓书社，1990.

叶朗. 美学原理. 北京：北京大学出版社，2009.

叶朗. 胸中之竹：走向现代之中国美学. 合肥：安徽教育出版社，1998.

叶朗. 中国美学史大纲. 上海：上海人民出版社，1985.

叶朗，朱良志主编. 中国艺术批评通史. 合肥：安徽教育出版社，2015.

叶朗主编. 现代美学体系. 北京：北京大学出版社，1988.

叶朗主编. 中国历代美学文库. 北京：高等教育出版社，2003.

叶朗主编. 中国美学通史：清代卷. 南京：江苏人民出版社，2014.

叶维廉. 中国诗学. 北京：生活·读书·新知三联书店，1992.

叶燮，薛雪，沈德潜. 原诗　一瓢诗话　说诗晬语. 北京：人民文学出版社，1979.

叶秀山. 当代学者自选文库：叶秀山卷. 合肥：安徽教育出版社，1999.

叶秀山. 美的哲学. 北京：人民出版社，1991.

应劭撰，王利器校注. 风俗通义校注. 北京：中华书局，1981.

俞剑华编著. 中国画论类编. 北京：人民美术出版社，1986.

宇文所安．中国文论：英译与评论．王柏华，陶庆梅译．上海：上海社会科学院出版社，2003.

袁千正编选．闻一多古典文学论著选集．武汉：武汉大学出版社，1993.

袁行霈．中国诗歌艺术研究．北京：北京大学出版社，1987.

曾枣庄，舒大刚主编．苏东坡全集：第二、四、五册．北京：中华书局，2021.

张世英．进入澄明之境：哲学的新方向．北京：商务印书馆，1999.

张世英．张世英文集：第 9 卷．北京：北京大学出版社，2016.

张世英．哲学导论．北京：北京大学出版社，2002.

张祥龙．从现象学到孔夫子．北京：商务印书馆，2001.

张祥龙．孔子的现象学阐释九讲：礼乐人生与哲理．上海：华东师范大学出版社，2009.

章学诚著，叶瑛校注．文史通义校注．北京：中华书局，1985.

赵毅衡．诗神远游：中国如何改变了美国现代诗．成都：四川文艺出版社，2013.

赵毅衡．新批评：一种独特的形式主义文论．北京：中国社会科学出版社，1986.

郑樵．通志略．上海：上海古籍出版社，1990.

中国戏剧家协会编．梅兰芳文集．北京：中国戏剧出版社，1962.

中国戏曲研究院编．程砚秋文集．北京：中国戏剧出版社，1959.

中国戏曲研究院编．中国古典戏曲论著集成：第四、六、七集．北京：中国戏剧出版社，1959.

钟嵘著，周振甫译注．诗品译注．北京：中华书局，1998.

周发祥．西方文论与中国文学．南京：江苏教育出版社，1997.

朱光潜全集：第二十卷．合肥：安徽教育出版社，1992.

朱光潜全集：第九、十卷．合肥：安徽教育出版社，1993.

朱光潜全集：第四卷．合肥：安徽教育出版社，1988.

朱光潜全集：第五卷．合肥：安徽教育出版社，1989.

朱光潜全集：第一、二、三卷．合肥：安徽教育出版社，1987.

朱良志．曲院风荷：中国艺术论十讲．合肥：安徽教育出版社，2003.

朱良志．中国艺术的生命精神．合肥：安徽教育出版社，1995.

朱志荣．中国审美理论．上海：上海人民出版社，2013.

朱志荣主编．中国审美意识通史：清代卷．北京：人民出版社，2017.

诸子集成：第一、二、三、五、七册．北京：中华书局，1954.

宗白华．美学散步．上海：上海人民出版社，1981.

宗白华．美学与意境．北京：人民出版社，1987.

宗白华全集：第一、二、三卷．合肥：安徽教育出版社，1994.

M. H. 艾布拉姆斯．欧美文学术语辞典．朱金鹏，朱荔译．北京：北京大学出版社，1990.